老人長照政策

Long-Term Care Policies for the Elderly

葉至誠◎著

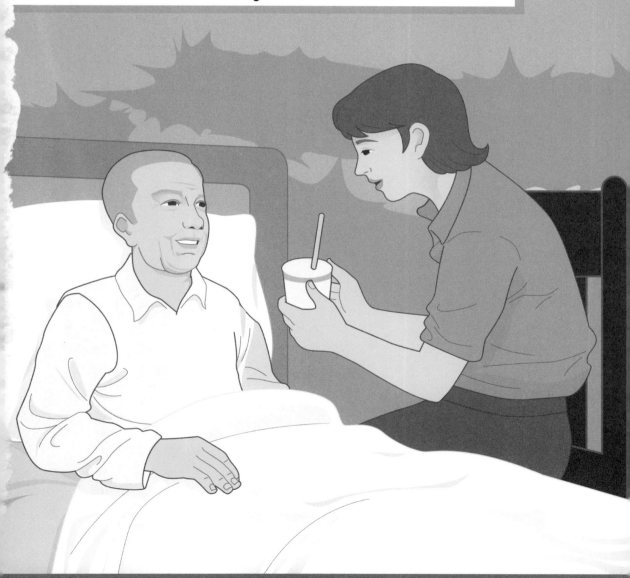

謝董事長推薦序

　　依據行政院主計處的統計，至民國一〇〇年臺灣地區65歲以上的老人已達2,487,893人，占總人口的10.74%。依行政院經建會二〇〇九年推估，民國一〇六年我國高齡人口將達14%，約310萬人，進入高齡社會（aged society），我國將成為全世界老化速度最快的國家，如何協助其準備及適應老年期，將是社會教育之重要使命。

　　國際組織與先進國家為因應高齡社會的來臨，相繼將老年政策列為國家發展的重點策略之一，並陸續投注心力與資源。一九七一年美國老化研討會強調要重視高齡者的需求；一九七四年聯合國發表老年問題專家會議報告，建議重視高齡者的差異性，所有國家都應制訂提高高齡者生活品質的國家政策；一九八六年日本提出「長壽社會對策大綱」，一九九五年進一步頒布「高齡社會基本法」，更加重視有關老人的相關措施；一九九六年國際老人會議重提「老人人權宣言」；因應這股高齡化的國際潮流，聯合國遂將一九九九年訂為「國際老人年」，希冀各國同心協力共同創造一個「不分年齡、人人共享的社會」。

　　相對於世界各國對高齡社會的關注及高齡者問題的多元因應政策，迄今，我國對高齡者有關政策仍以社會福利、醫療照護居多；教育部民國九十五年進一步提出「老人教育政策白皮書」，以期藉教育的力量，使民眾瞭解社會正面臨快速老化的嚴厲考驗，能夠抱持正確的態度來看待老化現象，並具備適應高齡化社會的能力。

世界衛生組織在「活躍老化：政策架構」報告書中，將健康（health）、社會參與（participation）和安全（security）視為活躍老化政策架構的三大支柱。如何長期維持活絡的身心機能、樂活養生、過著身心愉悅的老年生活，創造生命的另一個高峰，是高齡者人生重要的課題。總體來看，我國面對高齡社會與高齡者議題已著手因應。

近年來，產、官、學相繼提出老人年金、高齡健保政策，足見社會對老人議題極為重視與關注。作為一位醫界的成員，筆者主張人無法迴避老化現象，但卻可以「活躍老化」；就此，多年來倡議「三養生活」以作為高齡者生活的重心：

1. 營養：能關注飲食的適量。
2. 保養：能適時的維持運動。
3. 修養：能以善心善行自修。

果能如此，當可達到「老有所養」、「老有所學」、「老有所尊」、「老有所樂」的體現，而我國傳統文化所追求的「老吾老以及人之老」將可獲得具體實踐。爰此，本系列叢書在本校許義雄榮譽教授的主持下，邀請多位學者專家分別就：醫療照護、養生保健、運動介入、休閒旅遊、社會參與、照顧政策及價值重塑等面向，共同編撰一系列高齡者健康促進叢書，從宏觀的角度，整合多面向的概念，提供高齡者健康促進更前瞻、務實且具體的策略與方案，亦是對「三養生活」最佳的闡釋。

本校民生學院於民國九十年成立「老人生活保健研究中心」強調結合學術理論與落實生活實踐，提供科技人文整合之老人生活保健研究、社會教育、產業合作、社區服務等專業發展。於近年內完成多項就業學程之申請（「老人社會工作就業學程」、

「銀髮族全人照顧就業學程」)、舉辦「樂齡大學」、每學期辦理校園內老人相關專業講座及活動多達十餘場;包括老人生活、食、衣、住、育、樂、醫療保健、照顧服務、長期照顧等,讓學生、參與學員及長者,除了獲得老人相關專業知識外,並培養學生對長者關懷與服務之精神。而編撰此系列高齡者健康促進叢書,亦是秉持本校貢獻專業,關懷長者的用心,更是落實「教育即生活,生活即教育」之教育理念的體現。為表達對參與學者利用課餘時間投入撰述表達深切的敬意,謹以為序。

實踐大學董事長

謝孟雄　謹識

陳校長推薦序

　　隨著醫藥科技與公共衛生的長足進步，以及生活環境的大幅改善，致使全球人口結構逐漸高齡化，高齡人口的比例上升，平均壽命逐年延長。已開發國家中，65歲以上人口比例多數已超過7%以上，甚至達到15%，而且仍在持續成長中。從內政部人口結構變遷資料顯示，民國八十三年我國65歲以上高齡人口總數，占總人口數的7%，已符合聯合國衛生組織所訂定之高齡化國家標準；推估時至民國一三〇年，我國人口結構中，高齡人口比例將高達22%；也就是說，不到5個人中就有1人是高齡者，顯示一個以高齡人口為主要結構的高齡社會即將來臨，這是一個必須嚴肅面對的課題。

　　有鑑於臺灣人口高齡化之發展，需要大量的高齡社會專業人力，本校於九十九學年在謝孟雄董事長及許義雄榮譽教授的大力推動下，成立「高齡健康促進委員會」。結合校外有效資源，共同朝建置高齡健康促進叢書，倡議高齡健康促進服務方案新模式，進行高齡體適能檢測常模及老人健康促進行為，進行培育體育健康促進之種子師資，推廣有效及正確之中高齡長者運動健康促進方案，提升全國樂齡大學及樂齡學習中心，希望透過學術資源促進高齡者的運動健康。同時，本校民生學院設有「老人生活保健研究中心」推廣老人學學分學程、老人相關就業學程及產學合作案，並設有「高齡家庭服務事業碩士在職專班」，推廣部設有「老人保健學分班」。本校於九十七學年度承辦教育部「大學

院校開設老人短期學習計畫」，舉辦「優活人生——實踐銀髮元氣體驗營」，旨在以「優活人生」為核心，透過「健康人生」、「美麗人生」、「元氣人生」、「和樂人生」、「精彩人生」等五大主軸課程設計，規劃多元學習模式，如「代間學習」、「住宿學習」、「旅遊學習」、「小組討論」、「專題講座」、「經驗分享」、「體驗學習」、「成果展演」等，協助高齡者成為終身學習、獨立自主、自信尊嚴、健康快樂的活躍老人。該活動也招募大學生擔任樂齡志工，協助高齡長者認識校園並融入校園，讓學生與高齡者能共聚一堂一起上課，促進世代交流與共教共學之機會。參與該活動之長者，皆給予該活動高度肯定，對於能深入校園一圓當大學生之夢想深表感謝與感動。

為落實對高齡者的健康促進，於彰化縣二水鄉的家政推廣實驗中心進行推廣。四十年來，在實踐大學辦學理念、專業規劃及師資支援下，拓展成唯一一所兼具「老人大學」、「社區大學」、「生活美學」、「媽媽教室」的社會教育重鎮。老人大學的成立，係以貫徹「活到老、學到老、玩到老、樂到老、活得好」的精神，希望藉著各項研習課程，讓中老年人在課程當中交誼、在課程當中擴增視野，在課程當中活健筋骨，在課程當中增進身心的健康，並且在生活當中享受優質、活力的智慧人生。教學深入各社區，除了有助於社區老人研修外，更有利於各地區的文化深耕運動。

我國在面對高齡社會與高齡者議題已然積極著手因應，為求整合性作為，是以在本校許義雄榮譽教授的主持下，邀請多位學者專家分別就：醫療照護、養生保健、運動介入、休閒旅遊、社會參與、照顧政策及價值重塑等面向，共同編撰一系列高齡者健

康促進叢書，從宏觀的角度，整合多面向的概念，提供高齡者健康促進更前瞻、務實且具體的策略與方案。在對所參與學者表達敬意時，謹以為序。

實踐大學校長

陳振貴 謹識

總策劃序

　　高齡者的問題，不只是國際問題，更是社會問題。一是家庭型態改變，核心小家庭，經濟負擔加劇，高齡者的生活照顧頓成沉重負擔；二是價值觀丕變，現實功利主義盛行，從敬老尊賢，到老而不死是為賊的隱喻，徒使高齡社會面臨窘境；三是生命的有限性，生、老、病、死，終究是人生宿命，健康走完生命旅程，成為人類共同面臨的重要挑戰。

　　因此，自聯合國始，至各國政府，莫不竭盡所能，研擬適當因應策略，期使舉世高齡者，能在告老返鄉之餘，安享天年，無憾人生。其中，從高齡者的食、衣、住、行到育、樂措施，從醫療、照護到運動、休閒，無一不是以高齡者之健康促進為考量。

　　具體而言，從一九七八年世界衛生組織（WHO）發表「人人健康」宣言，力主「健康是權利」以來，各國莫不採取相應對策，保障人民健康權利。特別是一九八二年，「聯合國維也納世界老人大會」在通過「維也納老人問題國際行動方案」之後，陸續推出「健康城市計畫」（1988），「聯合國老人綱領及老人之權利與責任」（1991）、「聯合國老人原則」（1992）、「健康促進策略」（1998）、「老人日的訂定」（1999）、「馬德里老化國際行動方案」（2002）、「飲食、身體活動與健康全球戰略」（2004），及「飲食、身體活動與健康全球戰略：『國家監控和評價實施情況的框架』」（2009）、「關於身體活動有益健康的全球建議」（2010）、「為健康的未來做改革」（2012）等。可以說，聯合國作為火車頭，帶領著各國建立：(1) 健康的公共政策；(2) 創造支持健康的環境；(3) 強化健康社區運動；(4) 發

展個人健康技能；(5) 調整衛生保健服務取向等政策；讓老人能有獨立、參與、照護、自我實現與有尊嚴的晚年。

因此，各國或立法，或研訂行動方案，落實全球老人健康之維護。如「日本老人保健法」推動「老人保健事業」（1982），訂定「健康日本21」（2000）；韓國「敬老堂」政策之推進（1991）；美國「健康國民2000」（1994）；中國「全民健身計畫—國民健康整建計畫：健康人民2000」（1994）；德國「老人摔倒預防計畫」及「獨居老人監控系統」（2012）等等；其中，尤以芬蘭的「臨終前兩週才臥床」的策略，最為世人所稱道。

近年來，臺灣積極推動「老人健康促進計畫」（2009-2012），公布邁向高齡社會「高齡教育政策白皮書」，提倡預防養生醫學、推動「樂齡大學」、舉辦「社區老人大學」，實施「老人體能檢測計畫」等，充分顯示政府對老人健康促進之重視。

實踐大學作為配合政府政策，培育人才之機關，旋即於二○○二年成立「老人生活保健研究中心」，同年並率風氣之先，開設二年制「老人生活保健研究所學分班」，二○一○年成立「高齡者健康促進委員會」，整合校內外資源，研擬高齡者運動健康促進系列叢書之編撰、高齡者體能檢測工具之研發、高齡者運動保健師證照之規劃、高齡者簡易運動器材之製作、高齡者健康促進推廣與輔導等，以理論與實際交融，學科與術科並濟，彙整志同道合之先進賢達，眾志成城，共同為社會略盡棉薄，冀期有助於促進國內高齡者之健康，成功老化，樂活善終。

本叢書以高齡者日常生活之議題為基礎，配合食、衣、住、行、育、樂之實際需要，如高齡者食品與營養、服飾設計、空間規劃、觀光旅遊、運動處方、身心靈活動設計等，約近十數冊，分門別類，內容力求簡明扼要，實用易行，形式臻於圖文並茂，

應可契合產官學界選用。尤其，撰述者皆服務大學校院相關系所之碩學俊彥，學有專精，堪稱一時之選，著書立說，當為學界所敬重。

本叢書之問世，感謝實踐大學謝董事長孟雄之鼎力相助，陳校長振貴之全力支持，，撰述同仁之勞心勞力，焚膏繼晷，尤其揚智文化事業公司之慨然應允出版，一併深致謝忱。惟因叢書編撰，費神費事，錯漏在所難免，尚祈方家不吝指正。是為序。

實踐大學榮譽教授
臺灣師範大學名譽教授

許義雄 謹識

作者序

　　人口老化是二十一世紀人類社會必須面對的重大挑戰之一。臺灣社會人口結構自民國八十二年即邁入「老人國」的行列,而民國一○○年底的老年人口增加至10.7%,預計在二○二○年將成長至15.14%。根據經建會粗估,臺灣在民國九十八年有32萬名65歲以上的老人需要長期照顧,非老人的中度障礙約12萬人,合計45萬人需要長期照顧。醫療科技雖讓人活得久,但不見得活得好、活得健康,有時甚至只是讓人的失能歲月延長。依據統計,臺灣老人在生命的最終階段,陷於失能的生存年數,男性約為六年,女性則是七年半。在這些失能的年歲中,若無他人的協助與照料,許多老病殘者無法單獨生活。人皆會老,失能者家庭承受的照護重擔,是每一個人都可能面臨的處境,然而,這樣的生命風險必須改變。

　　長期照顧之定義,依凱恩(Kane)的說法,為針對缺乏自我照顧能力者,提供健康、個人與社會照顧的服務,通常是持續一段長時間。而懷塞特(Weissert)則對長期照護的服務對象、服務內容性質與服務提供者做了更加明確的說明——長期照護是對罹患慢性疾病的身心障礙者,提供診斷、預防、治療、復健、支持性及維護性的服務。這些服務可透過不同的機構或非機構設施獲得,其目的在促使患者的生理、心理及社會功能各方面皆能達到最佳狀態。

　　長期照顧的服務方式,依支援單位提供的資源不同,可分為居家式、社區式、機構式等三種方式。

居家式照顧

1. 家庭照顧：家庭照顧是我國目前長期照顧的主要型態，由家人、朋友或鄰居所提供之非正式性的服務（informal support），一般而言，雖其成本較低，但是面臨照顧人力不足、照顧者長期的身心負荷壓力、照顧品質缺乏專業性及無法提供技術性服務等困擾。

2. 居家服務：亦稱為「在宅服務」，指政府對低收入戶提供日常生活的照顧服務。

3. 居家照護：指衛政單位所提供的居家照護，以居家護理及醫師出訪為主。

社區式照顧

1. 日間照顧：亦稱為「日間托老」，針對日間就業而無法照顧老人之子女提供日間照顧服務。目前除政府對低收入老人提供日間的照顧服務外，也鼓勵老人安養養護機構辦理外展服務，以充分利用資源。

2. 由衛政單位提供，接受照護者留居於家中，只有部分時間前往接受治療或照顧。

對於高齡者或其他需要受照顧的人口而言，能夠留在自己熟悉的地方接受妥善的照顧，除了能讓其保有原來的家庭生活之外，對於生命價值觀也較有正面的影響。社區化的照護模式是較人性化的，是多數人心目中較為理想的目標。因此，近年來的長期照顧政策導向是朝著「三分機構、七分社區」的方向努力。

機構式照顧

1. 居住照顧（residential care）：居住照顧是指在社區中設置的專屬機構，以提供無親屬關係的老人共同居住，並提供日常生活活動（Instrumental Activities of Daily Living, IADL）的協助，如洗衣服、備餐、打掃居住環境、按時服藥、提供團體活動及交通等。居住照顧在我國現行長期照護體系中包括了老人安養服務及老人養護服務。

    (1) 老人安養服務：以年滿65歲以上，身體健康、行動自如、具生活自理能力者為對象，院內提供居住服務、生活照顧、飲食供應、疾病送醫、文康休閒、親職聯誼。

    (2) 老人養護服務：以符合年滿65歲以上，生活自理能力缺損，且無護理服務需求者，院內提供的服務比老人安養服務多增加了護理及復健服務。

2. 護理之家（nursing home）：提供24小時的日常生活功能、行動上、精神上及監督按時服藥等個人照顧及護理照顧，並有物理治療、職能治療、營養諮商等，也提供臨時性非重症的醫療服務。

　　就長期照護的系統而言，護理之家的長期照護機構如雨後春筍般地大量成長，然而在家中乏人照顧的老人、沒有經濟財源的老人因為需要自費或補助不足而無法進入機構接受照護，或在機構中得不到適切照護的老人等社會問題仍時有所聞。

　　隨著高齡化變遷的社會來臨，使得「活得久」的生命預期再加上「生得少」的生育模式兩相結合之後，所呈現出來的客觀事實便是：對於年邁父母的侍奉扶養，已經是超脫單純反哺孝思的道德性議題，並直指「奉養雙親」是一項同時糾雜著個人的意願

問題、經濟狀況的能力問題、孝親的文化價值問題以及家庭組成的結構性問題。照護工作是24小時不得停歇的「愛的勞務」。研究顯示，在無替手的情況下，家庭照顧者一天工作的時數為19.2小時，而且沒有周末、假日，一年的工作時數近5,000小時，幾乎是一般上班族的兩倍。有些照顧者身心俱疲，甚至比失能者更早一步撒手人寰，無怪乎外國學者形容照護工作是「生命的交換」。

傳統文化中的「養兒防老」照護型態，雖然是隱含著一種上下兩代資源互補的作為，但是諸如家庭制度與家庭成員關係的變化、家庭照顧者的人力短缺以及出生率低和少子化等等的變遷趨勢，這也使得加諸在老人身上的獨居情形，勢必會是社會變遷下的一種客觀事實。爰此，「長期照顧制度的建置與推動」是指如何提供給老年人一種廣泛性支持的社會照顧體系，而非只是委求於親情的支持網絡。

雖然我國早在進入高齡化社會之前便已開始著手規劃長期照顧的相關措施，然而有關長期照顧的提供、轉介體系，乃至財源的取得等，迄今仍屬於起步階段。由於長期照顧所需要的服務是跨專業團隊的服務，從醫院到家庭、社區，需要各種專業人員的介入，而學理與實務的互相融合則成為政策落實成功的關鍵。因此面對長期照顧的推動，應著眼於以下議題：

1. 如何達成中央與地方間的資源整合與連結。
2. 各層級老人照護系統的建構，以提供各類型的服務。
3. 社政與衛政間的統整。
4. 落實社區、門診、急診、住院、長期照護的醫療環境。
5. 確立社會保險或社會救助及附帶方案。
6. 長期照護財政來源。
7. 非營利團體的參與角色。

8. 專業照護的醫療資源。

　　若能積極落實上述各點，方能期使我國長期照護政策及產業得以發展，進而提供一個「老有所養、老有所安、老有所尊」的敬老尊賢和諧社會。

　　筆者任教大學院校已逾二十載，常期許能體現韓愈所言「化當世莫若口，傳來世莫若書」，將此專業知識擴及教室之外的社會大眾，以期能對社會教育略盡棉薄的貢獻。盱衡我國社會進入人口老化已逾十七年，老人學相關的課程也在各大專院校因應而設立，不論是在專業服務或是人員培訓方面，都需有能一窺長期照顧領域全貌的關照，凡有志者皆可朝著未來應建構的方向共同努力。而國內外的長期照顧制度正因應社會的需求而逐步建立，因此在政策規劃上要維持其資訊的有效性，使學習者能瞭解長期照顧的最新現況與趨勢。就此專業領域的引介，感謝揚智出版公司的玉成，方能完成這本著作。知識分子常以「金石之業」、「擲地有聲」以形容對論著的期許，本書距離該目標不知凡幾。唯因忝列杏壇，雖自忖所學有限，腹笥甚儉，然常以先進師長之著作等身為效尤典範，乃不辭揣陋，敝帚呈現，尚祈教育先進及諸讀者不吝賜正。

葉至誠　謹識

目　錄

第一篇

概論篇

第 1 章

長期照顧的背景

✚ 壹、人口高齡化趨勢

　　人口老化的世界趨勢，已是不可輕忽的事實。臺灣地區65歲以上的老年人口，於民國八十二年時已達7%，如今老年人口已超過275萬人，占我國人口的10.7%。依據估計，這個比例在民國一一○年時將達14%；民國一二五年時更將高達21.7%。也就是說，我國65歲以上老年人口在民國八十二年到一二五年間將會增加三倍，這樣快速的老化現象，在全球老化的趨勢下僅次於日本（內政部，2010）。歐洲的已開發國家進入老齡化社會都是一個平穩、緩慢的過程，西方已開發國家從人口老化到高度老齡化的發展需要經歷幾十年甚至上百年的時間，而我國進入高度老齡化社會的速度要快得多（如表1-1）。

表1-1　部分國家進入高度老齡化社會的時間

國家	7%	14%	所需時間
日本	1970年	1996年	26
臺灣	1993年	2019年	26
大陸	2000年	2027年	27
英國	1930年	1975年	45
波蘭	1966年	2012年	46
加拿大	1944年	2008年	64
美國	1944年	2012年	68
澳大利亞	1938年	2012年	74
瑞典	1890年	1975年	85
法國	1865年	1980年	115

（資料來源：行政院經濟建設委員會，2006。「中華民國九十五年至一四○年人口推計」。）

依據行為科學對人類發展的界定，年齡為一說明生命週期的主要指標，個體從出生到逐漸成長、衰老再到死亡的一系列型態和功能的變化過程。人的生命週期可分為嬰兒、兒童、少年、青年、中年、老年等幾個階段，而老年期是人生的最後一個階段。在我國傳統社會，不同時代針對老者有不同階段劃分，例如《禮記》將老年期分為五十曰艾，六十曰耆，七十曰老，八十九十曰耄，百歲曰期頤等五個階段。而《說文》從70歲算起，將老年期分為七十曰老，八十曰耋，九十為鮐背，百年曰期頤等四個階段。

　　隨著健康增進，預期壽命延長，根據生理及活動狀況將老年期劃分為三個階段，即65歲至74歲為老年前期、75歲至84歲為老年期、85歲以上為衰老期。

　　誠然，臺灣的人口結構已經加速地老化，隨之而來的扶養、奉養與照護、療養等等的需求及提供，就不單單只是高齡人口比率增加多少的量化意義，而是要進一步地思索各種老人服務措施的規劃與作為。

表1-2　臺灣地區未來高、中及低推估之65歲以上人口結構

年　別	65歲以上人口				65-74歲人口		75歲以上人口	
	人數：千人（三種推估同）	占總人口（%）			人數：千人（三種推估同）	65歲以上人口：%	人數：千人（三種推估同）	65歲以上人口：%
		高	中	低				
二〇一〇年	2,435	10.55	10.58	10.60	1,371	56.32	1,064	43.68
二〇一六年	3,017	12.83	13.00	13.11	1,753	58.10	1,264	41.90
二〇二一年	3,859	16.21	16.63	16.90	2,473	64.09	1,386	35.91
二〇三一年	5,562	23.34	24.61	25.48	3,169	56.97	2,393	43.03
二〇四一年	6,490	28.42	30.95	32.71	3,093	47.66	3,397	52.34
二〇五一年	6,862	32.33	36.97	40.23	3,170	46.20	3,692	53.80

（資料來源：行政院經濟建設委員會，2006。「中華民國九十五年至一四〇年人口推計」。）

　　人口老化帶來對長期照顧需求的快速成長。我國長期照顧體系的政策逐漸強調「社區化」照顧的發展，以呼應「在地老化」（aging in place）的趨勢（吳淑瓊，2005）。有鑑於西方國家多年來長期照護資源間的消長，我國政府在長期照顧政策中，已正視並強調長期照顧資源整合與管理機制建立的重要性，以藉此達到落實長期照顧政策的目標。

貳、高齡人口的特徵

　　聯合國宣布一九九九年為「國際老人年」（Year of Older People），籲請全球都來關注人口老齡化問題，為落實「老有所養、老有所醫、老有所教、老有所學、老有所為、老有所樂」，把高齡者推向人生發展的新階段，必須瞭解高齡者的概況。

一、生理功能的特徵

1. 儲備能力減少：這是全身組織器官與生理功能退化的結果，包括視覺、聽覺、味覺、嗅覺、皮膚感覺等感官功能的變化。
   (1) 視覺：老年人會出現不同程度的視力障礙。比較常見的就是老花眼、主要原因是視覺感官的調節功能減退；此外，還會出現視野狹窄、對光亮度的辨別力下降以及老年性白內障等。
   (2) 聽覺：老年人對聲音的感受性和敏感性持續下降，而出現生理性的聽力減退甚至耳聾。

(3) 味覺：舌面上的味蕾數量逐漸減少，使得老年人味覺遲鈍，常常感到飲食無味。50歲以前味蕾數約為二百多個，70歲時減少到一百個以下。

(4) 嗅覺：老年人的鼻內感覺細胞逐漸退化，導致嗅覺變得不靈敏，而且對於從鼻孔吸入的冷空氣的加熱能力減弱，所以老年人容易因冷空氣而引發過敏或患傷風感冒。

(5) 皮膚感覺：包括觸覺、溫度覺和痛覺。由於皮膚內的細胞退化，老年人的觸覺和溫度覺減退，容易造成燙傷或凍傷。此外，痛覺也會變得相對遲鈍，以致難以即時躲避傷害性刺激的危害。

對於這些老年人來說，一旦環境發生變化或出現意外事故而處於緊張狀態時，機體就難以應付，從而影響其正常的生理功能。

2. 適應能力減弱：老年人機體多種生理功能的退化，往往導致體內環境的穩定性失調，而出現各種功能性障礙。例如短期內改變老年人的生活環境，可能會導致老人水土不服、腸胃不適、睡眠不佳等現象。生理退化的現象包括牙齒掉落、臉部皺紋增多、目光遲鈍無神、皮膚變乾而粗糙、黑痣或白斑增加、頭髮灰白或禿頭、眉毛變粗硬、手背靜脈清晰可見、手臂及腿部肌肉鬆軟無力、青筋浮現、身高略有減低、軀幹逐漸傴僂、吃東西出現困難、體重減輕、步伐變小、手部頭部下巴偶爾會顫動、身體各部分的運動能力亦變得遲緩。由於以上各種生理特徵的變化，容易引發疾病、增加身體障礙、發生意外事件，如跌倒、車禍等。

3. 抵抗力下降：隨著生理功能（特別是免疫功能）的衰退與紊亂，老年人的抵抗力明顯下降，容易罹患某些傳染性疾病、

代謝紊亂性疾病、惡性腫瘤等，例如流行性感冒、一些腸胃疾病等。生理功能隨著年齡增長而發生的變化是有規律的，各個組織、器官系統將會出現一系列慢性化的衰老變化，並呈現出各自的特點。

4. 自理能力降低：老年人維持身體平衡的器官也出現功能減退，容易因失去平衡或姿勢不協調而摔跤，造成意外事故，例如老年人容易摔跤、跌傷，或被刀、剪割傷等。老年人感覺器官系統的老化及各種感覺能力和功能的衰退，往往導致他們對外界各種刺激表現出感受性較弱、反應遲鈍等狀況。

二、心理功能的特徵

一般來說，老年人常出現下列消極的情緒和情感：

1. 失落感：失落感即心理上若有所失、遭受冷漠的感覺。離退後，老年人的主導活動和社會角色發生了改變，從工作單位轉向家庭，他的社會關係和生活環境較之以往顯得陌生。加上子女「離巢」，一種被冷落的心理感受便油然而生。

2. 孤獨感：由客觀的角度來看，由於子女逐漸獨立，老年人又遠離社會生活，自己體力漸衰，行動不便，與親朋好友的來往頻率下降，訊息交流不暢，因此容易產生孤獨感。由主觀的角度來看，老年人具有自己既定的人際交往模式，不易結交新朋友，人際關係範圍逐漸縮小，從而引發封閉性的心理狀態。

3. 疑慮感：老年人退休後能力無從發揮，自尊心受挫，於是空虛、寂寞、受冷落之感嘆浮上心頭，往往誤以為自身價值不復存在，久而久之就會低估自己，甚至看不起自己。這種自

卑感一旦形成，老年人就會經常對自己產生懷疑，憂心忡忡、表現出過分的焦慮。

4. 抑鬱感：老年人在現實生活中容易遭受挫折，常會發生不順心、不如意之事。例如遇到家庭內部出現矛盾和紛爭，子女在升學、就業、婚姻等方面有困難，自己的身體又日漸衰弱、疾病纏身，許多老人就會變得長吁短嘆、煩躁不安、情緒低落或者是鬱鬱寡歡，這些都是抑鬱的表現。

5. 恐懼感：隨著身體的老化，老年人變得越發害怕生病，一方面是擔心生病後自己生活難以自理，給家人和晚輩帶來麻煩，變成家庭的累贅；另一方面，一旦生病，特別是重病，老年人似乎感覺離死神不遠了，對疾病和死亡產生恐懼感。

三、社會關係的特徵

老年人的社會人際關係，可分為三種不同的類型（如表 1-3）：

1. 廣交朋友型。
2. 謹交慎言型。
3. 離群索居型。

老年人在社會人際關係中的上述三種表現形式，在我們日常生活中經常可以見到。這幾種表現對老年人精神生活的影響，我們可以從他們是否感到寂寞和孤獨中體察出來。一般來說，廣交朋友型的老年人是不會感到寂寞和孤獨的，因為他們對生活樂觀正向的態度，透過與鄰里的廣泛接觸與交流，使自己的生活變得充實；謹交慎言型的老年人在生活中可能會感到某種程度的寂

表1-3　老年人的人際關係類型

類　型	特　質	生　活
廣交朋友型	這類型老年人性格一般比較開朗、興趣廣泛、平易近人、待人誠懇熱情、尊重別人、虛心好學，在與朋友交往中平等坦誠、注重友誼。	在生活中，他們樂觀進取、慷慨大度，很受鄰里和親友們的愛戴和歡迎。
謹交慎言型	這類型老年人性格一般比較內向，能夠平等以禮待人，但不熱情好客，對自己的言行舉止謹慎適度、不失儀態；在朋友的選擇上非常嚴格，奉行「君子之交淡如水」的處世原則。	在生活中，他們溫良謙恭、與世無爭，受到鄰里親友們的尊重。
離群索居型	老年人性格一般都比較孤僻、主觀隨意性較強，而適應環境能力較差。他們或多愁善感、故步自封、孤芳自賞，或多疑多慮、劃地為牢、與世隔絕。他們極少與親朋往來，待人接物冷若冰霜。由於把自己封閉在一個狹窄的圈子裡，他們的精神意志又最敏感而薄弱，難以表達與宣洩個人的感情，因而很難排解寂寞、孤獨、苦悶的侵害。	他們往往性情乖戾、喜怒無常，使鄰里和親友們望而生畏、不願與其接觸。

（資料來源：作者整理。）

寞和孤獨，但一方面他們可以與志趣相投的朋友互相交往，另一方面還可以將注意力轉移到社會其他方面，從而減輕寂寞和孤獨感。

老年人的社會需求

　　人的需求可以分為生物性需求和社會性需求。一般而言，進入老年期之後，人的生物性需求降低，表現在老年人對衣、食、住、行等方面的物質需求縮減，性慾亦隨之減低，但在社會性需

求或心理性需求方面卻出現了一些新的特點，我們把老年人的社會需求歸納如**表1-4**所示。

表1-4　老年人社會需求類型

需　求	內　涵	反　應
老有所養	《論語》有云：「老者安之，朋友信之，少者懷之」。「老者安之」即老人過著安定的生活，使之老有所養；「老有所養」是指人年老後喪失全部或部分勞動能力和經濟來源時，有子女等後代贍養和照顧。	具體來說就是無衣食之憂，無住行之慮，生活上有人給予照顧和扶助。「老有所養」就是老年人最基本、最低層的需求。
後繼有人	在傳統觀念中，兒孫滿堂被認為是老人幸福的指標之一，即所謂「多子多福」，相反的則是「不孝有三，無後為大」，無後為不孝之最。在當代老人中，仍有不少人希望家庭人丁興旺、枝繁葉茂，而且年齡越老，越接近生命歷程的尾聲，這種願望就越強烈。	許多老人更注重的是後代的素質，而不再是數量的多少。因此，不少老人在退休後甘願照顧下一代而充當家庭教師和保母的角色，雖操勞辛苦，但樂在其中。他們希望能給兒孫最好的照顧和教育，期待他們長大後能有出息，以實現其後繼有人的心願。
老有所歸	按照馬斯洛（Maslow）的需要層次理論，進入老年期後，其子女紛紛「離巢」，家庭的完整性被分割，老人的孤獨感油然而生，這時的老人需要的是一種精神上的歸屬感，正所謂「少小離家老大回，鄉音無改鬢毛催。兒童相見不相識，笑問客從何處來」。	許多老人在退休後都可望回到自己的家鄉，安度晚年。這體現的就是老年人落葉歸根的心理。

（續）表1-4　老年人社會需求類型

需　求	內　涵	反　應
老而有愛	愛是人際關係的一種重要表現形式，也是老年人的一種精神追求。從夫妻關係來看，老年人對愛情的需求並不比年輕人少，只是他們用老年人特有的更深沉的依戀方式。俗話說：「少年夫妻老來伴」，對於老年人來說，愛情在老年夫妻之間更多的表現爲相敬如賓、相互扶持和彼此照顧。	老年人不僅需要夫妻之愛，也需要子女的關愛。充分享受天倫之樂，擁有親情的精神支持，是老人最大的幸福和欣慰。
老而受尊	老年人都有受他人尊重的心理需要，但與中年、青年人那種因能力、業績、財富而受他人羨慕和認同的心理需要不同，老年人更需要的是別人能夠聽取他的意見、看重他的經驗、肯定他的過去。實際上，這種尊重經常反映在日常生活的各種禮儀中。例如出門讓老人先行、坐車爲老人讓座、赴宴時讓老人就上座等。	老年人其實可能並不眞正在乎照顧的形式，重要的是從這些細節中，老年人獲得了一種受人尊重的心理滿足。但是，老年人也應該正確對待自己和尊重年輕人，不能倚老賣老。

（資料來源：作者整理。）

✚ 參、老年人與高齡化

聯合國教科文組織規定，老年人與高齡化是兩個不同的概念。老年人是指達到或超過老年年齡的人，高齡化則是一種社會現象，是指社會總人口中，老年人數量達到一定比例，並持續增長的過程。根據聯合國世界衛生組織的定義，當65歲以上的老年人口占總人口比率達7%，即達到「高齡化社會」（ageing society）的門檻；當老年人口提高至占總人口比率的14%時，則達到「高齡社會」（aged society）的門檻；當65歲以上的老年人口再提高到占總人口比率的20%時，將達到「超高齡社會」（super-aged society）的門檻。國際間通常以聯合國定義65歲以上的老年人口比率，從7%（高齡化社會）提高到14%（高齡社會），以及從14%再提高到20%（超高齡社會）所需的時間，作為衡量一國人口老化速度的總體指標。

一、老年人

人從出生開始，就經歷生長、發育、成熟到衰老的緩慢過程。老年人是指生物上的人體結構和生理的衰老，受生物學規律和周圍環境的制約，與機體生長、成熟這一序列同步，隨著時間的推移必然老化，具有不可逆轉性。但是，由於人的生活環境不同、個人自身的生長條件和先天機體發育的差異，判斷老年人的標準也有所不同。根據人的生理機能、心理狀態和角色作用，可以分別從生理年齡、心理年齡和社會年齡來衡量。

二、高齡化

高齡化是人類群體老化的社會現象，包括絕對老化和相對老化。由於老年人口數量增多，老年人口數在總人口數量的比值中日益增加，這一老化過程被稱為絕對老化。但是人口老化不僅取決於老年人口的絕對數量，也取決於老年人口數與其他年齡人口數的相對比值。如果總人口中，兒童、少年或成年人比老年人增加得更快，那麼即使老年人口數也在增多，也不會形成人口老化。反之，如果生育率下降而造成兒童、少年人口比例減少，最

後引起總人口數減少，使得老年人口所占比例相對增加，就會形成人口老化。這種老年人口與總人口數量減少而出現的老化，稱為「相對老化」。

三、老化趨勢

老化速度是指社會中65歲以上老年人口的比例成長的速度，主要受出生率與死亡率的制約，在經濟發展較快的國家和地區，由於科學技術的進步、營養結構的改善和醫療事業的進步，而使老年人的體質改善、壽命延長、死亡率降低；同時，由於年輕一代生育意願減弱，或國家推行計劃生育政策，使人口出生率降低，則社會老齡化的速度將大大加快。根據預測，至二○二五年時，全世界的老年人口絕對數將超過11億人，占總人口數比例的9.5%，世界人口老化趨勢將繼續進行、範圍將更為普遍、速度將明顯加快。老齡化社會將成為所有國家的宿命。

面對高齡化社會的到來，人口結構和社會變遷對於老化政策所帶來的挑戰，將包括年金系統的財政壓力、勞動力老化的發展趨勢、社會保險和健康照護的需求日益升高等。面對高齡社會來臨及人口結構改變所將帶來的衝擊，不論已開發或開發中國家，均應著手進行規劃與準備。隨著老年人口的快速成長，慢性病與功能障礙的盛行率呈現急遽上升趨勢，這些有功能障礙但尚有自我照顧能力者，特別需要健康促進與醫療服務，以期延緩老化或降低失能發生率；而對於失能者，也需要密集的長期照顧服務。在複雜的身心狀況下，老人對健康照護服務的需求也隨之多元化；除了對老人提供長期照顧和醫療服務外，絕大多數老人所需的健康促進與疾病預防需求更應加以重視，以預防或延緩老人身心功能的退化，減少長期照顧的需求，控制節節升高的照顧費用。

1. 家庭結構變遷，支援系統須應運而生：近年來，在家戶規模及結構的變遷下，家庭的照顧能力越顯式微，所能提供的照顧人力已不如從前。歷年來，我國家庭型態一向以父母及未婚子女組成之核心家庭所占比重最大，但比例已由民國八十三年的54.31%逐年下降至民國九十五年的44.66%，同期間夫妻兩人所組成之小家庭則成長快速，由9.99%增為15.03%；而單人家庭則大幅成長，由6.99%增為10.54%，顯見家庭照顧功能相對減弱。

2. 預期壽命延長，健康增進仍有待提升：雖然醫藥科學發達，人們的壽命得以延長，卻無法阻止老化的進行；隨著年齡增長，老年人的感覺器官逐漸遲鈍、功能逐步降低，而慢性疾病也隨之而來。這些老化現象或疾病，致使老人在休息或從事輕度活動時，尚能應付自如；但當環境改變或情況複雜時，因老年人生理功能的衰退及身體構造上的退化，其應對能力就顯得力不從心。因此，建構一個適合高齡者居住的住宅與環境，並且以關注高齡者生理與心理特性、交通與行動需求的交通運輸體系，就顯得格外重要。

3. 引導老年人正確認識自己、認識社會：從整體和本質來看，老年人的心理狀態、社會參與、人際關係、宗教及生死關懷，本是同一軀體對外界不同事項的反應，影響是相牽連的。避免退出主流社會生活，以防止心理的失落感，引導他們以科學的態度對待現實，正確地認知社會的轉型是時代的進步，雖然隨之產生一些負面現象，但隨著社會的發展，這些負面現象也會減少或消失。協助他們客觀地看待自己，要看到自己的優勢，也應看到自己的弱點，順應自然規律，注意思想和性格的修養，保持健康樂觀的情緒。

4. 倡議活躍老化的價值，以提升老年生活：「活躍老化」

（active ageing）概念的提倡，源自於聯合國將一九九九年訂為「國際老人年」，希望透過各界的合作，共同創造一個不分年齡，人人共享的社會。該理念受到世界衛生組織的重視並極力向全球提倡，強調應維護高齡者的健康和獨立，進而將身心健康的訴求擴展到社會正義和公民權的參與，將活躍老化涵蓋的層面，由高齡者個人的身心健康和獨立層面，擴展到社會參與和社會安全；為個人健康、社會參與和社會安全尋求最適當的發展機會，以提升老年生活的品質。

肆、長照需求與活躍老化

人口的老齡化為社會帶來一連串有關於人口、經濟、文化等問題，茲詳述如下：

一、家庭規模縮小，贍養比重提高

由於年輕人的工作壓力不斷增大，家庭中的贍養壓力也在上升，不少人對婚姻有一種恐懼心理，認為結婚意味著需要照顧的人增多，因而遲遲不願結婚。一些年輕人結婚後立即自立門戶，甚至還未結婚就搬離家庭。因此，作為社會傳統秩序的基礎——傳統的大家族，正在被老齡化侵蝕著。家庭的規模正逐漸縮小，核心家庭成為社會的主要現象。由於老年人數的增多和人口出生率的快速下降，使青少年人口縮減，勞動年齡人口也不斷減少，就業人口與領取養老金人數不斷接近。美國第二次世界大戰後，在職人員與養老人員的比例是16：1，現在是2.5：1，五十年後將

可能發展到1：1；歐盟成員國，一九九〇年在職職工人數與養老金領取者的比例是1.5：1，而五十年後可能是1：1.5，即兩個就業人口要負擔三個老人的基本生活保障。就業人口的下降和長壽者增多，使贍養比重不斷提高，加劇了政府解決老齡化問題的難度。

二、勞動年齡人口老化，勞動力資源不足

　　無論是最先進入老齡化社會的法國，還是以最快速度進入老齡化社會的日本，他們所面臨的共同問題都是隨著老年人口數量的增加、人口出生率的下降，勞動年齡人口所占比例越來越小，導致勞動力資源不足和勞動力老化，使勞動生產率下降，直接影響到這些高齡化國家的經濟成長，最終無法根除老齡社會所帶來的勞動力老化的問題。

三、人口高齡化所帶來的巨大經濟負擔

　　有鑑於先進國家經歷了較長的過程才進入老齡化社會，因此由客觀的角度來看，這些國家有一個緩衝的機會，讓他們有一定的時間來思考老齡化社會所帶來的種種問題並制定對策。其主要手段就是發展社會保障，建立社會養老保險體系。但是，在給予老年人足夠保障的同時，也給社會和國家帶來巨大的經濟負擔。

　　1. 老年保障專案越來越多，給國家帶來沉重的財政負擔。老年保障專案的增多、投入的加大，使先進國家的社會福利發展成為「從搖籃到墳墓」的全方位保障。雖然在經濟上解決了老年人的後顧之憂，但是隨著老齡化的加劇，老年人口比例

越來越高，老年社會保障的開支在國家和政府的總財務支出中所占的比重越來越大，將造成國家財政不堪重負。

2. 過大的福利開支，影響國家經濟的成長。過大的老年人福利開支瓜分了經濟發展所需的資本，使經濟發展的資本減少，發展速度也減慢，從而使政府的收入減少，也因此難於滿足老年人的福利需求。這種惡性循環將嚴重影響先進國家的經濟發展。

由於我國老化速度位居全球之冠的客觀事實，因此老年經濟安全保障制度的規劃及作為益顯迫切。特別是關於老人單獨個體的、親人家庭集體的，以及國人社會整體之動態且連續性的生命歷程，而關注的內容則包括生理的、心理的與社會的老化及其所衍生出來之經濟維持、醫療保健、長期照護及安養休閒等等福利服務的供需。

四、以「活躍老化」改善高齡社會問題

聯合國極力倡議「活躍老化」，其所涵蓋的層面，宜由高齡者個人的身心健康和獨立層面，擴展到社會參與和社會安全的層面，讓高齡者享有公平的機會和對待的權利。表1-5說明了活躍老化的關鍵要素及呈現場景。

活躍老化的概念為成功老化（successful aging）、生產性老化（productive aging）、健康老化（healthy aging）等，期能建構一個符合高齡社會來臨的老化概念。為推動長期照顧制度，建構一個「活躍老化」的社會，須以下列理念為根本：

1. 失能長者的照顧工作包含日常生活的照顧、護理、復健等密

表1-5　「活躍老化」的關鍵要素及呈現情景

關鍵要素	呈現情景
能積極工作積極生活	在具有高生產力的生命階段，宜降低死亡的發生。
延後退休並參與社群	減少老年期的慢性疾病及其伴隨而來的失能狀態。
退休後仍相當的活躍	讓更多人在老化的過程中，享有良好的生活品質。
參與維持健康的活動	積極地參與社會、文化、經濟、家庭及社區生活。
獨立自主並融入社會	降低在醫療和安養照護服務體系所需支出的成本。

（資料來源：作者整理。）

　　集式照顧，為因應高齡化社會與失能人口的增加，長期照顧制度的建構有其迫切性。但長期照顧制度涵蓋面極廣，包括跨專業的整合模式如何取得共識，以便讓服務的輸送運作順暢、如何規劃照顧服務人力的培訓及長期所需服務費用負擔的合理性，最重要的是，要讓需求多元化的個案，能藉由完整的評估程序，獲得各項適切的服務，並在需求動態的變化中獲得滿足等，皆是發展長期照顧制度時應審慎考量的理念。

2. 參酌民國九十五年臺灣經濟永續發展會議中的議題——「完善社會安全體系」，針對高齡社會的因應對策「建構完善的老人長期照顧體系」，其內容為「盡速建立穩健的長期照顧財務制度，並建構一個符合多元化、社區化（普及化）、優質化、可負擔及兼顧性別、城鄉、族群、文化、職業、經濟、健康條件差異之老人長期照顧政策」。同時，長期照顧服務的提供，應以非營利化為原則，營造有利於第三部門參與長期照顧的環境，並從補助經費、檢討法令及制度等策略提供相關協助，以減少參與的障礙。

　　由於人類平均壽命的延長，人口結構老化已是全球化現象，凸顯了老人健康及經濟安全保障的重要性，因此，應以完善的老年健康與社會照顧、經濟安全、人力資源、社會住宅、交通、教育及休閒等相關制度，使老人及其家屬享有優質生活，豐富老年生命；並肯定老人對社會的貢獻，視老人為社會的珍寶，讓老人擁有健康、安全、活力、尊嚴的人生終極價值。

✚ 結語

　　不論是從老年人口占總人口的百分比、老化指數、扶養比或是老年人口依賴比，均在在顯示出全球老化的普遍現象。世界衛生組織（WHO）所定義的「活躍老化」為：「使健康、社會參與和安全達到最適化機會的過程，以提升民眾老年的生活品質」。因此，高齡友善環境的整體設計，都是圍繞著健康、社會參與和安全的主軸。因為老化是生命中一個漸進的過程，所以一個高齡友善的社會必定是可以包容所有年齡層的人，以獲得無障礙環境。

　　有鑑於高齡社會的發展趨勢，世界衛生組織強調：在所有國家中，如何協助高齡者保有健康和活力，乃是一項必要的措施。在高齡社會中，個體預期壽命的延長，更凸顯老年生活意義的重要性，協助高齡者保持良好的健康和活力，將有助於長者活得長久又有意義！

問題與討論

1. 請說明全球及臺灣高齡化的趨勢。

2. 請說明高齡人口的特徵。

3. 請說明老年人的基本需求。

4. 請說明高齡者長照需求的內涵。

5. 請說明活躍老化（active ageing）的意義。

第2章

長期照顧的內涵

➕ 前言

臺灣人口結構快速老化，已位居世界衛生組織（WHO）「老化國家」之林，而人口老化所呈現的現象之一，即因老年人口的增加而產生對長期照護需求的快速成長。長期照顧是為了滿足人口老化所導致的照顧需求，故以老人為主要的服務對象；但考量個人之老化經驗不同，除以65歲為年齡基準點外，亦應將身心障礙、地區等因素致使提早老化而需照顧的對象一併納入，包含55歲至64歲的原住民，以及50歲至64歲的身心障礙者。至於為工具性日常生活活動（IDAL，巴氏量表）失能且獨居的老人，因較缺乏家庭社會的支持而無人可協助，致使無法在家獨自生活，亦屬服務對象之內。根據衛生署推估長期照顧服務需求的人口數，民國九十九年為27萬人，民國一〇四年為33萬人（參見**表2-1**），以此類推，民國一〇九年將達40萬人。

有鑑於西方國家多年來長期照顧資源間的消長，政策取向逐漸強調社區化的發展，我國長期照顧體系的建立則以「在地老化」為導向。

➕ 壹、長期照顧的意涵

以專業角度來看，所謂「照護服務」包括了居家服務、日間照顧、家庭托顧服務；另為維持或改善服務對象之身心功能，也將居家護理、居家復健（如：物理治療及職能治療）納入；其次為增進失能者在家中自主活動的能力，故提供輔具購買、租借

表2-1　長期照顧之各類服務使用人數推估　　　　　　　　　　單位：人

類　目	2010 年	2015 年
長照需求人口數	270,325	327,185
住在社區的長照人口數	235,183	278,107
巴氏量表失能人口數	263,654	319,092
住在社區的巴氏量表失能人口數	229,379	271,228
重度失能人口	157,571	191,528
住在社區的重度失能人口數	137,087	162,799
照顧服務使用人數	47,037	83,432
居家護理使用人數	1,560	2,278
社區及居家復健使用人數	10,047	11,880
喘息照顧使用人數	6,881	13,561
老人營養餐飲服務使用人數	9,176	10,956
交通接送服務使用人數	27,417	48,840
輔具購買、租借及居家無障礙環境改善服務之使用人數	2,637	3,191
中低收入（重度失能）老人機構式照顧服務之安置人數	941	1,085
總計	105,696	175,223

（資料來源：行政院，2007。「我國長期照顧十年計畫——大溫暖社會福利套案之旗艦計畫」。）

及居家無障礙環境改善的服務；再其次以喘息服務來支持家庭照顧者。長期照顧為一持續性、跨專業領域的照護概念，是對身心功能障礙者，在一段長時間內，提供一套包括長期性的醫療、護理、個人與社會支持的照顧；其目的在促進或維持身體功能，增進獨立自主的正常生活能力。長期照顧之服務對象包含所有年齡組之人口，罹患慢性病及身心障礙者均為其服務對象，包括腦性麻痺或發展遲緩患者、先天畸型殘缺者、精神疾病患者、遺傳性疾病、退化性疾病、AIDS患者，或因重大意外事故（如：脊髓損

傷、頭部外傷）而造成無自我照顧能力者（disabled），且此服務可在機構、非機構及家庭中提供。其定義層面相當廣泛，服務對象主要是以身心功能障礙之失能人口為主；不同的定義範圍將影響到法令政策與服務體制之規劃方向。

　　總括來說，長期照顧的服務對象主要是指日常生活功能受損，而需要由他人提供照顧服務者，若進一步分析，則對於服務對象之範圍可有不同的界定指標，如表2-2所示。

表2-2　長期照顧服務對象之範圍

類　目	指標內涵	
年齡	所有年齡層：16歲以上、20歲以上、40歲以上、50歲以上或65歲以上等。	
服務對象	1. 輕度失能：一至二項ADLs失能者。 2. 中度失能：三至四項ADLs失能者。 3. 重度失能：五項（含）以上ADLs失能者。	
服務時數	1. 輕度失能每月25小時。 2. 中度失能為每月最高50小時。 3. 重度失能則是每月90小時。	
身心功能障礙	身體功能障礙	日常生活活動功能（ADLs，包括進食、穿衣、洗澡、室內走動、沐浴、如廁等項目）與工具性日常生活活動功能（IADLs，包括洗衣服、煮飯、做家事、購物、理財、室外行動）障礙項目之累計。
	認知功能障礙或失智症	以認知功能量表（如：MMSE、SPMSQ）分數為指標，或經醫師診斷而領有身心障礙手冊之失智症者、智能障礙者。
	精神障礙者	領有身心障礙手冊之慢性精神病患者、自閉症者。

（資料來源：行政院，2007。「我國長期照顧十年計畫——大溫暖社會福利套案之旗艦計畫」。）

一、補助原則

服務項目及補助方式之規劃原則有二：

1. 針對一般社會大眾，補助形態以實物補助（服務提供）為主，現金補助為輔，而以補助服務使用為原則。
2. 依老人失能程度及家庭經濟狀況，提供合理的照顧服務補助，失能程度分為三級：輕度、中度和重度，失能程度越高者獲得政府補助額度越高。照顧服務補助對象在補助額度下使用各項服務時，仍需負擔部分費用，其費用則與失能者之經濟狀況有關，收入越高者，部分負擔的費用越高。

二、補助標準

有關部分費用負擔之設計則依經濟狀況而設定不同的補助標準：

1. 家庭總收入未達社會救助法規定的最低生活費用1.5倍者，由政府全額補助。
2. 家庭總收入符合社會救助法規定的最低生活費用1.5倍至2.5倍者，由政府補助90%，民眾自行負擔10%。
3. 一般戶則由政府補助60%，民眾自行負擔40%。
4. 超過政府補助時數者，則由民眾全額自行負擔。至於每小時的補助經費，則是以每小時180元計（隨物價指數調整）。

三、服務體系

　　我國長期照顧的相關服務可分為三大服務體系：「醫療服務體系」、「社會福利體系」、「行政院國軍退除役官兵輔導委員會體系」。茲將各體系之主要服務內容與現況分述於下：

1. 醫療服務體系：我國醫療服務體系下所提供之長期照護服務，基本上是以慢性醫療及技術性護理服務為主，如慢性醫院、護理之家、居家照護、日間照護等長期照護機構，並由衛生醫療單位以「醫療法」及「護理人員法」等相關法規予以規範。為促使護理之家盡速達到普及設置之目的，於民國八十四年公告「醫療發展基金申請作業要點」，將醫院附設護理之家列為優先獎勵設置之範圍。因長期照護之特性是以生活照顧及護理照護為主，除少數疾病如脊椎損傷等仍需由慢性醫療機構提供持續性之醫療、復健及護理服務外，大部分慢性病患需求的是護理照護及生活照顧，是以鼓勵設置長期照護機構而非慢性醫療機構。

2. 社會福利體系：我國社會福利體系下所提供之長期照顧服務，基本上是以提供一般日常生活照顧服務為主，如安養及養護機構、在宅服務、日間托老等長期照顧機構，並由社會福利單位以「老人福利法」予以規範。

3. 行政院國軍退除役官兵輔導委員會體系：以安養支領軍公教月退休俸，年滿65歲，在臺單身或夫婦無依無舍的榮民，身心正常、無精神疾病或法定傳染病、能自行料理起居生活者，包括公費安養榮家及自費安養榮家。

　　傳統上，家庭在長期照顧服務上扮演著主要角色，從服務

的提供、財務的支持，以致於心靈上的寄託等。然而，由於社會環境的變遷、家庭結構及功能的改變、雙薪家庭與單親家庭的增加，老人與子女同住的比率正逐年下降，而獨居自宅或進住長期照顧機構的比率卻逐年攀升。此外，在經濟來源方面亦漸漸由依賴子女轉變為依賴自我退休金或社會福利經費。在邁入二十一世紀的今日，可預見的是未來國人對長期照顧服務的需求，以及對政府規劃並提供完善長期照顧服務體系的期待，將日益殷切。如何結合並運用醫療與社福資源，提供老人適切的健康照護服務，以滿足其生理、心理、社會及經濟層面的需求，將是政府及整體社會必須面對的挑戰。

✚ 貳、長期照顧的需求

　　處理人口老化的現象及其配套對策，是先進國家一項重要的議題與工程，對此，世界銀行提出了多元化老年經濟安全保障體系的論述概念，主要是透過社會救助、國民年金、職業年金、私人年金以及慈善救濟等五個支柱，藉此架構起福利提供之多元管道。

1. 第一柱保障機制主要是依據「他助」原則，由政府公部門針對維持基本生存需求（need）而提供基本的保障，藉以凸顯去商品化、資產調查以及基本權利等等的概念內涵。
2. 第二柱保障機制則是採取「互助」精神的保險方式，亦即請領給付的權利以及負擔保費的義務，這兩者之間有其某種程度的比例原則，這類的規避風險（risk）措施最為常見的便是國民年金保險。

3. 第三柱保障機制主要是採取「自助」方式，藉此保障繳費者於職場退休之後仍擁有某種水準的所得替代方案，因此第三柱保障機制通常是參照工作屬性估算而來的職業年金，或是強制性質的個人儲蓄帳戶。

4. 第四柱保障機制凸顯的是「自願性」與「商品化」的運作準則，亦即當事者透過市場購買民間保險來獲取經濟安全保障的實質效果。

5. 第五柱保障機制主要是透過家庭、志願團體或是非營利組織等等非正式管道，以提供對於高齡長輩之家庭內部或是社會連帶的支持目的。

　　長期照顧服務是針對有照顧需要，而提供滿足需求之制度，其提供的服務以生活照顧為主、醫療照護為輔，具有綜合性與連續性的特質。隨著老人人口的快速成長，慢性病與功能障礙的盛行率呈現急遽上升趨勢，而這些功能障礙者或缺乏自我照顧能力者，除健康與醫療服務外，也需要多元的長期照顧服務。為滿足日漸增多的老年人口對於健康醫療與長期照顧的需求，已開發國家無不積極推動長期照顧服務。有長期照顧服務需求之民眾，如欲獲得長期的照顧服務，須透過「需求評估」之核定，以確保照顧資源之有效配置。考量我國現階段照顧管理者的職權涉及政府資源的控制和分配，照顧管理者宜具備行政的法定權威，以依據照顧管理制度而執行多元需求的評估，包括需求評量、服務資格核定、照顧計畫擬訂、連結服務、監督服務品質以及複評等職責。由此可知，長期照顧的需求問題不容小覷。

　　目前長期照顧所需費用，是由全民健康保險提供慢性病床及居家照護給付；僅針對中、低收入老人提供機構及居家式服務的救助。因此，目前我國長期照顧所需的費用，大部分由個人及其

家庭支付，一般養護機構每月平均費用約3至6萬元，對小康家庭而言，負擔相當沉重。加上出生率連年降低，老年人口扶養比估計到了民國一四○年時，將達到66.97%，也就是每1.5位生產者要扶養1位老人，勢必對社會經濟造成巨大的衝擊，未來社會勢必要投入越來越多的資源以滿足長期照顧的需要，而非一般家庭所能夠單獨承擔，因此必須有長期照護保險的規劃，以因應社會發展的需求，保障老年生活的品質。

　　政策的建立是引導長期照顧體系長遠發展的重要條件，在人口老化所引發長期照顧需求的壓力下，政府的角色宜以社會共建作為政策規劃的原則，國家扮演制度規劃者、管理者與使能者的角色。我國學者對長照作為提出之建言為（吳淑瓊，2005）：

1. 長期照護業務分屬社會福利與衛生行政體系，出現統籌、協調與管理困難的問題。
2. 供需失衡，人力與設施資源嚴重欠缺。
3. 缺乏居家與社區服務的支持，無法落實居家化與社區化的照顧理念。
4. 家庭照顧者獨撐長期照顧責任，家庭成員親自照顧或自坊間購買長期照顧服務而易引發財務問題。
5. 長期照顧病人超長占用急性病床，浪費急性醫療資源。
6. 全民健保支付制度給付慢性病床，並未嚴格控制急性病床的住院日，助長超長占用急性病床的問題，並導致偏好使用機構服務的後果。
7. 未立案安養中心林立，且快速增長，品質堪慮。
8. 長期照護機構規定與標準設立不當，又分屬不同行政體系，造成多類機構功能混淆不清、規定不一、發展與管理不易。

9. 缺乏制度化的財務支持，造成個人與家庭的經濟危機。

10. 衛生行政體系核准大型機構設立，造成我國長期照顧朝向機構化、集中化的趨勢發展，此舉不僅與世界先進國家的政策方向背道而馳，亦無法增加功能障礙者獨立自主的生活能力。

因老化而造成生理機能退化的照護，將帶給許多家庭生活上及經濟上的困擾，因此老年人的長期照顧需求亦隨之加速增長。長期照顧服務之範圍相當廣，需要來自醫學、護理、社工、職能治療、物理治療等專業人力的投入，尤其是提供生活照顧最主要的照顧服務員。

長期照顧的目標為「建構完整的長期照顧體系，保障身心功能障礙者能獲得適切的服務，增進獨立生活能力，提升生活品質，以維持尊嚴與自主」。為求目標的達成，政府應盡速建立穩健的長期照顧財務制度，並建構一個符合多元化、社區化（普及化）、優質化、可負擔及兼顧性別、城鄉、族群、文化、職業、經濟、健康條件差異之老人長期照顧需求。為加強照顧服務的發展與普及，該政策目標宜遵照下列各點：

1. 以全人照顧、在地老化、多元連續服務為長照服務的原則。

2. 保障民眾獲得符合需求的長期照顧，並增進民眾選擇的權利。

3. 支持並充實家庭照顧的能力，以期分擔家庭於照顧上的責任。

4. 建立照顧管理機制並整合服務與資源，以確保提供的效率與效益。

5. 透過政府的經費補助，提升民眾使用長照服務的可負擔性。

6. 確保長照財源的永續經營，政府與民眾共同分擔財務責任。

　　人口老化（aging of population）是一個全球化的趨勢，由於科技的昌明及醫藥技術的發達延長了人類的生命，生育率和死亡率的逐年下降，造就了越來越多的高齡人口。由於人口老化速度急遽上升的結果，老年人口的各項問題已成為政府施政的重要課題，顯示規劃整合制度以因應人口老化的急迫需求，建構一個以服務需要者為導向的長期照顧服務體系為當務之急。

✚ 參、長期照顧的內涵

　　人口持續老化所帶來的現象之一，就是老年人口的增加而產生對長期照護需求的快速成長。高齡化社會及人口轉型快速發展，使得越來越多的老人在經濟、醫療，乃至於居家生活、教育、休閒、娛樂、安養、心理及社會適應等方面產生困難，帶給家庭及社會極大的衝擊，因此老人長期照顧問題受到各方重視。借鑑歐美福利先進社會在過去數十年中，於正式服務體系建置了多元化的長期照顧服務設施，主要包括：(1) 機構服務；(2) 居家服務；(3) 日間照顧；(4) 居家改善；(5) 安全看視；(6) 照顧住宅。（吳淑瓊，2005）。詳細內容整理如**表2-3**所示。

　　根據老人福利法所訂定的各類老人福利機構之服務類別為：(1) 安養機構；(2) 養護機構；(3) 長照機構；(4) 文康機構；(5) 服務機構。請參見**表2-4**。

　　依照「護理人員法」之「護理機構設置標準」所設立的護理之家，主要有兩種型態，一種為醫院附設的護理之家，另一種為獨立型態的護理之家，兩者均提供民眾多元的照護服務，包括

表2-3 多元化的長期照顧服務

項 目	內 容
機構服務	提供老人24小時的密集照顧，主要服務對象為重度失能或家庭缺乏照顧資源的老人。
居家服務	可配置各類照顧人力到個案家中，提供醫療、護理、復健、身體照顧、家務清潔、交通接送、陪同就醫等照顧工作，並協助或暫代家庭照顧者之角色，使其獲得喘息機會。
日間照顧	可在白天幫忙照顧個案，提供醫療或社會模式的照顧，晚上再將個案送回家中，協助失能者繼續享有家庭生活；
居家改善	提供居家無障礙環境的修繕服務，增進功能障礙者在家中自主活動的能力。
安全看視	安全看視是居家安全的服務方案，包括夜間巡邏、電話問安等傳統方式，或緊急救援通報系統等，利用科技產品的服務類型。
照顧住宅	照顧住宅（assisted living, sheltered housing）是北歐國家結合住宅與照顧的新興服務模式，提供無障礙環境的套房設計，增加功能障礙住民的自主活動能力，又透過配置管理員服務以提供住民所需的安全看視服務，並依據住民需求，協助從社區引進各項居家服務。

（資料來源：作者整理。）

醫療、生活照護、社會活動、居住安置等。護理之家為技術性層面較高的長期照護機構，其服務對象主要為罹患慢性病且需長期照護，或出院後需後續護理的個案、自我照顧能力有重度缺失，且仍需技術性的護理服務及生活照顧的人，如失能、長期臥床、認知功能障礙、複雜性管路照護（如：鼻胃管、導尿管、氣切等），因此照護人力及設備要求遠高於安養護機構。護理之家提供的照護服務是全面性的，包括日常生活起居的照護、醫療服務、護理照護、復健服務、藥事服務、營養供給及諮詢、社會服務等。專業人員的編制需包括護理人員、照顧服務員、醫師、營養師、社工師、藥師、職能治療師、物理治療師等，在長期照護

表2-4 老人福利機構的服務類別

項目	內容
安養機構	以安養自費老人，或留養無扶養義務之親屬，或扶養義務之親屬無扶養能力之老人為目的，服務對象以日常生活照護能完全自理者為主。
養護機構	以照顧生活自理能力缺損，且無技術性護理服務需求之老人為目的，服務對象以日常生活照護部分需由他人協助為主。
長照機構	以照顧罹患長期慢性疾病，且需要醫護服務之老人為目的，服務對象以日常生活照護需完全由他人協助為主。
文康機構	以舉辦老人休閒、康樂、文藝、技藝、進修及聯誼活動為目的。
服務機構	以提供老人日間照顧、臨時照顧、就業資訊、志願服務、在宅服務、餐飲服務、短期保護及安置、退休準備服務、法律諮詢服務等綜合性服務為目的。

（資料來源：作者整理。）

體系中，參與護理之家服務的專業人員最多，提供的服務範圍也最廣。

有關長期照顧服務資源發展之規劃目標，分述如下：

1. 普及化：以全民為服務對象，不侷限於低所得家庭；以因應老化所致日常生活活動需要協助之失能者為對象。
2. 連續性：發展多元服務之長期照顧，優先發展居家和社區式服務，並整合保健醫療與社會照顧。
3. 自立性：發展復健服務及居家環境改善服務，以支持失能者自立。
4. 支持性：發揮家庭照顧責任，並且透過照顧服務及喘息服務方案，支持家庭照顧的持續照顧能量，並增進照顧者之生活品質。
5. 補助性：採取階梯式的補助原則，依照顧需求者的家庭經濟

能力及失能程度，提供不同額度的補助。

6. 地方化：為促使失能者在社區內可獲得所有必要之服務，服務資源的開發策略須以縣市為中心。縣市政府之社政、衛政間應協同合作，透過整合計畫之共同研議、預算統籌運用之作法推動長期照顧。

7. 團隊性：採取團隊的伙伴關係，其內涵包括了中央與地方政府、政府與民間單位、政府部門之間，以及政府、市場、家庭間的伙伴關係。

　　「四全照護」的理念提供了連續性、綜合性、可適性的長期照顧服務（如**表2-5**）。希望能為老人打造一個愛的世界，讓他們活得更有品質與尊嚴，並朝向「老有所養、老有所樂、老有所學、老有所醫、老有所用、老有所終」的服務目標邁進。

表2-5　「四全照護」的理念

項　目	內　涵
全人	照護身、心、靈各方面的需求。除給予身體上的醫療照護及健康促進外，並重視心理上的支持及安慰，關心其經濟上的需求，並給予靈性上的照護及撫慰。
全程	對於生、老、病、死的過程皆盡心盡力照護，從預防保健、診斷治療、安養照護及善終照護，給予連續性、綜合性及可適性的照護。
全家	關心、支持、協助與病人有關的家屬或陪伴者；連同家屬、親友亦給予關懷與支持，並增加老人與家屬間的互動，更多機會與家人共處。
全隊	以不同專業間的群體合作，提供整合性的照護，並結合地方及中央政府、民間及社會資源，以及醫院體系的各專業力量，全力提供老人各方面的需求服務。

（資料來源：作者整理。）

一般將服務模式分為機構式、社區式、居家式及特殊性等四種服務，如**表2-6**所示。

表2-6　長期照顧服務的模式與類型

模式／內涵	類型
機構式： 24小時皆有照顧人員照顧老人的生活起居。	1. 護理之家：收住對象為日常生活上需協助或是插有管路（如：尿管、氣切管、胃管）的老人，通常是由護理人員負責，24小時均有人員照顧，必須向所在地的衛生局申請，屬於護理機構。 2. 長照機構：收住的對象與護理之家相似，也是24小時提供照顧服務，不同之處是設立之負責人非護理人員；必須向所在地之社會局申請，屬於老人福利機構。 3. 養護機構：收住生活自理不便，但不帶有管路的老人，同樣屬於老人福利機構，不過現有的養護機構有些老人插有鼻胃管或尿管。 4. 安養機構：收住日常生活能力尚可的老人，亦屬老人福利機構。 5. 榮民之家：收住對象為榮民，大部分屬於日常生活能力尚佳的榮民，為退輔會所屬機構。
社區式： 社區式的服務指的是老人留在自己熟悉的生活環境中，接受不同專業的服務。	1. 居家照護：老人於出院後，仍繼續留在家中，接受所需的照顧，仍可與家人維持良好的互動，以下介紹由專業人員所提供之服務： (1) 居家護理：由護理人員及醫師定期前往個案家中訪視，協助家屬解決照顧上的問題，連結各項資源，如申請低收入戶補助。 (2) 社區物理治療：由物理治療師至個案家中，協助個案進行物理治療及協助居家環境之評估，目的是使老人或行動不便者，可掌控自己家中的環境，增加生活滿意度及獨立感。

（續）表2-6　長期照顧服務的模式與類型

模式／內涵	類型
社區式： 社區式的服務指的是老人留在自己熟悉的生活環境中，接受不同專業的服務。	(3) 居家職能治療：是由職能治療師至家中評估老人的需要後，擬訂其所需的治療計畫。希望協助老人家在有限的能力或是居家環境障礙中仍可從事活動，維持老人的活動力，以延長在家中居住的時間。 (4) 居家營養：由營養師至家中提供服務，評估老人的營養需要，並教導照顧者製作老人食物或協助選擇合適的管灌品。 2. 居家照顧：由非專業人員所提供之服務，主要提供之服務偏重於日常生活之所需。 (1) 居家服務：由照顧服務員依老人日常生活能力失能程度的不同，而提供不同的服務，主要服務包括家務及日常生活之照顧（如：陪同就醫、家務服務、打掃環境等）、身體照顧服務（如：協助沐浴、陪同散步等）。 (2) 送餐服務：對於獨居的老人所提供之服務，現行有數種方式，一種為定點用餐，即由社區發展協會及各老人中心，或是公益團體提供固定的地方，老人自行於固定時間前往用餐；另一種為照顧服務員至家中協助老人準備飯菜及協助用餐；亦有結合計程車司機將飯盒每日定時送至獨居老人家中。 (3) 電話問安：主要服務對象亦為獨居老人。主要是由志工或是專業人員不定時打電話至獨居老人家中關心老人，藉以防範意外事件之發生。目前有業者提供類似手錶緊急連絡裝置，可防範獨居老人意外事件的發生。 3. 日間照護：是一種介於老人中心及護理之家的照護。該類型照顧白天提供照護，晚上老人即回到家中，享受天倫之樂，服務對象為日常生活能力尚可的老人。在日間照護機構中亦有提供照護、復健、各項活動，可供老人選擇。

（續）表2-6　長期照顧服務的模式與類型

模式／內涵	類型
居家式： 由家人、朋友或鄰居所提供之非正式的服務（informal support）。	1. 家庭照護：家庭照護是我國目前長期照護的主要型態，一般而言，雖其成本較低，但是面臨照顧人力不足、照顧者長期負荷身心壓力、照顧品質缺乏專業性及無法提供技術性服務等困擾。 2. 居家服務：亦稱為「在宅服務」，指政府對低收入戶提供日常生活的照顧服務。 3. 居家照護：指衛政單位所提供的居家照護，以居家護理及醫師出訪為主。
特殊式： 各種治療方式均須接受各相關專業的訓練後，方可對須治療者提供服務。	1. 失智照護：針對失智老人所提供的照護服務，依其性質亦可分為社區式、機構式及居家式等三種。 2. 另類療法：非服務模式，目前應用較為人熟悉的有懷舊療法、芳香療法、音樂療法、寵物療法等。

（資料來源：行政院，2007。「我國長期照顧十年計畫——大溫暖社會福利套案之旗艦計畫」。）

✚ 肆、長期照顧的方案

　　調查報告顯示，有「五成六的老人患有慢性疾病，其中每10人就有1位需由他人照顧，有三分之一罹患心臟血管疾病。老人每三個月平均就醫五次，每20位老人有1位住過院，且住院期間長達半個月以上有5.43%的老人表示無法自行料理生活，需人照顧。」（衛生署，2009）為因應我國人口老化的趨勢，政府期望能建立長期照顧的政策，近年來，政府對於健康照護的重視程度也持續提高，繼「老人長期照護三年計畫」之後，有民國九十五年的「銀髮族U-Care旗艦計畫」、民國九十六年的「健康照護創新服

務計畫」，在民國九十六至九十八年進行的「健康照護創新服務計畫」之後，民國九十六年核定「我國長期照顧十年計畫」、民國九十八年推動「健康照護升值白金方案」。主要的規劃詳述如下：

一、「老人長期照護三年計畫」

民國八十七年至九十年，政府實施「老人長期照護三年計畫」。

(一) 目的

1. 增進家庭長期照護之知能，使無自理能力的老人能於家中得到適當照顧。
2. 建立有效管道，結合醫療衛生及社會資源，於社區中就近提供無自理能力的老人及其家庭必要的協助與支持。
3. 獎勵設置多元化的機構式長期照護設施及人力，使未能於家庭得到適當照顧之無自理能力的老人，能至適當的機構接受照護。
4. 健全法令之規定，建立長期照護品質的評估標準，以確保長期照護品質，增進無自理能力老人的生活品質，並使其得到應有的尊重。
5. 在兼顧個人責任與社會責任的原則下，結合民間力量及社會救助與社會保險制度，尋求解決長期照護財務負擔之最佳方案。

(二) 重點

1. 著重居家照護，維護家庭功能。

2. 整合照護體系，強化專業協助。

3. 增設多元化機構，提供持續性照護。

4. 確保長期照護品質，增進老人的生活品質與尊嚴。

5. 建立自助人助的觀念，兼顧個人與社會責任。

(三) 具體作為

1. 健全長期照護體系，加強各層級衛生與社會主管機關之協調、聯繫，使醫療、衛生及社會資源得以有效結合、充分運用。

2. 建立整合性服務網絡，成立「長期照護管理示範中心」，試辦單一窗口制度，使長期照護病患經專業評估及個案管理方式，就近得到適切之照護安排。

3. 推動多層級照護服務模式，獎勵增設護理之家床位，輔導現有部分公、私立醫院設置護理之家，以提供病患連續性服務，提升經營效率。

4. 增加社區照護資源，發展「居家護理」及「居家服務」的整合模式，並提供家屬喘息服務機會，以鼓勵居家照護。

5. 培訓各類長期照護人力，訂定訓練教材及建立管理制度，結合民間力量推展志工服務及籌組長期照護人力銀行，以紓解長期照護的人力需求。

6. 統一制訂長期照護需求的評估標準，訂定各類長期照護服務指引，辦理長期照護相關機構的督導考核及分級認定，提升長期照護的服務品質。

7. 研修訂定相關法規，釐清各類機構的功能，檢討老人福利法、護理人員法及建築、消防等相關法規，合理訂定各類長期照護相關機構設置標準，並加強民眾長期照護教育與宣導，增進病患家屬及照護者長期照護知能及社會支持，以維護家庭功能。

8. 規劃長期照護保險，檢討全民健康保險對於長期照護的給付範圍，並結合老人福利的各項社會救助措施及國民年金制度，以個人能力及社會力量共同解決長期照護的財務負擔問題。

二、「銀髮族U-Care旗艦計畫」

　　臺灣邁入高齡社會，健康照顧與慢性病預防管理之需求日增，政府於民國九十五年率先推動「銀髮族U-Care旗艦計畫」，鼓勵銀髮族醫療及照護等機構與科技廠商攜手合作，發展銀髮族機構或社區型集中照護、居家照護與緊急照護等整合式服務體系，創新營運模式與服務流程、建置資通訊平台或系統、進行人員訓練及服務流程之改善，以提升銀髮族照護服務之品質、效率與效益，以「全人、全家、全程、全隊」之四全經營理念，提供以人為本、以家庭為中心的高品質照護服務。

三、「健康照護創新服務計畫」

　　民國九十六年政府為能加速建構健康照護服務體系，帶動相關產業發展，繼續推出「健康照護創新服務計畫」，針對慢性病管理與銀髮族生活及育樂創新服務，鼓勵健康照護及管理機構與科技廠商攜手合作，發展多元健康照護服務與創新商業的營運模式，期能藉本計畫所推動建立之健康照護示範體系，創造我國服務產業發展的新機會。「健康照護創新服務計畫」推動主題有二，包括：

1. 慢性病管理服務與營運體系之開發建置或先期規劃：針對特

定慢性病可能之健康管理需求，運用ICT等通訊技術規劃或建置慢性病管理服務系統及平臺，並結合一家以上醫療或照護機構，建構完整服務網絡與營運體系，發展創新的營運模式。

2. 銀髮族生活及育樂創新服務與營運先期規劃：以銀髮族需求為標的，勾勒未來生活應用與服務情境，透過科技加值與應用，規劃發展各類生活或休閒育樂的創新服務與營運模式，創新生活體驗，開創銀髮新商機。例如發展交通服務、休閒旅遊、觀光醫療服務、銀髮族終身學習服務，發展各式具療癒、復健及照護之服務等。

四、「健康照護升值白金方案」

為提升國人之生活品質，營造健康相關產業發展環境，政府陸續規劃醫療照護網絡相關方案，以健全我國之醫療照護體系，並於民國九十八年通過推動「健康照護升值白金方案」，以提供全民一個優質健康的生活環境。綜觀全球醫療照護發展可以發現幾個重要趨勢：

1. 全球人口結構正在逐漸邁入老化，導致醫療負擔壓力增加。
2. 醫療環境轉變與醫療之服務範圍擴張，迫使醫療照護必須分工之趨勢，造成相對人力短缺的現象。
3. 醫療科技日新月異，資訊科技（如：電子化、數位化、無紙化）對傳統之醫療照護模式產生莫大衝擊。

以上皆顯示出，我國朝向全球醫療照護發展轉型的必要性。爰此，「健康照護升值白金方案」將醫療產業以「一三七」進行

策略規劃，即一個白金方案、三大主軸產業、七項體系強化，作為整體策略的執行準則。

第一主軸產業：「服務產業」可區分為兩項體系強化方案，分別是第一體系強化「醫療照護體系」，以促進醫療資源合理分布，拉近城鄉差距，弭平健康之不平等，提供民眾適切、就近、連續性之醫療服務；第二體系強化「長期照顧體系」，是要透過居家、社區及機構式服務，以提供民眾整合性之照顧，藉由開辦多元化之長期照護保險機制，引進民間資源，活絡周邊產業，並且藉由基礎服務人力與設施的舖設，協助照顧服務科技的引進與發展。

第二主軸產業：「加值產業」可區分為四項體系強化方案，分別是第三體系發展「養生保健服務」，深化國人健康管理之概念，以提升國人健康促進之意識及投資，帶動民間資源投入；第四體系實施「智慧臺灣醫療服務」，透過資訊科技整合，打破資源的地域時空限制，加速病患診療的決策時間，提升醫療品質，減少醫療資源浪費；第五體系推行「醫療服務國際化」以提升國家整體形象，帶動產業發展，提高我國之國際能見度；第六體系強化「國家衛生安全」，以維護國家衛生安全作為最高指導原則之前提下，確保國產疫苗、管制藥品及血液製劑之安全、品質、穩定供應，以達自給自足。

第三主軸產業：「製造產業」，即是第七體系強化「生技醫藥產業」。

藉由以上「一三七」的策略規劃，期能提升國人生活品質、營造健康相關產業的發展環境，進而奠定臺灣醫療產業之全球版圖。

五、「長期照顧十年計畫」

(一) 目標

1. 以全人照顧、在地老化、多元連續服務為長期照顧服務之原則，加強照顧服務的發展與普及。
2. 保障民眾獲得符合個人需求的長期照顧服務，並增進民眾選擇服務的權利。
3. 支持家庭照顧能力，分擔家庭照顧責任。
4. 建立照顧管理機制，整合各類服務與資源，確保服務提供的效率與效益。
5. 透過政府的經費補助，以提升民眾使用長期照顧服務的可負擔性。
6. 確保長期照顧財源的永續維持，政府與民眾共同分擔財務責任。

(二) 項目

　　服務項目以日常生活活動的服務為主，包括了居家服務、日間照顧、家庭托顧服務；另為維持或改善服務對象之身心功能，也將居家護理、社區及居家復健納入；其次為增進失能者在家中自主活動的能力，故提供輔具購買、租借及住宅無障礙環境改善等服務；而老人營養餐飲服務則是為協助經濟弱勢的失能老人獲得日常營養之補充；喘息服務則用以支持家庭照顧者。此外，為協助重度失能者滿足因就醫及使用長期照顧服務為主要目的的交通服務需求，特補助重度失能者使用類似復康巴士之交通接送服務。本計畫各項服務之補助內容詳見**表2-7**。

　　為了政策的推動和服務品質的提升，需朝向以下目標努力。

表2-7　我國「長期照顧十年計畫」之服務項目及補助內容

服務項目	補助內容
照顧服務（包含居家服務、日間照顧、家庭托顧服務）	1. 依個案失能程度補助服務時數： 　輕度：每月補助上限最高25小時；僅IADLs失能且獨居之老人，比照此標準辦理。 　中度：每月補助上限最高50小時。 　重度：每月補助上限最高90小時。 2. 補助經費：每小時以180元計（隨物價指數調整）。 3. 超過政府補助時數者，則由民眾全額自行負擔。
居家護理	除現行全民健保每月給付二次居家護理外，經評定有需求者，每月最高再增加二次。補助居家護理師訪視費用，每次以新臺幣1,300元計。
社區及居家復健服務	針對無法透過交通接送而使用健保復健資源者，提供本項服務。每次訪視費用以新臺幣1,000元計，每人最多每星期一次。
輔具購買、租借及住宅無障礙環境改善服務	每十年內以補助新臺幣10萬元為限，但經評估有特殊需要者，得專案酌增補助額度。
老人餐飲服務	服務對象為低收入戶、中低收入失能老人（含僅IADLs失能且獨居老人）；每人每日最高補助一餐，每餐以新台幣50元計。
喘息服務	1. 輕度及中度失能者：每年最高補助14天。 2. 重度失能者：每年最高補助21天。 3. 補助受照顧者每日照顧費以新臺幣1,000元計。 4. 可混合搭配使用機構及居家喘息服務。 5. 機構喘息服務另補助交通費每趟新臺幣1,000元，一年至多四趟。
交通接送服務	補助重度失能者使用類似復康巴士之交通接送服務，每月最高補助四次（來回八趟），每趟以新臺幣190元計。

（續）表2-7　我國「長期照顧十年計畫」之服務項目及補助內容

服務項目	補助內容
長期照顧機構服務	家庭總收入按全家人口平均分配，每人每月未達社會救助法規定最低生活費1.5倍之重度失能老人：由政府全額補助。 家庭總收入按全家人口平均分配，每人每月未達社會救助法規定最低生活費1.5倍之中度失能老人：經評估家庭支持情形如確有進住必要，亦得專案補助。 每人每月最高以新臺幣18,600元計。

（資料來源：行政院，2007。「我國長期照顧十年計畫——大溫暖社會福利套案之旗艦計畫」。）

1. 培育質優量足之人力投入服務：推估各類專業人力和照顧服務員之需求，並規劃養成教育和在職進修。
2. 擴展長期照顧服務設施：依據長期照顧需求，調查結果以積極發展居家式、社區式服務設施，並以提升機構式服務品質為目標。
3. 鼓勵民間參與長期照顧服務之提供：從補助經費、檢討法令等策略提供協助，以減少參與障礙；另明訂服務提供單位之資格條件及監督管理機制，以確保服務品質。
4. 政府投入適度專門財源，以推動長期照顧制度；並由中央配置資源，以避免地方政府各自設定資源發展之優先順序。
5. 政府和民間共同承擔參與長期照顧財務之責任：政府應依老人失能程度及經濟狀況，提供合理的補助。
6. 以需求評估結果作為服務提供之依據：配合自付額機制的設計，以控制長期照顧費用於合理的範圍內。
7. 強化照顧管理機制：配置專業且具能力之照顧管理者，以進行需求評估，核定資格並擬訂照顧計畫，期能協助失能者獲得符合個別需求之服務。

8. 組成跨部會長期照顧推動小組：將計畫轉化為實施方案，積極推動並執行各項支援對策。

✚ 結語

　　長期照顧是針對缺乏自我照顧能力者，提供健康、個人與社會照顧的服務，通常是持續一段長時間；針對罹患慢性疾病的身心障礙者，提供診斷、預防、治療、復健、支持性及維護性的服務。這些服務可經由不同的機構或非機構設施獲得，例如慢性病療養院、傷殘復健中心、安養院、護理之家等機構，或是非機構式的家庭；目的在促使照顧者的生理、心理及社會功能各方面皆達到較佳情況。此為整合性的服務，所需的照護人力必須包括社會服務專業人力、醫事專業人力與生活照顧人力，也包括社區內之義工團體與人力資源。必須有賴合乎品質的長期照顧相關服務，同時配合適當的人力培育與訓練，才能達成建立完整長期照顧系統的目標。

問題與討論

1. 請說明「照護服務」的發展趨勢。

2. 請說明所謂「照護服務」的意涵。

3. 請說明社區式長照服務模式的主要內容。

4. 請說明我國「老人長期照護三年計畫」的內涵。

5. 請說明我國「長期照顧十年計畫」的主要內容。

第二篇

規劃篇

第**3**章

我國長期照顧政策

✚ 前言

　　因應老年人口的快速增加，我國現行的長期照顧體系，是由政府的幾項重要法案及方案計畫為主導，民國六十九年訂定的「殘障福利法」及「老人福利法」可視為重要的起始點，歷經多年的制度發展，陸續頒訂其他關於健康醫療及社會福利的重要法案或機構設置之相關規定。此外，衛生署、內政部等政府部會亦提出了多項行政方案計畫；大體來說，其規範或服務對象是以高齡者為主軸。

　　以下是我國長期照顧政策的演進及政府在長期照顧政策上的努力：

1. 民國七十五年推展第二期「醫療保健計畫──籌建醫療網計畫」中的「中老年病防治四年計畫」以及民國七十六年辦理「居家護理」實驗性計畫起即開始萌芽發展。
2. 民國八十年為配合國家六年建設推行的「醫療網第二期計畫」──加強復健醫療及長期照顧服務。
3. 民國八十六年「醫療網第三期計畫」中推行「長期照護十五年計畫」。
4. 民國八十七年行政院核定「老人長期照護三年計畫」。
5. 行政院於民國八十九年通過實施「建構長期照護體系三年先導計畫」。
6. 民國九十年核定「醫療網第四期計畫──新世紀健康照護計畫」。

✚ 壹、長照政策基本要素

　　「長期照顧」是指針對長期照護者，提供綜合性與連續性之服務，其服務內容為預防、診斷、治療、復健、支持性、維護性與社會性之服務；其服務對象不僅需包括病患本身，更應考量照顧者的需要。

一、發展歷程

　　近年來，我國長期照護的政策方針顯見於多項政策宣示當中，發展歷程可歸納為：醞釀期（民國七十四年以前）、萌芽期（民國七十五年至八十二年）、建構期（民國八十三年至八十六年）、發展期（民國八十七年至九〇年）以及產業化時期（民國九十一年以後）。其中，民國八十六年衛生署發表的「衛生白皮書——跨世紀衛生建設」中提出，長期照護發展的重點以健全發展長期照護體系為主，方針以居家／社區式照顧服務為主（占70%）、機構式照顧為輔（占30%）。民國八十七年行政院核定執行之「老人長期照護三年計畫」，其中除了要普及機構式長期照顧外，也強調社區化長期照顧體系之建立，並鼓勵充實社區化照顧設施。其具體措施包括建立整合性服務網絡，在實務運作上，針對「長期照護管理示範中心」的設立試辦「單一窗口」制度，希望接受長期照顧的病患經由專業評估及個案管理方式，可以就近得到妥善之照護安排。

二、服務對象

長期照顧的服務對象,主要是指日常生活功能受損而需要由他人提供照顧服務者,對於服務對象之範圍可有不同的界定指標,包括:

1. 身體功能障礙:日常生活活動功能(ADL,包括進食、穿衣、洗澡、室內走動、沐浴、如廁等項目)、工具性日常生活活動功能(IADL,包括洗衣服、煮飯、做家事、購物、理財、室外行動)障礙項目之累計。
2. 認知功能障礙或失智症:以認知功能量表(如:MMSE、SPMSQ)分數為指標,或經醫師診斷而領有身心障礙手冊之失智症者、智能障礙者。
3. 精神障礙者:領有身心障礙手冊之慢性精神病患者、自閉症者。

三、照管中心

在「新世紀健康照護計畫」中,也強調以「長期照護管理示範中心」為據點,建置長期照護資源整合與配置的網絡,以有效結合社會照顧資源,提供民眾長期照護專業的諮詢評估與轉介、輔具租借、教育訓練與家屬支持團體等適切的服務。而民國九十一年提出的「照顧服務產業」方案,乃希望以專業化、企業化的方式,提供失能國民所需之身體和日常生活服務,並以提高國民就業率為目標。其理想是建構完整的照顧服務體系,以提供就近、適切品質與合理成本之服務。在對策上,則包括發展多元化的服務體系、建立各級政府長期照顧資源的整合與管理機制,以及提供醫療與長期照護銜接的連續服務等。

四、照護產業

在政府政策宣示鼓勵資源快速發展以來，照護資源彼此間缺乏銜接性，社政、衛政資源有交錯重置之慮，而一般民眾對這些資源也常因不熟悉而無法利用，因此引發地方政府及相關團體進而探討資源整合的策略。政府政策也朝向包含建構管理機制、協助民眾引進服務以提升成本效益，並規劃評估長期照護的合理財務機制等。長期照護個案所需要的服務是跨專業團隊的服務，從醫院、家庭到社區，都需要各種專業人員的介入，有鑑於國內長期照護需求殷切、社區照護資源普遍不足，民國九十一年開始推展的「照顧服務產業」方案，其具體服務措施最終也包括建立照顧服務管理機制、加強服務輸送系統及建立資源網絡等。而借鑑荷蘭所實施「長照保險」制度，長照制度委託私人保險公司經營，即是照顧產業的具體實現。

五、資源整合

長照體系的發展過程中，除了針對需求個案進行個案管理之外，全面性長期照顧資源整合與管理機制之建立也十分重要。依此原則，藉由長照組織的設置和管理功能強化，及藉由加強需求者賦能（empowerment）的倡議與作為，建立長期照護資源整合與管理機制，並建立長照需求及相關資源間的互動措施。經由與相關主管機關的功能整合與相輔相成，而加速落實政策目標和實現長照體系的健全發展，以滿足民眾照護需求，並朝兼顧協調性、責任性及效益性等方向邁進，規劃醫療供給，以獲致全民健康願景。其實施的目標包括：

1. 建構區域性醫療體系，提升醫療服務效益。
2. 保障全國民眾獲得有效與優質之醫療服務。
3. 強化基層醫療服務，推動社區健康的作為。
4. 建立前瞻性醫事人力政策，提升專業智能。
5. 落實對特定族群的醫療照護，保障民眾權益。

六、社區照顧

　　長照體系的發展，必須依據城鄉的特性及發展，規劃適合民眾所需的服務。參酌歐美福利先進社會於正式服務體系中，建置多元化的社區式長期照顧服務設施。其中「在地老化」的觀念，不僅強調留在社區照顧（care in the community）、由社區照顧（care by the community），也包括源自於受照顧者對自我的認知（self-identity），其自尊（self-esteem）和對社會認知（social-identity）的呼應。強調老年人留在熟悉的、所屬的環境中接受照顧，並可感受到家庭關愛和社會支持的程度，對其健康的維持有明顯的影響，是社會健康（social health）的主要內涵。

貳、長期照顧規劃原則

　　凱恩和拉德（Kane & Ladd, 1987）對於長期照顧所下的定義為：對具有長期功能失能或困難的人施予照顧，提供一段時間的持續性協助。長期照顧包含了以下三大類服務（吳淑瓊，2005）：

1. 協助日常生活活動的服務。

2. 提供評估、診斷、處置等專業服務。

3. 提供輔具和環境改善之服務。

　　長期照顧具有其特有本質，它強調治療和生活統合，在理念上必須把健康醫療照護融入日常生活照顧之中，方能提供身心功能障礙者完整而全人的照顧。

　　除此之外，長期照顧體系的發展不只是照顧服務的提供，還必須同時包含居住環境條件以及輔具提供的考量。因而，長期照顧不僅具有連續性照護的概念，亦是跨越醫療與社會服務領域的照護。而一般用以鑑定功能失常與評估長期照護需求的依據指標分為三個層次：(1) 基本日常生活活動功能（ADL）；(2) 工具性日常生活活動功能（IADL）；(3) 進階性日常生活活動功能（AADL）（如表3-1所示）。至少一項以上的ADL或IADL功能不全者，即為長期照護的對象（阮玉梅，1999）。

表3-1　評估長期照護需求依據指標

項　目	能　力	作　為
基本日常生活活動功能（activity of daily living, ADL）	代表個人為維持基本生活所需的自我照顧能力。	包含吃飯、上下床、穿衣服、上廁所、洗澡等。
工具性日常生活活動功能（instrumental activity of daily living, IADL）	代表個人為獨立生活於家中所需具備的能力。	包含煮飯、洗衣、做家事、購物、理財、外出活動、打電話、遵醫囑服藥等。
進階性日常生活活動功能（advanced activity of daily living, AADL）	代表個人完成社會、社區和家庭角色，以及參與娛樂、運動、休閒、或職業事務的能力。	項目多因人而異，指記憶、定向、抽象、判斷、計算及語言能力。

（資料來源：作者整理。）

西方福利先進國家已實施之照顧者支持政策可歸納為三類：第一是服務性支持措施（包括喘息照顧服務及心理暨教育性支持方案）；第二是與就業相關的支持措施；第三是經濟性的支持。長期照顧的服務方式，依支援單位所提供的資源不同，伯第（Bordy）與馬斯喬吉（Masciocchi）認為，長期照顧應包含機構照顧、社區照顧、居家照顧等三大類服務；伊凡許維克（Evashwick）則進一步認為，此三類服務應整合為連續的服務網絡，方能提供老人完整而持續的長期照護（吳淑瓊，2005）。

一、居家式照顧

以個案居家為服務據點之服務項目，包括居家服務、居家照護、居家復健、居家環境改善、老人營養餐飲服務及緊急救援系統。其形式可分為：

1. 家庭照顧：這是我國目前長期照顧的主要型態，由家人、朋友或鄰居所提供之非正式性的服務（informal support），一般而言，雖其成本較低，但是面臨照顧人力不足、照顧者長期身心負荷壓力、照顧品質缺乏專業性及無法提供技術性服務等困擾。
2. 居家服務：亦稱為「在宅服務」，指政府對低收入戶提供日常生活的照顧服務。
3. 居家照顧：指衛政單位所提供的居家照顧，以居家護理及醫師出訪為主；單位中可以配備各類照顧人力，到個案家中協助醫療、護理、復健、身體照顧、家務清潔、交通接送、陪伴就醫等照顧工作，並協助或暫代家庭照顧者提供照顧，使其獲得喘息的機會。

4. 安全看視（oversight）服務：是增進居家安全的服務方案，例如夜間巡邏、電話問安等傳統方式，以及緊急通報設備等利用科技產品的方法。

5. 居家環境改善：給水、排水、防水、臥室、廚房、衛浴等設備及住宅輔助器具。

6. 老人營養餐飲服務：對於行動自如的老人，選定適當地點提供集中用餐，而行動困難者則送餐到家。

7. 身心障礙或中低收入之獨居老人緊急救援體系：在家發生突發事件時，可發出訊號以獲得緊急救援之服務。

　　由於我國深受傳統倫理的影響，居家式照顧是最接近個案原本之生活型態，且最自然的照顧模式，但是不易滿足重度依賴個案的大量照顧需求。由家庭與親友提供的照顧，在長期照顧中一直扮演著舉足輕重的角色，也成為長期照顧政策的焦點，除了期望善用家庭照顧的資源以降低政府的公共支出，再者也因為照顧者的權益逐漸受到社會大眾的認同，期望藉由措施和服務的提供以降低對照顧者生活不利的影響，進而提高家庭照顧者的生活品質。

二、社區式照顧

　　社區式照顧係指依社區需求加以規劃、整合及運用社區資源，提供社區民眾所需的長期照顧服務。社區式照顧的服務對象，泛指社區中所有的居民，但針對長期照顧而言，則指身體功能有部分缺失或為失能、殘障患者，或因年齡與疾病而需要長期照護者，有時因家庭照顧有困難者亦屬於社區式照顧之服務對象。社區式照顧服務的型態則依照個案需要而有所不同，包括居

家護理、日間照顧、個人服務、家事服務、送餐服務、電話問安與其他輔助服務等。

社區式照顧服務是以日間照顧為主，符合服務資格者，日間自行或由家人接送至日間照顧機構，晚間則返回家中，其目的不僅在於依機構所屬性質之不同，提供使用者不同目的之服務，同時也使家屬得以休息與喘息。

以地域性特性為考量，對老年所屬的社區進行有效的長期照護資源整合及管理機制之建立，十分重要。如此不僅可以有效利用資源、節約社會成本，更重要的是，對於有長期照護需求的民眾，可以容易地選擇適得其所的照護和安置，而得到較好的生活品質。

(一) 日間照顧

亦稱為「日間托老」，為對日間就業而無法照顧老人之子女提供日間照顧服務。可在白天幫忙照顧個案，提供個案醫療或社會模式的照顧，晚上再將老人送回家中，讓個案仍然享有家庭的生活；目前除政府對低收入老人提供日間的照顧服務，也鼓勵老人安養養護機構辦理外展服務以充分利用資源。

(二) 日間照護

由衛政單位提供，接受照護者留居於家中，只有部分時間前往接受治療或照顧。

對於高齡者或其他需要受照顧的人口而言，能夠留在自己熟悉的地方接受妥善的照顧，除了能讓其保有原來的家庭生活之外，對於生命價值觀也較有正面的影響。

(三) 照顧住宅

　　是整合住宅與照顧的服務模式，節省居家式服務地點分散的成本支出，提供無障礙環境的設計，以增進身心功能障礙者的自主活動，又因其配置管理員，提供住民的安全看視，並依據需求，協助從社區中引進各項居家或社區式的照顧服務，一方面可以享有自主隱私的生活空間，另可獲得照顧服務，以維護生活品質。

(四) 喘息照顧

　　係指一段期間的暫時休息，而其基本要素就是提供照顧者休息的機會。具體而言，喘息服務的目的有下列五項：

1. 減輕照顧者的壓力，促進照顧者的身心健康。
2. 減輕照顧者及其家庭的孤立感，以維持家庭關係。
3. 協助家庭度過危機期及調適期。
4. 避免受照顧者遭到虐待、忽視或過早及不當的機構安置。
5. 協助受照顧者增加與外界接觸的機會。

喘息照顧服務依其提供的形式及場域，大致可分為：

1. 居家喘息服務：例如居家醫療照護、居家護理照護、個人照顧及家事服務等。
2. 日間喘息服務：例如成人日託中心、臨託照顧中心等。
3. 較長時間的喘息服務：例如在護理之家、醫院及其他正式機構過夜。

　　至於喘息照顧服務的時間可以短至一年12個小時，或長達幾週；案主可能一週使用一至二次喘息照顧服務，也可能是一年才使用一、二次，主要是依照顧者的需求而定（呂寶靜，2001）。

　　社區化的照顧模式是較人性化的，是多數人心目中較為理想的目標。因此，近年來的長期照顧政策導向是朝著「社區為主，機構為輔」的方向前進。

三、機構式照顧

　　機構式照顧是提供老人全天候的住院服務，服務內容包括醫療、護理、復健、住宿等綜合性服務。由於機構式照顧能為需要密集照護者，提供完整且高密度專業照護的型態，可以減輕病患家屬在體力與精神上的負擔。凡身心功能障礙、日常生活依賴度高、家庭照顧資源缺乏或無家庭照顧資源，且無法以社區或居家方式照顧的老人，均為機構式照護的主要服務對象。目前，臺灣地區因老人長期照護的需要而存在的機構式照護，有隸屬醫療服務體系管理的醫院慢性病床和護理之家，其中護理之家有醫院附設者，也有獨立型態者；另外，還有隸屬社會福利體系管理的安養機構和養護機構，其中養護機構有安養機構附設者，也有獨立型態者。此外，還有隸屬於榮民體系管理的榮民醫院慢性病床及榮民之家安養床。至於沒有主管機關管理的未立案之安養機構與養護機構，也是屬於機構式照護之一。

(一) 在宅照顧

　　在宅照顧（residential care）是指在社區當中設置專屬機構，以提供無親屬關係的老人共同居住，並提供工具性日常生活活動功能（IADL）的協助，如洗衣服、備餐、打掃居住環境、按時服藥、提供團體活動及交通等。在宅照顧在我國現行長期照護體系中，含括老人安養服務及老人養護服務。

1. 老人安養服務：以年滿65歲以上、身體健康行動自如、具生活自理能力者為對象，提供在宅服務、生活照顧、飲食供應、疾病送醫、文康休閒、親職聯誼。

2. 老人養護服務：以符合年滿65歲以上、生活自理能力缺損，且無護理服務需求者為對象，提供的服務比老人安養服務多增加了護理及復健服務。

(二) 護理之家

護理之家（nursing home）是提供老人全天候的機構服務，除了提供失能老人醫療、護理、復健與個人照顧外，並提供老人食宿與其在機構中所需的生活照顧等，一般而言，重度依賴或家庭照顧資源缺乏的老人是機構式照護的主要服務對象。護理之家實施24小時的日常生活功能、行動上、精神上及監督按時服藥的個人及護理照顧，並有物理治療、職能治療、營養諮商等，亦提供臨時性非重症的醫療服務。

機構式的照顧服務對個案會產生很大的約束，但其可以滿足重度依賴個案的密集照顧需求。然而，在家中乏人照顧的老人、沒有經濟財源的老人無法進入須自費或補助不足以進入的機構照護、在機構中得不到適切照護的老人等社會問題，仍時有所聞。

隨著社會福利的進展，社區發展工作已經由過去政府主導、主辦的角色，轉型為社區民眾自治、自覺的投入，公部門成為扮演輔導、共創資源、社會總體經營的角色，社區及民間的社團參與規劃，承辦經營和依本身需求設計的多元化社區方案，從而共同營造精緻、永續、高度滿足地區性需要的社區建設。因此，為因應長期照顧涵蓋範圍廣泛的特質，歐美福利先進國家於正式服務體系中，建置多元化的社區式長照服務設施，福利社區化則是具體地將社會福利體系建構在社區服務的基礎上，針對社區中有需求的對象或弱勢的族群，給予周全的福利服務，以增進民眾福祉。

參、長期照顧政策內涵

　　隨著人口老化、平均餘命提高、少子化、婦女進入職場比例高、傳統家庭結構改變，導致照顧需求性增加；因長期照顧為家庭帶來沉重的經濟負擔，導致負擔人口增加，轉而依賴社會支持，如何將長期照顧所帶來的社會風險分擔，是長期照顧政策產生的重要原因。

　　長期照顧是依照失能者（失去體能或智能者）所保有的功能，以合理之方式在合適之場所，由適當的服務者在適當的時段提供恰如所需的服務，其目的是為保有尊嚴，能自主地享有優質的生活。所謂政策乃是達成機關目標和實現方案的行動規劃，因此，制訂政策要考量：(1) 決定做些什麼？(2) 決定如何做？(3) 決定在何處做？同時要把握下列四個步驟：

1. 瞭解事實：對現況及可預期的情況加以瞭解和分析。
2. 解釋事實：對現況瞭解以後，應將各項事實加以解釋。最有效的方法，是將所取得資料一一列記，以研究其相互關係，發現因果問題。
3. 擬定草案：在分析現況過程中，隨時可發現處理問題的方式及應採取的要點，作為訂定計畫的參考。對現況瞭解越深，所獲得的處理方式和應採取的要點也越可靠，最終將獲得較多的計畫草案，這些都是訂定最後計畫的藍圖。
4. 決定計畫：各項草案擬訂後，進一步則是如何在許多草案中選擇一項最有效及最可行者，以作為最後的計畫。

為因應人口老化，我國自一九九〇年代後，陸續通過以下的長期照顧法案。

一、加強老人安養服務方案

　　一九九八年開始實施「加強老人安養服務方案」，為期三年，該方案主要內容如**表3-2**所示。

　　實施三年後，政府在修正該服務方案後又訂定了三年推動期程，方案目標設定為：

表3-2　「加強老人安養服務方案」

項　　目	內　　涵
目標	1. 保障老人經濟生活。 2. 維護老人身心健康。 3. 提升老人生活品質。 4. 充實老人照顧人力設施。 5. 落實老人居住安養服務。
實施要項	1. 老人保護網絡體系。 2. 居家服務與家庭支持。 3. 機構安養。 4. 醫護服務。 5. 社區照顧及社會參與。 6. 教育宣導及人才培訓。 7. 老人住宅。 8. 老人年金、保險及補助。
特色	1. 提供支持家庭照顧者的措施，以呼應照顧者福利需求。 2. 擴大醫務服務的範圍，包括長期照顧服務。 3. 社區照顧的實施要項，列舉社區式服務的項目。

（資料來源：作者整理。）

1. 加強老人生活照顧。
2. 維護老人身心健康。
3. 保障老人經濟安全。
4. 保障老人社會參與。

　　至於實施要項的修正重點，則為將「老人住宅」推展為「無障礙生活環境住宅」，將「醫護服務」延伸為「保健與醫療照護服務」，並將原先之「教育宣導及人才培訓」分列為「專案人力及訓練」、「教育及宣導」，以揭示對人力培育的重視。

二、老人長期照護三年計畫

　　行政院衛生署於一九九八年頒訂「老人長期照護三年計畫」，以因應國人對於長期照顧服務日漸殷切的需求（參見**表3-3**）。

表3-3　「老人長期照護三年計畫」

項　目	內　涵
目的	透過家庭長期照顧知能的增進及醫療衛生、社會資源的結合，使無自顧能力的老人能於家庭或就近的社區中得到適當照顧，故其對象為「無自我照顧能力的老人」。
要項	1. 建立整合性服務網絡。 2. 普及機構照護措施。 3. 充實社區化照顧設施。 4. 加強長期照護人力培訓。 5. 加強長期照護服務品質。 6. 加強民眾長期照護教育與宣導。 7. 健全長期照護的財務制度。

（資料來源：作者整理。）

三、建構長期照護體系先導計畫

　　為促進我國長期照顧服務資源的開發與相關服務體制的整合，行政院社會福利推動委員會於二〇〇〇年核定「建構長期照護體系先導計畫」三年計畫（參見**表3-4**）。

四、照顧服務福利及產業發展方案

　　照顧服務福利及產業發展方案如**表3-5**所示。

五、臺灣健康社區六星計畫

　　傳統上，家庭在長期照護服務中扮演著主要角色，從服務的提供、財務的支持，乃至於心靈上的寄託等。然而，由於社會環境的變遷、家庭結構及功能的改變、雙薪家庭與單親家庭的增加，代間居住安排型態轉變，均挑戰家庭是否能繼續維持其傳統的照護功能，即便有70%的人口期望年老時能與子女同住，然卻事與願違，老人與子女同住的比例正逐年下降，而獨居自宅或進住長期照護機構的比例卻逐年攀升，因此政府推行「臺灣健康社區六星計畫」（如**表3-6**）。

表3-4　「建構長期照護體系先導計畫」

項　目	內　涵
區域	臺北縣三峽鎮、鶯歌鎮及嘉義市等特定區域作為實驗社區。
年齡	20歲以上。
身心功能	至少具有一項以上ADL功能障礙者，或經診斷有輕度失智症者。

（資料來源：作者整理。）

表3-5　「照顧服務福利及產業發展方案」

項　目	內　涵
目標	以建構照顧服務體系、擴充服務對象、提升服務品質及開發服務人力爲目標。
期程	二〇〇二年至二〇〇七年
對象	針對因失能所產生之身體及日常生活障礙者，提供日常生活及身體照顧服務，其中包括「非中低收入失能老人及身心障礙者補助使用居家服務試辦計畫」，將服務對象由中低收入失能者擴展至一般失能者。
程序	所稱之失能係因身心功能受損，而致日常生活需他人協助者。對於一般失能老人及身心障礙者之認定，須經巴氏量表（ADL，日常生活功能量表）之評估；至於，失智症患者、慢性精神病患者、自閉者之評估工具，則分別爲臨床失智症評分量表（Clinical Dementia Rating, CDR）、社會功能量表或巴氏量表搭配工具性日常生活量表、家庭支持功能評估表、自閉症者生活功能及居家服務需求評估量表。

（資料來源：作者整理。）

表3-6　「台灣健康社區六星計畫」

項　目	內　涵
目標	全面性的社區改造運動，透過六大面向的提升打造健康社區。
期程	二〇〇五年至二〇〇八年
對象	爲社區中的失能者及老人，但以健康老人或失能程度較輕的老人爲主。
程序	在「社福醫療」此一面向中，規劃社區照顧關懷據點之設置，透過社區非正式資源的結合提供初級預防照顧。

（資料來源：作者整理。）

六、大溫暖社會福利套案

　　為因應高齡社會中的社會現況，以建構完善老人長照體系，政府於二〇〇六年通過之「大溫暖社會福利套案」涵蓋四項策

略、十二項重點計畫，在「強化老人安養」策略下包括三項重點計畫，分別為：「建構長期照顧體系十年計畫」、「推動國民年金制度計畫」、「設立人口、健康及社會保障研究中心計畫」等，並將「建構長期照顧體系十年計畫」列為旗艦計畫，以回應我國人口快速老化，民眾遽增的長期照顧需求。

　　長期照顧服務應視為一項對國民的整體性服務，故應著重整合性服務網絡之建立。這些計畫方案，除了一般老人的生活品質提升之外，失能老人的照顧服務已成為近年來政府長期照顧政策的重點，並且擴展至其他的身心障礙人口。

✚ 肆、長期照顧服務項目

　　隨著人口快速老化，我國身心功能障礙或衰老的人口也同步遽增中，導致長期照顧需求的增加。依據內政部「我國老人狀況調查報告」資料顯示，老年人口中罹患慢性疾病者占58%，其中有35%罹患心血管疾病。此外，超過20萬的老人無法自行料理生活，需人照顧（內政部，2009）。因此長期照顧服務項目，依據「建構長期照顧體系十年計畫」規劃如下：

一、規劃原則

1. 針對一般社會大眾，給付型態以實物給付（服務提供）為主，現金給付為輔，而以補助服務使用為原則。
2. 依老人失能程度及家庭經濟狀況，提供合理的照顧服務補助，失能程度分為三級：輕度、中度和重度。失能程度越高

者獲得政府補助的額度越高。照顧服務的補助對象在補助額度下使用各項服務時，仍需負擔部分費用，其費用則與失能者之經濟狀況有關，收入越高者，部分負擔的費用越高。

二、規劃內容

規劃服務的項目以日常生活活動服務為主，即所謂「照顧服務」，包括居家服務、日間照顧、家庭托顧；另為維持或改善個案之身心功能，也將居家護理、居家復健（物理治療及職能治療）納入；其次為增進失能者在家中自主活動的能力，故提供輔具購買、租借及住宅無障礙環境服務；再其次則以喘息服務支持家庭照顧者。

(一) 照顧服務補助額度及標準

照顧服務範圍包括居家服務、日間照顧及家庭托顧服務。當民眾的失能程度經過照顧管理者評定為輕度、中度及重度，即可依據各等級的補助服務時數而使用上述的照顧服務。

1. 照顧服務對象之失能等級界定如下：
   (1) 輕度失能：一至二項ADL失能項目者；僅IADL失能之獨居老人。
   (2) 中度失能：三至四項ADL失能項目者。
   (3) 重度失能：五項（含）以上ADL失能項目者。
2. 補助服務時數之規劃：
   (1) 輕度失能：參考德國對於長期照顧保險對象需求者之定義，第一級失能等級為每天至少需90分鐘之照顧時間，其中45分鐘為基礎照顧；研擬補助總時數調整為25小

時，平均一日約50分鐘。

(2) 中度失能：參考德國對失能者之定義，第二級失能等級為每天至少需3小時之照顧時間，其中基本照顧為每日至少2小時；研擬補助時數調整為50小時，平均每日為100分鐘。

(3) 重度失能：參考德國定義第三級失能等級為每天至少需5小時之照顧時間；研擬補助時數為90小時，亦即每日3小時。

有關僅IADL失能且獨居之老人，僅補助照顧服務，補助時數之標準比照輕度失能者。透過上述照顧服務時數的調整，強化照顧服務的發展，特別是居家服務；另亦鼓勵居家服務提供單位因服務對象總服務時數的提高，更彈性化地調整現有服務模式，未來朝向「少時數、多次數」的服務模式，即針對照顧密集度較高的個案，能將每天的服務時數依個案實際需求分散提供。

3. 費用部分負擔之設計。照顧服務的使用者部分負擔之付費方式亦建議調整，改採依每小時均須有部分負擔的設計。而照顧服務之補助對象又依經濟狀況設定不同補助標準：

(1) 家庭總收入未達社會救助法規定最低生活費用1.5倍者，由政府全額補助。

(2) 家庭總收入符合社會救助法規定最低生活費用1.5倍至2.5倍者，由政府補助90%，民眾自行負擔10%。

(3) 一般戶：由政府補助60%，民眾自行負擔40%。

(4) 超過政府補助時數者，則由民眾全額自行負擔。至於每小時的補助經費則是以每小時180元計（隨物價指數調整）。

4. 居家服務、日間照顧及家庭托顧服務之費用補助。當照顧服

務對象之照顧計畫中，若被核定有居家服務需求者，則可用
照顧服務之補助時數去使用服務，若尚有日間照顧需求者，
則可運用被核定的補助時數去使用日間照顧服務，且依部分
負擔之原則自付一部分費用。照顧服務對象可將核定之照顧
服務時數支付家庭托顧服務。

(二) 居家護理

1. 擴大居家護理補助條件，放寬居家護理的補助範圍，增加居
   家護理人員居家訪視次數，並提供偏遠地區之交通補助，以
   促進偏遠地區居家護理之發展。
2. 提高居家訪視之補助額度，並對個案提供衛教服務。鼓勵居
   家護理深入社區及家庭，此外也鼓勵居家護理師對家庭照顧
   者強化衛生教育及照顧技巧，以提升整體照護品質。

(三) 社區及居家復健

協助個案取得健保之醫院與診所的復健服務，提高長期照
顧服務對象使用醫院或診所復健服務之可及性，發展交通接送服
務，協助個案前往醫療院所接受復健服務。

(四) 輔具購買、租借服務及居家無障礙環境改善服務

將使用者之日常生活照顧（如：沐浴、排泄、飲食等）及機
能訓練之輔具，以「輔具補助」的方式提供；未與身體直接接觸
之器材類（如：輪椅、特殊臥床等）則採「輔具租借」之方式提
供。居家環境的改善則以支付住宅之修改為主（如：加裝扶手、
消除高低差、防滑、改裝為拉門、改用西式便器、順利移動等所
需之床舖及地板材料之更換等）。

(五) 老人營養餐飲服務

　　為協助經濟弱勢的失能老人獲得營養餐飲服務以補充日常營養，補助標準方面，政府最高補助每人每日一餐50元，對家庭總收入未達社會救助法規定最低生活費用1.5倍者則全額補助，家庭總收入符合社會救助法規定最低生活費用1.5倍至2.5倍者補助90%（使用者自付10%）。

(六) 喘息服務

　　喘息服務之補助應以照顧事實作為介入依據，盡可能在照顧者呈現負荷過重前就介入；其次為避免受照顧者剛離開醫院即接受機構式喘息照顧，降低回到社區生活的可能性，因此限定照顧者需照顧長達一個月以上者始可申請，此時間限制較建構長期照護體系先導計畫實驗社區之三個月為短，主要乃為縮短家庭照顧者等待服務的日程。

(七) 交通接送服務

　　為協助重度失能者滿足以「就醫」及使用長期照顧服務為主要目的之交通服務需求，推動失能者就醫交通服務網絡，補助重度失能者使用交通接送服務。

(八) 長期照顧機構服務

　　將機構式照顧之補助對象從低收入戶老人擴展到家庭總收入未達社會救助法規定最低生活費用1.5倍之重度失能者，由政府全額補助；至於家庭總收入未達社會救助法規定最低生活費用1.5倍之中度失能者，由照顧管理者評估其家庭支持功能後，亦得予以補助。

(九) 待開發的服務方案

　　針對高風險（IADL失能或有保護性看視需求）且無力購買市場服務之需求者，則補助地方政府（如：消防局）提供簡單型危急通報系統服務。

三、規劃特色

1. 「訂定照顧服務」補助標準，提高補助經費之額度，並擴展服務項目，除了居家服務外，也納入日間照顧服務、家庭托顧服務，這些服務項目統稱為「照顧服務」，且為滿足社區裡中、重度失能者之照顧需求，提高失能者留住社區之誘因，依據個案失能程度調增補助時數。另為建立服務使用者付費的概念，避免照顧資源之浪費，規定將原免費（試用）服務時數全部轉為每小時均需部分負擔之補助額度。

2. 為提升照顧品質，增補全民健保給付不足之居家護理服務。

3. 為支持失能者自主生活之能力，全面辦理居家復健服務。

4. 擴大輔具購買、租借服務及住宅無障礙環境服務之對象，到一般戶失能老人。

5. 補助長期照顧需求者，使用長期照顧服務所需之交通接送服務。

6. 機構式照顧服務將家庭總收入未達最低生活費1.5倍之家庭經濟弱勢者納入補助。

7. 增加喘息照顧服務，且以多元化提供和提高補助天數的方式來支持家庭照顧者，一者提高補助額度，並視照顧需求等級不同而有差異，再者可混合使用機構式和居家式喘息服務。

為落實我國長期照顧資源整合與管理機制的建立，不僅應在組織結構及功能上做調整和強化，更應藉由組織整合和業務協調的方式來執行。長期照護體系的發展，必須考慮文化的因素和地域化的特性。我國傳統文化的孝道觀念，仍然深植於一般國人心中，這些均為長期照護體系發展的重要影響因素，例如鼓勵志工服務和鼓勵子女與父母同住或比鄰而居等優惠措施。另外，我國政策所推行的社區發展成效，均可視為我國社區結構的優勢。藉由我國長期照護資源整合與管理機制的建立與落實，確保國人得享健全化之長期照顧服務，更可進一步與急性照護體系充分連結，達到連續性、全人健康照護的理想。

✚ 結語

　　依據「我國老人狀況調查報告」資料顯示，民眾認為政府應優先提供的老人福利措施中，「提供長期照護服務」居於首位（內政部，2009）。以不同年齡層的人口對表列各項老人福利措施的重要程度之差異觀察，可以發現主張提供「長期照護服務」及「老人急性醫療照護服務」者，有隨年齡越大而重要度數值越高的現象，顯示老年人口對「醫療」與「照護」服務的特殊需求高於其他人口群。此外，未來老人之教育與經濟情況較佳，勢必會要求較符合人性品質的照護，更加提升規劃與建構完善長期照顧體系的重要性與必要性（內政部，2009）。

　　考量人口老化趨勢之快速化、資源開發的有限性、盡速推動的急迫性，政府進行長期照顧政策的規劃時，應以老年人為主要服務對象；但考量個人之老化經驗不同，亦需將因為身心障礙、地區因素致使提早老化而需照顧之對象一併納入。

 問題與討論

1.請說明我國長照政策的基本要素。

2.請說明所謂「居家式照顧」的意涵。

3.請說明「加強老人安養服務方案」的主要內容。

4.請說明我國「建構長期照護體系先導計畫」的內涵。

5.請說明我國「臺灣健康社區六星計畫」的主要內容。

第4章

我國長照立法

✚ 前言

　　社會福利的推動及落實與國家發展息息相關，雖然我國於民國六十九年制訂「社會救助法」、「老人福利法」及「殘障福利法」，啟動我國長期照顧服務體制發展，但相應的公共政策仍屬有限，只及於少數的救助收容機構，或投入安養機構、文康服務機構等與老人相關的服務功能之資源建制，直到民國八十年後才因快速成長的長期照顧需求，促使相關政策的推動（吳淑瓊，2000）。參酌世界衛生組織針對已發展國家之長期照顧立法進行的比較研究，歸納出以下幾項主要趨勢：

1. 投入更多資源，以落實長期照顧。
2. 促進家庭功能，以分擔照顧責任。
3. 發揮社區照顧功能，以提升品質。
4. 整合居家、機構及社區照顧設施。
5. 提供多元服務類型，以因應需要。
6. 發展長期照顧系統，以因應需求。

　　目前我國所提供的長期照顧相關服務及給付項目，大致包括居家服務、居家照護、居家復健、短期或臨時照顧、日間照顧、機構式服務補助（含長期照護機構、護理之家、養護機構、安養機構）、營養餐飲服務、緊急救援服務、中低收入老人住宅設施設備補助改善、中低收入老人重病住院看護費補助、中低收入老人特別照顧津貼等項；依據服務地點的不同，可分為居家式、社區式及機構式，另針對家庭照顧者提供喘息服務等等。這些內容則規範於相關法規中。

壹、老人福利法

　　人們總是面臨著生活中各式各樣的社會問題，而社會政策與社會立法是人們用來處理和解決各種社會問題的重要措施和手段，是人們為了實現自己的目的，改造社會的重要機制。社會政策是公共政策的一環，是針對社會運作的障礙、不平等和不公義的事情所對應的社會機制，以解決社會危機及社會問題。社會立法則是以增進社會大眾福利，以及促進社會進步發展而訂定的法規。

　　隨著人口高齡化，為期維護老人尊嚴與健康、安定老人生活、保障老人權益、增進老人福利，而有縝密的規劃和推動，民國六十九年政府頒定「老人福利法」，參酌民國九十八年的修正內容，說明如下。

一、服務措施

　　在服務措施方面，「老人福利法」規定：

1. 第十五條：對於有接受長期照顧服務必要之失能老人，應依老人與其家庭之經濟狀況及老人之失能程度提供經費補助。
2. 第十六條：老人照顧服務應依全人照顧、在地老化及多元連續服務原則規劃辦理，並針對老人需求，提供居家式、社區式或機構式服務，並建構妥善照顧管理機制辦理之。
3. 第二十條：居家式服務、社區式服務與機構式服務提供者資格要件及服務之準則，由中央主管機關會同中央各目的事業

主管機關定之。服務之提供，於一定項目，應由專業人員為之；其一定項目、專業人員之訓練、資格取得及其他應遵行事項之辦法，由中央主管機關定之。

4. 第三十一條：為協助失能老人之家庭照顧者，政府應結合民間資源提供「臨時或短期喘息照顧服務、照顧者訓練及研習、照顧者個人諮商及支援團體、資訊提供及協助照顧者獲得服務，及其他有助於提升家庭照顧者能力及其生活品質之服務」。

5. 第三十四條：政府應依老人需要自行或結合民間資源辦理「長期照顧機構、安養機構，及其他老人福利機構」。其中，老人福利機構的規模、面積、設施、人員配置及業務範圍等事項之標準，由政府定之。機構所需之醫療或護理服務，應依醫療法、護理人員法或其他醫事專門職業法等規定辦理。

6. 第二十條：訂定居家式服務、社區式服務與機構式服務提供者資格要件及服務之準則，由政府定之。服務之提供，於一定項目，應由專業人員為之；其一定項目、專業人員的訓練、資格取得及其他應遵行事項，由政府訂定。

二、居家式服務

政府本著「在地老化」的理念，著重居家照顧，以維護家庭功能；整合照護體系，強化專業協助；增設多元化機構，提供持續性照護；確保長期照護品質，促進老人生活品質與尊嚴，並建立自助人助觀念，兼顧個人與社會責任以推動臺灣老人長期照顧政策。

茲將「老人福利法」中關於居家式服務之規定列述如下：

1. 第十七條：為協助失能之居家老人得到所需之連續性照顧，直轄市、縣（市）主管機關應自行或結合民間資源提供的居家式服務為：「醫護服務、復健服務、身體照顧、家務服務、關懷訪視服務、電話問安服務、餐飲服務、緊急救援服務、住家環境改善服務。」

2. 第十二條：中低收入老人未接受收容安置者，得申請發給生活津貼。領有生活津貼，且其失能程度經評估為重度以上，實際由家人照顧者，照顧者得向直轄市、縣（市）主管機關申請發給特別照顧津貼。

3. 第二十三條：為協助老人維持獨立生活之能力，政府應辦理：(1) 專業人員之評估及諮詢；(2) 提供有關輔具之資訊；(3) 協助老人取得生活輔具。

三、社區式服務

在社區式服務方面，「老人福利法」第十八條明訂：

為提高家庭照顧老人之意願及能力，提升老人在社區生活之自主性，直轄市、縣（市）主管機關應自行或結合民間資源提供下列社區式服務：「保健服務、醫護服務、復健服務、輔具服務、心理諮商服務、日間照顧服務、餐飲服務、家庭托顧服務、教育服務、法律服務、交通服務、退休準備服務、休閒服務、資訊提供及轉介服務，以及其他相關之社區式服務。」

四、機構式服務

「老人福利法」中載明機構式服務的內容為：

1. 第十九條：為滿足居住機構之老人多元需求，主管機關應輔
   導老人福利機構依老人需求提供下列機構式服務：「住宿服
   務、醫護服務、復健服務、生活照顧服務、膳食服務、緊急
   送醫服務、社交活動服務、家屬教育服務、日間照顧服務，
   及其他相關之機構式服務。」機構式服務應以結合家庭及社
   區生活為原則，並得支援居家式或社區式服務。
2. 第三十八條：老人福利機構應與入住者或其家屬訂定書面契
   約，明定其權利義務關係。
   前項書面契約之格式、內容，中央主管機關應訂定定型化契
   約範本及其應記載及不得記載事項。
   老人福利機構應將中央主管機關訂定之定型化契約書範本公
   開，並印製於收據憑證中以交付入住者，除另有約定外，視
   為已依第一項規定與入住者訂約。

✚ 貳、老人福利機構設立標準

依據老人福利法規定：為滿足居住機構之老人多元需求，
主管機關應輔導老人福利機構依老人需求提供下列機構式服務：
住宿服務、醫護服務、復健服務、生活照顧、膳食服務、緊急送
醫、社交活動、教育服務、日間照顧，及其他相關之機構式服
務。「老人福利機構設立標準」是依據老人福利法訂定，總則部

分係將各類機構的共同標準予以條列，其中有關老人福利機構建築物之設計、構造與設備；消防安全設備、防火管理、防焰物品等消防安全事項；機構用地、用水供應及環境衛生應符合之規範。

一、機構分類

為落實「連續性照顧」及「在地老化」之精神，輔導業者多元化經營，並利於地方政府之審核，明確訂出綜合辦理之相關條件與限制。為避免老人因身心功能退化而需在不同層級機構間往返遷徙，以落實連續性全人照顧理念，故增列機構轉型之設施及人員配置相關規定（參見**表4-1**）。

表4-1　長照的基本類型

項　目	內　涵
長期照護機構	1. 長期照護型：以罹患長期慢性病，且需要醫護服務之老人為照顧對象。 2. 養護型：以生活自理能力缺損需他人照顧之老人或需鼻胃管、導尿管護理服務需求之老人為照顧對象。 3. 失智照顧型：以神經科、精神科等專科醫師診斷為失智症中度以上、具行動能力，且需受照顧之老人為照顧對象。
安養機構	以需他人照顧或無扶養義務親屬或扶養義務親屬無扶養能力，且日常生活能自理之老人為照顧對象。
其他老人福利機構	提供老人其他福利服務，例如「居家服務支援中心」。

（資料來源：作者整理。）

二、機構規模

　　各級政府設立及辦理財團法人登記之長期照顧機構或安養機構，其設立規模為收容老人50人以上、200人以下為限。但民國九十六年二月一日以前已許可立案營運者，不在此限。小型長期照顧機構或安養機構，其設立規模為收容老人5人以上、50人以下為限。

　　為配合未來機構簡併計畫之一致性，增加機構入住老人的活動空間，參照養護機構樓層地板面積之規定，長期照護機構平均每位老人應有16.5平方公尺以上。隨著社會經濟環境改變，高齡者對福利品質的要求逐漸提高，每一寢室設8床實不符人性化，長期照護機構及養護機構每一寢室最多設6床。為鼓勵養護及安養老人自立、延緩退化，須有較寬敞活動空間，原增列養護機構院民日常活動場所平均每人應有4平方公尺以上，安養機構平均每人應有6平方公尺以上。

三、機構人員

　　長期照顧機構及安養機構應置專任院長（主任）1名，綜理機構業務，督導所屬工作人員善盡業務責任，並配置下列工作人員：

1. 護理人員：負責辦理護理業務及紀錄。
2. 社會工作人員：負責辦理社會工作業務，以為提升機構社工及照顧服務的專業品質。
3. 照顧服務員：負責老人日常生活的照顧服務。
4. 增列照顧服務員夜間人力配置比例，並規定夜間配置人力應有本國籍員工執勤。

訂定老人長期照護、養護與安養機構應配置之各類專業人員、工作內容及任用方式，釐清各類專業人員之業務範圍。

四、設計規範

　　有關老人福利機構內部空間設計之規範，在寢室部分，為避免院民互相干擾及保有個人空間，加強維持院民隱私，每床床邊與鄰床或牆壁之距離至少80公分、明確規範2人以上之寢室，每床應設置隔簾、寢室間之隔間高度應與天花板密接、住民應可從走廊直接進入寢室，而不須經過其他寢室。收容人數50人以上者，應設衛生及沐浴設備；衛浴設備應配置緊急呼叫系統，並應有為臥床或乘坐輪椅老人特殊設計並適合其使用之衛浴設備；廚房應配置食物加熱設備；浴廁、走道、公共電話等公共設施，應有對身心障礙者或行動不便老人之特殊設計；應有被褥、床單存放櫃與用品雜物、輪椅等之儲藏空間及設備。

　　為落實在地老化、小型化、社區化精神，各級政府設立及辦理財團法人登記之老人福利機構收容人數上限為200人以下；另鑑於老人與兒童皆屬緊急事件中，逃生行動能力最弱勢者，為縮短緊急狀況發生時救援之時間，保障進住機構老人之生命安全，參照福利機構設置標準有關安置及教養機構規定，限制老人福利機構設置之樓層數。

　　目前規範老人福利機構建築物面積、人員配置及相關之設施設備之法規分屬老人福利機構設立標準及老人長期照護機構設立標準及許可辦法。為因應現行地方自治權責，故規定地方政府已訂定人員配置比例及使用面積之標準高於本標準者，得從其規定。

⊞ 參、護理機構分類設置標準

隨著人口高齡化，因此長期照顧的問題越來越普遍，需要長期照顧的人口亦隨之增加。我國長期照顧服務分屬社政及衛政部門，社政部門提供的服務需配合「資產調查」程序，即使服務對象逐步放寬至一般民眾，個案補助資源亦需同步配合「資產調查」及「照顧需求」的評估程序，資格評估者以政府部門之行政人員為主。而衛政體系的服務則以「照顧需求」為主要條件，評估者以專業人員為主。所謂需長期照護服務的病人，主要是因為疾病造成無法自理日常生活活動，而需長期醫護專業人力照護之病人，此類病人以中風者居多，亦有因其他慢性疾病，而造成無法生活自理的病人，也需長期照護服務。

茲依「護理人員法」將護理機構計分三大類：(1) 護理之家；(2) 居家護理機構；(3) 產後護理機構。

一、護理之家

護理之家提供的是機構照護，該機構是基於「護理人員法」所規範的照護機構，護理之家是以專業的護理服務，提供住民一個安全之居住環境，使住民居住於該地方，能如同在家一般安適，強調人性化照顧的意義。服務對象包括罹患慢性病者、需長期照顧者、臥床或行動不便者、病情已穩定但暫時無法脫離呼吸器者，如俗稱之三管病人（鼻胃管、氣切、尿管），都屬護理之家服務的對象，護理之家必須由具有執照且有醫護背景的專業人

士才能夠開立。護理之家機構對所收案之服務對象，應由醫師予以診察；並應依病人病情需要，至少每個月由醫師再予以診察一次。對於轉診及醫師每次診察之病歷摘要，應連同護理紀錄依規定妥善保存。

二、居家護理機構

居家護理機構，對所收案之服務對象，應由醫師予以診察；並應依病人病情需要，至少每二個月由醫師再予以診察一次。居家護理機構之設置，其設立計畫書內容，應載明：

1. 服務對象之條件。
2. 服務區域。
3. 病人轉介流程。
4. 服務品質管制制度。
5. 經費需求及來源。

各項服務之資格規定與財源密切相關，當財源來自於內政部或地方政府預算，則「資產調查」程序優於「需求評估」，核定者為政府部門；而當財源以全民健保或衛生署補助為主時，「需求評估」則取代「資產調查」程序，核定者為醫師。

三、產後護理機構

產後護理機構之服務對象，以下列各款產後需護理之產婦及嬰幼兒為限：

1. 產後未滿二個月之產婦。
2. 出生未滿二個月之嬰幼兒。

如服務對象，經醫師診斷有特殊需要者，得不受二個月之限制。

肆、居家服務提供單位營運管理規範

為推動照顧服務福利及產業發展方案之居家服務事項，訂定「居家服務提供單位營運管理規範」。

一、服務對象

居家服務之對象為身心功能受損致日常生活需他人協助之失能老人及身心障礙者。居家服務提供單位，指政府委託辦理居家服務之公益慈善、醫療、護理社團法人、財團法人、人民團體，或醫療、護理、老人福利、身心障礙福利機構。

二、服務內涵

居家服務提供以維護受服務對象之安全及生活自主為原則。服務項目如下：

1. 家務及日常生活照顧服務：包含換洗衣物之洗滌、案主生活起居空間之環境清潔、家務及文書服務、餐飲服務、陪同或

代購生活必須用品、陪同就醫或聯絡醫療機關（構），及其他相關之居家服務。居家（社區）復健的申請資格為：以事前申請並經居家訪視評估，日常生活自理能力缺損的老人、身心障礙者為原則，並符合個案失能且無法自行外出活動之條件，同時個案不屬於昏迷意識狀態，倘若已接受門診復健或申請全民健保給付者，則不得重複申請給付。

2. 身體照顧服務：包含協助沐浴、穿換衣服、口腔清潔、進食、服藥、翻身、拍背、肢體關節活動、上下床、陪同散步、運動、協助使用日常生活輔助器具及其他服務。

　　居家服務提供單位於提供服務前，應與服務對象簽訂服務契約，說明服務內容、流程、準則與督導方式等，明定雙方之責任及義務。居家服務提供單位應提供民眾聯絡電話、地址、服務區域、服務內容、服務對象、服務提供方式、轉介過程、服務合約內容、服務人員與服務對象之權利及義務、申訴管道及收費標準，供民眾選擇服務之參考。

三、專業人員

　　居家服務提供單位之人力配置、資格條件及權責內容應符合下列規定：

1. 居家服務提供單位應設置綜理督導所有居家服務業務執行及管理之人員。
2. 督導員：具有社會工作、醫護等相關科系學歷者，或服務五年以上之專職照顧服務員，並取得直轄市、縣（市）政府核發之居家服務督導員結業證明書者。督導員應為專職人員，

負責督導照顧服務員提供適切之居家服務,每一單位至少應配置1名,每位督導員所督導之個案不得超過60位。

3. 照顧服務員:領有直轄市、縣(市)政府核發之照顧服務員結業證明書或照顧服務員丙級技術士證照者,身體健康狀況良好,無不良嗜好或傳染性疾病。照顧服務員負責到案家提供直接服務。

居家服務單位得視業務需要,配置行政人員、醫師、護理師,或其他工作人員,並得以專任或特約方式辦理。居家護理是指一般傷口護理、各種注射、符合個別需求的護理措施、一般身體檢查、代採檢體回院送檢、各種依個案需求的護理指導、營養及基礎復健運動指導、醫師訪診、適當社會或醫療資源諮詢。申請資格為:(1) 醫師處方箋;(2) 全民健保給付每個月二次。

四、督導機能

居家服務提供單位應建立督導機制,並確實執行下列工作項目,以確保提供適切服務:

1. 訂定明確之督導流程,並設計所需之紀錄表單。
2. 對每一服務對象,應由督導員接案並擬訂服務計畫。
3. 督導員每月至少電話訪問個案一次,每三個月至少家庭訪視個案一次,以瞭解服務對象需求變動情形及照顧服務員之工作狀況。
4. 每三個月至少召開督導會議一次,以增進照顧服務員之服務能力。

居家服務提供單位應建立品質促進機制，包含人員素質提升計畫、工作績效考核獎懲規定、服務結果評估策略等，並應至少每三個月安排照顧服務員接受在職訓練一次，每半年安排督導員接受在職訓練一次。

✚ 伍、中低收入老人特別照顧津貼發給辦法

「中低收入老人特別照顧津貼發給辦法」係依老人福利法訂定，主要內容詳述如下。

一、服務對象

請領中低收入老人特別照顧津貼（以下簡稱本津貼）之受照顧者，應符合下列規定：

1. 領有中低收入老人生活津貼。
2. 未接受機構收容安置、居家服務、未雇用看護（傭）、未領有政府提供之日間照顧服務補助或其他照顧服務補助。
3. 失能程度經直轄市、縣（市）主管機關指定或委託之評估單位（人員）以日常生活活動功能量表評估為重度以上，且實際由家人照顧。
4. 實際居住於戶籍所在地。

二、照顧者規範

請領本津貼之照顧者並應符合下列規定：

1. 年滿16歲，未滿65歲，且無社會救助法第五條之三第一款至第三款、第六款及第七款規定之情事。屬下列情形之一者：
   (1) 同為領取中低收入老人生活津貼應計算家庭總收入全家人口之成員。
   (2) 出嫁之女兒或兒子為他人贅夫者及其配偶。
   (3) 受照顧者二親等以內之直系血親卑親屬。
2. 未從事全時工作，且實際負責照顧受照顧者。
3. 與受照顧者設籍及實際居住於同一直轄市、縣（市）。

同一受照顧者接受數人照顧時，以照顧者一人請領本津貼為限。同一照顧者照顧數人時，亦同。

三、辦理規範

政府主管機關應辦理下列事項：

1. 將領取本津貼之照顧者納入照顧服務之督導對象。
2. 於領取本津貼之照顧者接受相關教育訓練期間，自行或結合民間資源提供臨時或短期喘息照顧服務。
3. 指派督導人員評量照顧品質，並每三個月至少訪視一次。
4. 於本津貼發給期間，對受照顧者失能程度每半年至少複評一次。

✚ 陸、失能老人接受長期照顧服務補助辦法

　　由於人口老化的速度急遽上升，高齡化的結果，老年人口的各項問題已成為政府施政重要的課題，越來越多民間團體亦加入此課題的參與及投入。由於老年人口的生活、心理及各項照護需求有其特殊性及必要性，且現今家庭及社會結構的改變，臺灣社會明顯的從以務農為主轉變為工業發展為主的社會形態，更造成老年人的照護需求有極大的改變，人口老化而造成生理機能退化後的照護更帶給許多家庭生活上及經濟上的困擾，因此老人的長期照顧需求亦隨之加速成長。

　　依推估，臺灣65歲以上老人失智症盛行率為5.3%，故目前失智老人約有10萬名，且每年以7,500位新增個案成長，至二〇五〇年全臺將有45萬失智患者（衛生署，2009）。面對如此龐大的照護需求，建置完整的失智症照護體系已是刻不容緩之事。因應失智人口急速增加，為提升照顧品質，並開發更多元與切合需求之服務模式，政府於民國九十六年分別函頒「老人福利機構失智症老人照顧專區試辦計畫」及「失智症老人團體家屋試辦計畫」，自民國九十六年至九十八年試辦三年，結合民間單位或老人福利機構規劃辦理，並結合民間單位辦理相關專業訓練課程、實務觀摩、座談及研討會等，以提升工作人員專業知能。由於失智症家屬缺乏照護知識，社會資源也相當受限，造成家屬身心極大壓力、照顧困擾及生活品質低落。為提升失智者照護品質，有效促進失智症家屬身心健康、減輕身心壓力之服務方案，除推動各類人力在職訓練外，並積極推動相關科技研究計畫，如失智患者、家屬健康促進研究、中重度居家、機構照護品質、失智者社區服

務模式及轉介網絡研究及失智症教育訓練、照顧管理方案研究
等，以建構多元失智症照護之模式，並加強宣導。

「失能老人接受長期照顧服務補助辦法」是依據老人福利法
辦理。

一、服務對象

有接受長期照顧服務必要之失能老人，是指經日常生活活動
功能或工具性日常生活活動功能評估，日常生活需他人協助之老
人。老人之失能程度等級如下：

1. 輕度失能。
2. 中度失能。
3. 重度失能。

二、補助項目

1. 身體照顧、家務服務及日間照顧服務。
2. 輔具購買、租借及居家無障礙環境改善。
3. 餐飲服務。
4. 長期照顧機構式服務。

三、補助時數

身體照顧、家務服務及日間照顧服務之補助時數如下：

1. 輕度失能：每月最高補助25小時。

2. 中度失能：每月最高補助50小時。

3. 重度失能：每月最高補助90小時。

四、補助基準

身體照顧、家務服務及日間照顧服務之審核及補助基準如下：

1. 家庭總收入按全家人口平均分配，每人每月未達中央主管機關或直轄市主管機關當年公布最低生活費1.5倍，且未超過臺灣地區平均每人每月消費支出1.5倍之老人，則全額補助。

2. 家庭總收入按全家人口平均分配，每人每月達中央主管機關或直轄市主管機關當年公布最低生活費1.5倍以上，未達2.5倍，且未超過臺灣地區平均每人每月消費支出之1.5倍之老人，由直轄市、縣（市）主管機關補助90%，老人自行負擔10%。

3. 前二款以外之老人，由直轄市、縣（市）主管機關補助60%，老人自行負擔40%。

五、長照機構補助

長期照顧機構式服務之審核及補助基準如下：

1. 家庭總收入按全家人口平均分配，每人每月未達社會救助法規定最低生活費1.5倍之重度失能老人，全額補助。

2. 家庭總收入按全家人口平均分配，每人每月未達社會救助法規定最低生活費1.5倍之中度失能老人，經直轄市、縣（市）

主管機關評估家庭支持情形，確有進住必要者，得專案補助。

柒、內政部老人之家辦理自費安養業務實施要點

　　人口老化對人類生活的影響是全面且深遠的：(1) 經濟面：對經濟成長、財物儲蓄、市場投資、消費行為、勞動參與、年金給與、代間移轉等；(2) 社會面：健康照護、醫療保健、家庭組成、居住安排、住宅形態、居家環境等；(3) 政治面：對社會政策、福利立法、投票行為等都多有衝擊。這些影響將促使社會須積極擬訂對策，以因應高齡社會的來臨。

　　「內政部老人之家辦理自費安養業務實施要點」是為加強老人福利措施，使經濟上能自給自足而乏人照顧之老人於生活上獲得妥善之照顧，特訂定本要點。

一、安養對象

　　凡設籍我國65歲以上身心健康，行動正常乏人照顧之老人。此外，歸國華僑或在我國有居留權之外籍人士申請自費安養者，比照本要點各項規定辦理。但是有下列情形之一者，不予安養：

1. 患有法定傳染病者。
2. 患有精神疾病者。
3. 因智能不足、老人失智症而不能自理生活者。

4. 曾犯重大刑案，經判決有罪確定，或製造、販賣、運輸、吸食毒品、行為不良有再觸犯法律之虞者。

入家安養期間，形成身心障礙不能自理生活者，應予以退養，並輔導轉送療養機構安置，在入家後發現有不符老人之家自費安養條件及前款第四目情事或在安養期間有嚴重違紀行為，經紀律評議委員會評議應予以退養處分，並經老人之家核准者，應予以退養。

二、工作人員

為因應自費安養業務需要，除部分工作由老人之家編制內相關人員兼辦外，其須另行聘雇之人員應依下列規定辦理之：

(一) 職員部分

1. 醫師：約聘1人，辦理自費安養人醫療及保健工作（如無適當醫師可聘，由老人之家採特約醫師或全民健保醫師方式辦理）。
2. 事務員：約雇2人，分別辦理自費安養人一般庶務及會計工作。
3. 社會工作人員：辦理自費安養人生活輔導，個案工作及一般社會工作業務，基數1人，每安養80位老人應增置1人。
4. 護理人員：辦理自費安養人護理工作，基數1人，收容達51人時增雇1人，最多不得超過3人。

(二) 工友部分

1. 司機：雇用1人，辦理接送重病自費安養人赴外就醫及救護工作。

2. 水電技工：雇用1人，辦理自費安養房舍水電設備之維護工作。
3. 服務人員：每安養15位老人應設置1人，負責自費安養人日常照顧服務、訪客接待、公文傳達及值日夜等工作。
4. 廚師：辦理炊事工作，基數2人，收容人數達51人時，增雇1人，最多不得超過4人。

三、費用負擔

(一) 老人之家負擔部分

1. 人事費：約聘雇人員與工友薪資、值勤費、年終獎金、不休假出勤加班費、勞健保費、離職儲金、勞工退休準備金及積欠工資墊償基金。
2. 業務費：書報雜誌、汽油費、車輛牌照稅、水電費、炊具、餐具、清潔用品、醫療用品、院舍、車輛與辦公器具、設施及機儀設備養護等。
3. 旅運費：各項洽公、護送院民就醫等旅費及公物搬運費、短程洽公之交通費。
4. 設備及投資：供自費安養人使用之一般家具、康樂設備、辦公設備及院舍設備等之購置。

(二) 自費安養人負擔部分

1. 膳食費。
2. 服務費：照顧安養人所需之服務費用。
3. 自費安養人個人被服、日用品購置、私用電器電費、被服洗滌、文康休閒活動、送外就醫與看護費、高貴藥品、營養針劑及死亡殯葬等費用、均由自費安養人自理。

四、繳費方式

　　經核准入家之老人應覓妥保證人，訂定入住契約，向法院辦理公證，其安養費用由自費安養人依老人之家訂定之收費基準，按季繳納，並於入家安養時繳納相當於六個月生活費之保證金，自費安養人若有積欠費用達六個月以上者，老人之家應向保證人請求代償或就已繳納之保證金予以抵償，老人之家並得每半年對保一次，其無法清償者，應予以退養。繳納方式如自費安養人有特殊情形，無法按季繳納者，得經老人之家同意採按月繳納方式辦理。保證金於退養時退還。

五、醫療保健

1. 自費安養人之醫療由老人之家協助就醫。
2. 老人之家得設置復健室，並配置專人指導，除特殊器材須由醫師核准後或指導使用外，一般器材在開放時間內，應供自費安養人使用。
3. 老人之家應適時安排注射各種預防疫苗、X光照射等保健措施，以維護自費安養人身體健康。

六、生活輔導

1. 老人之家得視自費安養業務需要，成立各種委員會，分別處理應辦事項：
   (1) 膳食委員會：處理自費安養人膳食採購及管理事項。
   (2) 紀律評議委員會：處理自費安養人違紀處分之評議事項。

2. 自費安養人具有辦理業務能力經老人之家請其協辦工作者，得酌給津貼，如其志願義務服務者，得報請內政部給予獎勵。

3. 有關生活輔導、自費安養人守則、文康活動等規定事項，由老人之家訂定，並報請內政部備查。

4. 自費安養人得視需要自行出資組織成立公積金管理委員會，訂定管理運用規定，以支付日常其他非應由老人之家負責之開支。

5. 自費安養人於安養期間亡故，其善後或殯葬事宜應擇下列程序辦理：

(1) 由親屬或保證人負責處理其善後有關事宜。

(2) 若安養人無繼承人、親屬或保證人無力處理者，由老人之家協助為其辦理喪葬事宜，所需費用由其遺產負擔。

(3) 具榮民身分者（洽榮民服務處）依行政院國軍退除役官兵死亡無人繼承遺產管理辦法規定辦理。

(4) 安養人之遺產依下列方法處理：

　I. 有遺囑者，依其遺囑處理，無遺囑者，依民法有關規定處理之。

　II. 具榮民身分者，應由行政院國軍退除役官兵輔導委員會（榮民服務處）依有關規定辦理。

七、安養手續

申請安養須檢具下列表件：

1. 安養申請表。
2. 戶口名簿影本或護照影本。

3. 公立醫院體格檢查表（應包括胸部X光、B型肝炎，梅毒血清反應及愛滋病檢驗）。

4. 入住契約書。經老人之家審查合格並經派員訪問或對保後，即通知入家安養。

✚ 結語

　　長期照顧是針對失去某些程度日常生活活動功能的人，經由一段時間來提供一整套的健康醫療、個人照顧以及社會性服務。長期照顧服務的精髓並不在於安置案主本身和某些特定族群，而是關於他們的家庭、他們居住的社區，以及他們的生活。是以，我國老人長照政策法令的發展，是以「老人福利法」為主軸，隨著環境的變化，其發展分為三階段：(1) 以家庭照顧為主軸；(2) 以機構照顧為主軸；(3) 以多元建構為主軸。（吳淑瓊，2000）詳細內容整理如表4-2。

　　在邁入二十一世紀之際，臺灣人口飛快老化，老人的長期照顧將成為我國公共政策的重心。綜觀世界主要國家的老人照顧策略多以「在地老化」為發展主軸，使其生活在固有的社區中自然老化，以維持老人自主、自尊、隱私的生活品質。因此，在地老化也成為我國發展長期照顧的借鑑。

表4-2 長照政策的階段發展

主　軸	內　涵	措　施
以家庭照顧爲主軸	一九八○年代前，老人占總人口比率低，社會大眾基於傳統家庭倫理觀念，家庭是最主要的長期照顧資源。	
以機構照顧爲主軸	隨著老人社會的到來，政府以發展「濟貧式」的療養機構來滿足長期照護的需求，大多用來收容貧困無依的老人。一般老人對家庭外長期照護需求的大量成長，促使小型私人療養機構興起。	1. 一九八七年開始試辦日間托老和老人居家服務。 2. 一九八七年試辦居家照護。 3. 一九八九年公保試辦居家照護給付。
以多元建構爲主軸	老年人口成長急遽，長期照護需求增加，社會、政治、經濟快速發展，家庭照顧功能式微，民眾社會福利意識提升，長期照顧資源供不應求。公共政策受衝擊，重大公共法案陸續推動。	1. 一九九一年公告「醫療發展基金申請作業要點」，鼓勵民間醫院設置慢性病床，以因應需後續療養之長期照護病人需求。 2. 一九九三年頒布護理機構設置標準。區分三類長照的護理機構：護理之家、日間照護、居家照護機構。 3. 一九九五年開辦全民健保，將居家護理服務納入給付範圍，給付技術性護理服務。 4. 一九九七年修訂老人福利法：訂定長期照護相關的三類機構爲──長期照護機構、養護機構、服務機構。 5. 一九九八年核定「加強老人安養服務方案」。於每一鄉鎮、區普設「居家服務支援中心」以提供居家服務。 6. 一九九八年核定「老人長期照護三年計畫」。

（資料來源：作者整理。）

問題與討論

1. 請說明我國老人福利法於機構長照的內涵。

2. 請說明護理之家的主要內涵。

3. 請說明世界衛生組織（World Health Organization, WHO），針對已發展國家之長期照顧所歸納出主要趨勢的主要內容。

4. 請說明我國「以機構照顧為主軸」的長照主要內容。

5. 請說明我國「以多元建構為主軸」的長照主要內容。

第5章

機構式長期照顧

✚ 前言

　　高齡化、少子化已是當前社會人口變遷的趨勢，隨著社會環境之快速變遷，加上都市化發展、醫學的發達、慢性病患增多、家庭照顧老人的功能式微，使我們必須嚴肅地正視老人議題，而所將引發新的需求與問題，向為政府及民間關注的焦點，越來越多的銀髮族在面對子女忙於事業、無暇照顧自己的窘境下，養護機構將是銀髮族未來居住的選擇之一，因而也需有相對的規劃及因應對策與措施，乃至法規的修訂，俾使政策、立法、服務合一，有效落實老人福祉。在高齡化社會，如何讓老人維持尊嚴和自主的生活是一項挑戰，也是整個社會包括老人本身、家庭、民間部門和政府共同的責任。在老人照顧服務益顯其迫切性與重要性之際，政府機構、社會資源必須相互為用，以全方位、人性化的需求導向，在健康維護、經濟安全、教育與休閒、安定生活、心理及社會適應等，提供適切的福利服務，給予長者完善、尊嚴的服務及全人、生活安全的服務與照顧。

✚ 壹、機構長照的意義

　　社會自形成以來，即有「照顧」的存在與發展，然後才逐漸發展成制度與體系，而在長期性照顧中包含了機構式、社區式及居家式的照顧型態。當個人需要廣泛的醫療、經濟、社會、個人與支持性服務之身心障礙者，其自我照顧能力喪失的原因可能是

由於疾病、殘障或老化，因而不能執行某些社會功能，而引起的「生活風險」，加上串連而來之「疾病型態的慢性化」、「健康問題障礙化」、「照護內容複雜化」、「照護時間長期化」等趨勢下，使得長照需求更為突顯，亦使得健康照護之體系須從單一走向涵蓋多層面的照護需求，而照護方式在各地則以不同樣貌呈現。

　　所有的照護事項，無論是「生活照護」、「健康照護」或「安全照護」，自古以來便一直因其本然的長短期需求而存在著，其滿足與否為人類生活文明發展的指標，以強調「實用」為導向。因此，長期照顧以「實用導向」為主體，以因應解決人的照護需要或需求（need/demand）。受社會結構影響，個人缺乏對老年生涯中的照顧需求做出回應的自覺，多數依賴家庭內資源的配置以應付此類生活風險，然而家庭內的照護資源若不足以負擔長期性的經濟負荷，在家庭照顧能力日漸降低的情況下，失能者個人的生存權將受到影響，因而需要政府基於保障生存權的原則，介入並承擔起部分長期照顧的責任。隨著社會之整體發展，人類所需之生活、健康及安全三大方面需求的滿足、提供、施予與發展，乃為人類所必須面對的課題，亦是現代社會邁向人口快速老化時的重要議題。

　　在福利先進社會的發展經驗中，機構式、社區式及居家式照顧雖有著不同的特質，但就完整的照顧系統而言，三者須相輔相成，形成照顧的縝密體系。長期照顧強調對身體機能無法正常運作的對象，提供長期的健康相關支持服務，使能持續維持生命的持續發展。長期照顧對象為功能失能者，主要是因為其功能缺失，而非因原有疾病。功能失能包括身體及心理功能的失能。

1. 身體功能失能：日常生活活動功能（activities of daily living, ADL）的障礙，例如個案無法自行吃飯、梳洗、如廁等；工具性或複雜性日常生活活動功能（instrumental activities of daily living, IADL）障礙，例如個案無法自行打電話、採買、理財等。
2. 心理功能失能：主要指認知、情緒及行為等功能的障礙，例如個案有失智情形（dementia），可以透過簡易心智測驗（mini-mental state examination, MMSE）等工具測量。

　　長期照顧之發展上，為了收容、安置受照顧者，機構式之照護往往最早被考量與建置，之後才往更大比例之居家式及社區式照護發展（如表5-1）。如此一來，機構式與社區式之照護即發展成形，並在各地以不同之樣貌出現或存在。

　　許多因素都可能造成一個人的失能，任何年齡群都可能成為長期照顧個案，不只是老年人，但老年人占的比率較高。每個人都存在著生活及健康的需求，「照顧」可視為照護、陪同、提供、監督、保護、責任或心力付出等，亦可視為包含生命維護、生活生計、健康照顧、安全幸福與未來瞻望等，涉及政治、經濟、社會、傳統文化、時代環境等。健康照顧人員在提供長期照護服務時，必須對個案作完整的評估，以研判個案所需的照顧需求及服務類型。

　　長期照顧是屬於連續性照顧，結合醫療保健與社會服務，因而科技整合的專業服務在照顧上，是不可或缺的要素。政府必須承擔的是行政體系與專業服務的整合與協調的責任，在政策立法、人力技術、服務設施與財務規劃等方面積極的介入，使長期照顧能滿足多元化的需求。長期照顧隨著時代的發展與演進，在經營規模、服務功能及前瞻發展方面，逐步擴展朝向「服務社區化」的型態前進。

表5-1　長期照顧的主要內容

類　型	內　容
定義	「長期照顧」乃指在一段長時間內於居家、社區或機構體系中針對身心功能不良（如：損傷障礙不全、失能或殘障）者，或身心健康功能受限制而須依賴他人之幫助以行常態生活者，提供一套包含長期性醫療、保健、護理、生活、個人與社會支持之照護服務。
目的	在維持或增進身心功能，使其遂行自我照顧及獨立自主之生活能力，減少其依賴程度，減輕他人或社會之負擔，並增進其尊嚴。
服務內容	1. 個人照顧：人身基本照顧，如飲食、排泄、服裝、儀容、沐浴、清潔。 2. 活動照顧：行動輔助、無障礙公共空間及載具、個人輔具、預防跌倒。 3. 生活照顧：人身基本照顧外之家庭生活及社會參與部分，如人身安全、居住安排、家庭支持、經濟能力、財務管理、購物協助、環境整理、社會參與、法律協助、政治參與、人際關係等。 4. 家居服務：備餐（煮飯）、洗衣服、理財（算錢、找零、付帳）、通訊聯繫、用藥、操作整理輕鬆家務、外出購物（上街買日用品）、搭乘公共交通工具。 5. 精神照顧：因應視聽覺及大腦皮質高層次功能，與外界或周邊人事物維護良好互動關係、因應心智問題（如：失智、行為異常、譫妄、憂鬱等）失當之生活對策。 6. 臨床醫療保健照顧：臨床醫療、預防保健介入、復健、突發性健康狀況之因應處理。 7. 其他：托育、喘息、自我倡議、社會教育、生育諮詢、婚姻輔導或協助。
提供服務	醫療、保健、護理、社工、復健（如：物理治療、職能治療、呼吸治療、語言治療等）、心理、營養、藥事、管理等系列之維護或支持等。

（續）表5-1　長期照顧的主要內容

類　型	內　容
照護類型	1. 居家式：在宅服務、居家照護、居家護理等。 2. 社區式：送餐服務、日間照護、喘息服務（respite care，又稱暫歇照護）、支持性服務等。 3. 機構式：慢性病院（床）、護理之家、養護之家或安養中心等。以及須有長久性之照護設計與安排之特殊照護服務，如呼吸照護（ventilator respirator care）、緩和、臨終或安寧照護（palliative, terminal or hospice care）、失智症或認知症照護（dementia care）、植物人照護（vegetation life care）等。

（資料來源：作者整理。）

　　美國公共衛生服務部（U.S. Public Health Service）對長期照顧時程的界定是不低於三個月。依功能障礙的程度，長期照顧時期長短不一，例如車禍或中風的植物人、阿茲海默症的老人等。「長期照顧」與人類健康及生活品質密不可分，可說是一種針對人群的生存、生活與生計問題的解決，著重健康功能的維持，還有照護公平化、個別化、人性化、團隊化、品質化及可近性的考量，從而形成的研究、制度、體系、網絡、學門、專業、政策、策略及作為；亦可發展出服務性的產業，以及個人職業或志業等生涯規劃等。

✚ 貳、機構長照的發展

　　「長期照顧」（long-term care）的觀念與作為可追溯自西元前五百年，我國《禮記‧禮運大同篇》有：「老有所終，壯有所

用，幼有所長，鰥、寡、孤、獨、廢、疾者，皆有所養，是謂大同」。相同的，西方社會於兩千多年前希波克拉底（Hippocrate）時代，已有老人健康照顧。另西塞羅（Cicero）曾完成一部以老年人為研究對象之專著《老年與友誼》（*Old Age and Friendship*）。千百年來，人類即依其先天環境條件生存、發展及開創，以便求取較理想的生活及滿足，是以在生存延續的前提下，更進一步顧及生活安康與生計發展。

　　長期照顧的形式之一為「機構長期照顧」，「機構」的原意為「提供特殊目的而設置的建築」空間，「照護機構」即「提供特殊個人、生活、健康及安全照顧維護的地點、場所或設施，其照顧內容可包括住宿服務、醫療、護理、心理諮商、交通接送及社會性服務等。」故機構式照顧為一特定的地點、場所或設施，受照顧者生活於其中，且須有居住過夜（residence）之事實或情況。是以，機構照顧是協助需要長期照顧者居住在機構中，由機構提供全天候的綜合性服務，服務內容包括：個人照顧、住宿服務、物理治療、護理醫療、交通接送、心理諮商等。機構照顧能為需要密集照顧者提供完整而且高密度的專業照顧，以減輕家屬在精神和體力上的負擔。凡是失能嚴重、依賴度高、沒有家庭照顧資源、沒有社區資源的，都是機構照顧的主要對象。照顧的內容可大可小，時間則有長有短。照顧內容小至針對極細微的部分，大則可以擴大延伸。照顧時間短者，僅為分秒，長者可至數十年，乃至一生一世。

　　從長期照顧的演進，在先進國家約可分為四個階段（如**表5-2**）。

　　政府近期於長照作為上，則著眼於：(1) 隨著家庭、機構、社區照顧的統合，公共與民間力量並重；(2) 重視個人隱私；(3) 以提高競爭與效率，同時透過市場機制，引進民間力量；(4) 強

表5-2　長期照顧的發展階段

階　段	特　色
一九四〇年至一九五〇年	爲「濟貧」到「防貧」的時代，將長期照顧視爲家屬應負的責任。
一九五〇年至一九六〇年	爲福利理念的時代，由選擇主義到普遍主義，特性是「制度化」、「普遍主義」及「社會福利制度」，照顧專業領域逐漸成形，亦成爲整體照顧體系中的一環。
一九七〇年至一九九〇年	爲社區資源之正常化與統合時代，強調結合「福利」及「醫療」的規畫，重視互助、他助、多元服務。
一九九〇年代以後	重視正常化及生涯規劃，著重參與社會生活，鼓勵勞動、自立、參與、創造價值，以維護人性尊嚴。照顧服務的提供從單方決定及給與，轉而賦予利用者選擇之權利，即依使用者觀點提供服務。

（資料來源：作者整理。）

調契約化、自我選擇及個人責任制，並結合非營利組織（NPO, NGO），以減輕政府負擔。

　　隨著年齡的增長，任何人之身心健康功能狀況都無可避免地走下坡、呈現衰退老化之勢。在這健康狀況漸趨下滑的過程中，各種健康與因應之照護問題便隨之而來。因應照護在消極方面，除了盡可能地摒除致病因素之外，必須緩和病況所帶來身心功能障礙與缺憾所引發的衝擊與影響；在積極方面，理想的健康功能狀況必須將身心功能維持在最佳或較佳之狀況，才能自我照顧與自主生活。長期照顧之需求與滿足，始於特定時點之收容，由收容所（asylum）再進一步演進至照顧機構，再隨著各地不同的社會屬性，而發展出現今眾多型態之照顧機構。歐美各國大致緣此發展其長期照顧，先有機構式照護，再及於社區式照護，而發展出必要之醫療、勞動、雇傭、年金及保險制度、機制及功能。

人類的社會自古以來，就存在著「照顧」的需求。而老年人、身心障礙或特殊照顧需要者的「長期照顧」，目的是讓需求者在最無拘束的環境下接受照顧。而規劃長期照顧服務者，應該設身處地，以創造性方式的服務計畫，來符合功能不良者的日常需求。

✚ 參、機構長照的借鑑

　　長期照顧服務通常可分為兩大類：一類為專業性的服務，如醫療、護理、物理治療、語言治療、營養、社工服務、心理精神或技術性個人照顧（在專業人員的監督之下，從事如洗澡、如廁等日常生活功能協助）等；另一類為非專業性服務，如家事類服務、送餐服務、陪伴服務等。

　　參酌世界先進社會的機構照顧方式，具有以下特色：

一、美國

　　美國早期是依靠家庭提供非正式的照顧支持系統，及相關護理協會提供的居家護理，沒有家屬的貧困老人才由公益團體和地方政府提供照護。一八九〇年代，為了照顧貧窮和生活無法自理的老人，避免老人流落街頭，地方上開始成立救濟院、養老院等照顧機構，以提供基本生活照顧。一九三五年通過「社會安全法」（Social Security Act），對私人營利照顧機構及養老院院民發放救濟金，使營利照顧機構快速成長。美國長期照顧的特色如表5-3所示。

115

表5-3　美國長期照顧的特色

項　目	居家及社區整合照護模式（Programs of All-inclusive Care for the Elderly, PACE）	入住型照護（Residential Care）
內　涵	針對長者的醫療及長照需要，提供必要的居家及社區照顧，使其能繼續住在自己家中，並結合政府健保的一種照顧模式。對象是依賴程度已達到需要住在護理之家的低收入長者。	入住型照護住宅多是獨立、分別設立及經營，但也有不少機構將這些住宅與服務加以整合規劃，在一個完整的園區內形成一種連續型的照護與居住服務，這就稱為連續照護退休社區。
特　色	1. 日托中心提供醫師或專科護理師診療、護理人員照顧、預防保健、社工、物理及職能治療、語言治療、遊戲治療、營養諮詢、個人生活協助服務、雜務處理服務、交通接送、餐食等。 2. 居家服務包括居家照顧、個人生活協助服務、家務服務、餐食等。 3. 專科服務有專科醫師診療、聽力、牙科、視力及足部診療。 4. 其他醫療服務包括處方用藥、檢驗、放射檢查、醫療輔具、門診手術、急診及就醫交通服務等。 5. 住院服務包括醫院、護理之家及專科醫師的治療等。	1. 護理之家：依賴程度最高並需要醫療或護理照護的個案提供全天候的照護。 2. 集合式老人住宅：為尚能獨立生活，但需要部分醫療或護理照護的個案提供居住與照護服務。 3. 輔助式生活：為尚能獨立生活，不太需要醫療或護理照護，但需要生活協助的個案提供的居住與生活協助服務。 4. 獨立生活住宅：給生活完全能夠自理的長者獨立居住的空間，但又提供一些保健、三餐、休閒、社會活動或交通服務供長者依照其需求選擇使用。
服　務	1. 基本服務：個人服務（ADL）、護理服務、社會服務、活動性治療、交通、膳食營養、緊急狀況處置、教育。 2. 額外服務：物理治療、職能治療、語言治療、醫療服務。 3. 設置條件：服務人力與老人之比例規定（1：6-1：8）。 4. 服務人員之專業資格規定（行政人員、專業人員及庶務工作人員）。 5. 個人及總體活動空間規定、環境設計及氣氛規定、環境安全與衛生。	

（資料來源：作者整理。）

二、加拿大

加拿大之體制沿襲自英國，惟發展更為先進而精緻，在機構式長期照護之發展亦相當早，且由聯邦各省區獨立運作。加拿大長期照顧的特色列於**表5-4**。

三、法國

1. 高齡者住宅：以自主性高的老人入住為主，可自行生活自理活動，供應餐飲、長期照護服務、準醫療服務及休閒等。
2. 老人之家：分有公立與私立機構，提供長期照護服務，但不提供醫療服務。

表5-4　加拿大長期照顧的特色

類　別	內　容
服務模式	急性照護組織（acute care reganizations）、社區照護服務（community care services）、緊急照護服務（critical care services）、原住民社區健康服務（First Nations and Inuit community health services）、居家照護組織（home care organizations）、長期照護（long-term care）復健組織（rehabilitation organizations）等。
服務項目	1. 個案支持：提供資訊與協談。 2. 監護照顧：行蹤掌握。 3. 監督狀況：記錄身心變化、協助用藥。 4. 支持服務：協助日常生活功能、膳食營養、交通安排、護送照顧者。
設置條件	服務人力與老人之比例規定（服務時間至少有2名以上專業員工）、負責人資格及應負責任之規定、個人及總體活動空間規定、環境設計以強化或維持老人獨立功能為原則、環境安全與衛生。

（資料來源：作者整理。）

四、荷蘭

1. 護理之家：某種身體障礙，無法單獨住在家裡的年長者，經過市鎮的需求評估之審核，可以住到護理之家，費用完全由重症醫療保險支付。護理之家提供醫療、護理、用藥與心理輔導的服務。

2. 老年精神護理之家：有失智症的心智障礙年長者，申請與費用給付機制與一般的護理之家情況類似。

3. 長者之家：給健康情況仍能自我照顧的長者居住，提供醫療、生活與活動服務給住民使用。年長者可以自費入住長者之家，或者透過市鎮的需求評估委員會申請入住，經過社工或護理師的評估，若符合入住資格，便會予以安排，於此情況下，荷蘭的高額醫療保險將給付大部分的入住費用，住民只須繳交些許部分負擔（會考量住民的經濟能力而有不同的部分負擔額度）。

護理之家的平均入住年齡逐年上升，目前已經超過80歲。許多長者之家與護理之家也開始轉變服務型態，提供送餐、在宅通報系統、短期／喘息服務、居家服務、居家環境改良與輔具租借等服務。

五、日本

針對二十一世紀社會老年化問題，日本政府於一九八九年制定了「促進老年人保健與福利十年戰略」（稱為「黃金計畫」），該計畫於一九九四年被重新修訂，並更名為「新黃金計畫」，此計畫為老年人提供休息及特別看護的「短時服務設

施」、「日間服務中心」提供各種日間服務（包括飲食和體育鍛鍊）。日本於二〇〇〇年開始實施「長期照護保險制度」（即介護保險法）。大多數的長期照護設施及服務都是依據「長期照護保險制度」來提供。

長期照護保險制度提供的服務項目包括居家式、社區式及機構式的服務，內容如**表5-5**所示。

從各先進國家之發展經驗來看，機構式照顧雖比社區式照顧相對少得多，但兩者須相輔相成。綜觀歐、美、日先進各國長期照顧的發展經驗，通常多先發展機構式照顧，繼而發展出社區式照顧之型態。但又因本質屬性之差異，機構式照顧往往吸引不成比例之重視與資源分配，但事實上，兩者本為一體兩面、相輔相成。

在積極強調落實「在地老化」之社區式照顧目標的同時，機構式照顧比例雖可能較少些，然不可或缺。另外，因為社區式照顧之比重越來越大，在既有基礎上發展延伸乃理所當然，故機構式照顧亦可為社區式照顧之延伸或外展的基礎，以及社區式照顧之喘息服務平臺。

✚ 肆、機構長照的作為

我國有機構照顧需求者將近50萬人（主計處，2011），實不容輕忽。雖然絕大多數老人希望與自己的家人同住，但仍有部分老人必須依賴老人福利機構的照顧。因此，如何增進機構照顧的服務功能，提升專業品質，讓民眾安心將自己的長輩送到機構託顧，使受照顧的長者受到有尊嚴的對待等，均為重要的課題。

隨著高齡化社會之快速變遷趨勢，機構式照顧更形重要，此

表5-5　長期照護保險制度提供的服務

種類	居家式的照護服務	社區式的照護服務	機構式的照護服務
服務項目	1. 居家服務。 2. 家庭托顧。 3. 居家護理。 4. 居家復健。 5. 喘息服務。	1. 居家訪視服務。 2. 短期機構式服務：短期入院復健、短期入院療養。 3. 居家療養管理指導。 4. 失智老人之家。 5. 補助福利輔具購置。 6. 住家改造補助。	1. 照護老人福祉設施（特別養護老人之家）。 2. 照護老人保健設施。 3. 照護老人療養型醫療設施：例如療養病房、失智症療養病房、醫療院所加強照護服務提供。
服務內容	被保險人依身心狀況評定有長期照護需求者，可以使用社區式及機構式的照顧服務；若評定為只需要支援者，則只能利用社區式的照護服務（失智老人之家照護服務除外），不能利用機構式照顧服務。		
服務類型	1. 老人福利機構：養護老人院、特別養護老人院、低費老人院、老人福利中心、老人日間照護機構、老人短期收容機構、老人照護支援中心、收費老人院。 2. 介護照護設施： (1) 養護中心：特別養護老人院。 (2) 保健設施：老人保健設施。 (3) 介護醫院：療養型病床、老人失智患者療養病院。 3. 長期照顧機構： (1) 福利照顧設施（護理之家）。 (2) 長者照顧健康設施（長者健康設施）。 (3) 照顧醫療設施。 4. 單位照護：以家庭式的個別照護為目標的照護支援與環境提供。從過去基於工作人員的立場考量的流程作業式照護（效率優先的照護）轉換為與利用者共同生活的照護（重視社區的照護）的革新照護形態。實施「單位照護」的老人機構有：特別養護老人院、老人保健機構、養護老人院、醫療機構、療養型病床群。 5. 老人醫院：老人保健法實施後，新設立了老人醫院。病房中有70%是65歲以上老人住院者稱作「特殊許可老人醫院」；有60%是70歲以上老人住院者稱作「特殊許可外老人醫院」。二者都必須經都道府縣知事的許可才能營業。老人醫院比一般醫院收費低廉，診療費用由保險給付。		

（資料來源：作者整理。）

一服務模式整合了家庭、民間機構、團體及政府的力量，為老人提供完善的安養、養護及長期照顧等福利服務措施，以補充家庭照顧功能之不足，增進老人福祉。

機構式照顧既有其必要性，國內政府、民間與各專業領域者談及相關的長期照顧議題時，都著重在營造一處溫馨且如同「家」的感覺的照護機構，然而在我們積極強調社區化長期照護之重要性，期望落實「在地老化」目標的同時，國內對非機構式之照顧發展仍屬於萌芽期，部分長期照護需求之滿足仍須藉著機構式照護來完成，且社區式照顧之延伸或外展基礎，以及社區式長期照顧發展之喘息服務平臺，仍有賴機構式照顧來協助促成。

臺灣自二〇〇〇年至二〇一〇年，幼年人口大減108萬人，老年人口增加了56萬人，更凸顯臺灣少子化、老化的現象。人口普查結果也顯示，全國需長期照護的人數共475,000人，過去十年來，增加了137,000人，老人占最多數，65歲以上老人高達六成五，但他們與子女同住的比率只有一半（主計處，2011）。「人口老化」是全球化議題，長期照顧是臺灣也是全球最重要的衛生與社會福利政策。老人福利屬於長期照顧服務，依照老人福利法的規定，目前老人安養照顧機構依據業務性質、收容對象與服務內容可區分為三種：(1) 老人養護機構的服務；(2) 老人安養機構的服務；(3) 長期照顧機構的服務（參見**表5-6**）。

不論長期照顧個案功能之失能與退化多嚴重，盡量維持個案的殘餘功能，使個案能發揮最高的獨立性功能，是長期照顧最重要的目的。為了生存，進一步滿足生活與生計需求者，則可構成人類文明往前邁進之原始動力，再將其擴大，則須強調身、心、靈及社會之良好狀態，是構成文明社會發展的基礎。有許多長期照顧個案的功能失能是逐漸惡化或不可逆的；理想的長期照顧可以使個案的退化或惡化減緩，讓個案在受限的功能狀況下，

表5-6　老人安養照顧機提供的服務項目

項　目	內　容
老人養護機構的服務	1. 收容對象：健康狀況不良、行動不便、生活無法自理的老人。 2. 服務內容：協助照料洗澡、穿衣、餵食、排便及簡易護理服務如復健、口服藥物督導等無須醫護技術的服務。
老人安養機構的服務	1. 收容對象：健康狀況好、可以正常走動並能自我照顧的老人。 2. 服務內容：三餐飲食、文康休閒、生活安排、身體保健或其它等服務。
長期照顧機構的服務	1. 收容對象：因身體癱瘓或失智症等造成日常生活困難且必須24小時處於照顧狀態的失能老人。 2. 服務內容：如氣切抽痰、皮下注射、插管灌食、導尿管護理等較高醫療護理照顧。

（資料來源：作者整理。）

還能盡量表現及發揮其獨特的能力，使個案生活得有自信、有尊嚴。因此，長期照顧是非常重視個別化及人性化的。人口高齡化之趨勢舉世皆然。我國在「人口結構高齡化」、「疾病型態慢性化」、「健康問題障礙化」、「照護內容複雜化」及「照護時間長期化」之外，還須加上社會上之家庭、勞力、居住、經濟及期望發生結構性之變遷，即核心家庭、雙薪家庭以及單親家庭比例增加，影響家庭照顧者角色之扮演；居傳統主要照顧角色之婦女投入職場，增加了勞動參與率，卻減少了家庭照顧者的比例；不同世代（generation）間居住安排型態之轉變，獨居老人比例之增加，無法執行延續主要之傳統照顧型態；對健康照護之需求本質已由「治療」轉為「治療與照護並重」，或甚至「照護超越治療」之景況；而且對健康醫療照護品質期望或欲求大為提升；經濟安全環境體系也隨著社會發展而重新建構。這些趨勢皆顯示長期照顧的需求。

「長期照顧」包括生活、健康及安全三大需求之滿足、照護之提供、規劃與發展，此乃為人類所必需，亦是現代文明社會所必需面對的議題。臺灣長期照顧發展遠較歐、美、日歷程為短，雖經數年來的努力及快速發展，長期照顧資源在普遍化、公平性、可近性及選擇性等方面，尚需建全制度，期望未來能在機構式照顧的健全基礎上，外展朝向「社區化照顧」及「在地老化」的目標邁進。

✚ 結語

　　在我國的傳統農業社會中，「家庭」為主要的經濟與社會運作的單位，因此當家中長輩面臨身心障礙、失能或殘障時，「養兒防老」、「反哺親恩」、「子媳孝順」等根深柢固的觀念油然而生，身為子姪輩，理所當然肩挑起照護責任，而女性配偶或子姪輩更是家庭照顧者的代名詞。近年來，因社會經濟環境的變遷及家庭結構由核心家庭取代原先的大家庭，家庭人口數減少、婦女勞動參與率增加，而奉養長輩的觀念亦逐漸淡漠，子女移居外地的情形日益增多，因此現代家庭已逐漸失去照顧老人的能限或容受力。

　　「老化指數」是指老年人口（65歲以上）占幼年人口（未滿15歲）的比率，以衡量一國老化的程度。日本老化指數直逼200%，是全世界最「老」的國家，部分歐盟國家的老化指數也超過100%，相對於日本、歐盟，臺灣不算太「老」，但「老化速度」卻相對驚人。民國四十五年老化指數為5.6%，之後的二十年，老化指數平穩成長，民國六十九年開始，從12.61%飛漲到去年的68.2%，也就是說，如有100個（未滿15歲）幼年人，就有68

個（65歲以上）老年人。最近三十年臺灣老化指數以每年將近兩個百分點的速度增加，老化速度已在全世界數一數二了。

　　臺灣老人與子女同住的比率亦逐年下降，老人在晚年獨居自宅或遷居到安養護機構中居住的比例，更有逐年攀升的趨勢。如何將國人所習慣認知的以子女為主，所進行親情連帶關係的「家庭內移轉」，進一步地擴及到長期照顧具保障的「社會性移轉」此一公共議題的論述思考上；連帶地，當婚姻狀況、教育程度、所得水準、罹病型態，以及死亡風險等等的背景因素，加諸在女性老年人個別的人身處境時，則包括經濟安全、所得維持、居住模式、奉養型態、居家關懷，以及社會支持等等與女性老年人晚年生命品質相關聯的議題論述，自然是值得國人加以正視與關注。

問題與討論

1. 請說明我國機構長照的意義。

2. 請說明機構長照的發展歷程。

3. 請說明老人安養照顧機構所提供服務項目的主要內容。

4. 請說明長期照護保險制度所提供服務項目的主要內容。

5. 請說明長期照顧的演進，在先進國家約可分為四個階段的主要內容。

第6章

民間參與長期照顧

✚ 前言

　　老年人身心功能的衰退老化，可因自然老化而起，也可因疾病或病況而生，老化易招致疾病，而疾病也易促進或加速老化。無論是老化或疾病狀況，均必然影響老年人獨立自主的生活能力，也波及到整體長期照顧需求的負擔、療護與計畫。依照市場供需原則，需求應可自市場中獲得滿足，然目前長期照顧市場出現市場失靈的現象，供給嚴重不足，這當中除了市場未能對長期照顧突增的需求作出回應外，尚因為長期照顧本身的特殊性，降低了長期照顧服務的供給意願，包括長期照顧持續時間長、牽涉複雜且需擔負重任的服務技術，再加上提供老人長期照顧初期需要投注大筆資金購買房舍與設備等，造成業者顧慮提供服務卻無法回收的風險，因而影響了長期照顧供給者的提供意願。

　　由政府提供財源而由民間機構提供福利服務的部分，主要可分為四種途徑：（林萬億，1999）

1. 政府向民間購買服務給福利受益人。
2. 政府補助（補貼或贊助）民間機構團體，以提供服務給福利受益人。
3. 政府直接提供金錢給付給福利受益人。
4. 政府提供抵用券給福利受益人，使其向民間機構團體購買服務。

✚ 壹、民間組織參與長期照顧的意涵

　　透過「民營化」（privatization）的發展策略，國家與民間資源的結合，以支持家庭照顧的功能，而在資源的配置上，自然應以多數個人與家庭的喜好與需求為原則。在設施資源方面，首先優先的是「社區優於機構」的服務發展原則，優先發展社區式的長期照顧服務資源，例如居家護理、日間照顧、短期臨托服務等；而機構式服務資源也應兼顧到「就地老化」的政策目標，朝社區化、小型化的方向發展，使得有照護需求的民眾，能留住在熟悉的環境中獲得有品質的生活。此外，必須考量到長期照顧需求多元化的特質，在人力資源的發展上，應擴大專業人員參與的層面，包含醫療、護理、社工、心理、營養、復健等。除統籌、整合與協調不同專業領域的服務提供外，亦須擴大各類照護人力的培訓，包括各類專業人力、護理佐理員、居家服務員、志工等，以專業團隊服務模式滿足失能者多層面的需求。

　　「引進民間參與長期照顧服務」反映出政府角色的轉變。政府不僅是自行設立設施，直接提供服務，而且是結合志願的、商業的、非正式部門（如：家庭、親友、社區鄰里等）共同提供服務，也就是長期照顧資源之發展朝向政府結合民營化的趨勢。政府結合民間辦理社會福利服務，是受到西方福利國家在一九七〇年代以後新右派意識型態，形成福利的混合經濟發展，達成福利社會的目標。國內民營化發展，從早期的政府補助民間機構（金錢鼓勵與公開表揚），轉型到政府委託民間機構的公設民營或公辦民營以及方案委託。特別是自民國七十年代開始推動購買服務以及擴大獎勵民間興建社會福利機構，其實政府的贊助或補助、

補貼與購買服務是兩種不同的策略。社會福利民營化的推動被認為具有下列的優點，包含縮小公共部門的擴張、增加行政預算的彈性、生產成本的降低、服務提供具有效率、解決資源不夠或分配不均，使其有彈性、借重私人專業能力、增加服務使用者選擇之自由機會、提高案主的自助動機、傳統地方性服務的持續供應、法律強制規定之保障、落實案主受惠原則、增加參與機會，整合社會資源網絡（參見**表6-1**）。

長期照顧朝向民營化的發展方向，存在著經濟、社會及政治的邏輯思維：

1. 經濟邏輯：強調分散性的競爭，著重效率和選擇，競爭性市場以個人選擇為重，能發揮社會協調的自主機能，而產生資源配置的效率。
2. 社會邏輯：基本信念是一個好的社會組織構成與運作，應該是建立在社會成員的志願性結合和合作之上，亦即重組人民

表6-1　民營化執行策略的概念架構

目　的	方　式	策　略
供給減少	合夥式	共同生產
	外包式	購買服務
	撤離式	轉移責任
	開放式	抵用券制
經費減少	成本回收	用者付費
	支出減少	相對基金
管制減少	解除管制	修改法規

（資料來源：孫健忠（1991）。〈私有化與社會服務：執行面的理念探討〉。《人文及社會科學季刊》，第4卷第1期，頁208。）

力量、民間組織及社區發展的特質。

3. 政治邏輯：認為國家福利功能的推動與擴張，會造成政府的過度負擔，民營化則是為緩解此困境而來。

　　長期照顧民營化，係指政府角色的減少與責任的轉移。一般來說，政府的社會與經濟活動，可區分為三種不同的型態：供給（provision）、補助（subsidy）與管制（regulation）。民營化的目的，就是減少政府供給的角色、減少政府經費的支出，以及減少政府的管制（參見表6-2）。

　　就經濟學層面，政府基於市場失靈的理由介入長期照顧，但就社會與政治層面，政府亦有其介入的正當性，在人口結構高

表6-2　長照民營化的效益

目　標	措　施
減少政府供給	1. 尋找夥伴共同提供，亦即強調政府與民間的合作關係，即所謂合夥式，具體的策略為共同生產（co-production）。 2. 委託民間部門參與執行工作，亦即政府與民間部門的責任分工，政府負責經費，而民間則負責執行，即所謂外包式，具體的策略為購買服務（purchase of service）。 3. 政府放棄本身的責任，亦即透過立法的方式轉移至民間部門提供，即所謂撤離式，具體的策略為轉移責任（load shedding）。 4. 政府僅成為眾多供給者之一，亦即政府允讓其他民間部門共同參與，而其本身並不成為獨占的供給者，即所謂開放式，具體的策略為抵用券制（voucher system）的採行。
減少政府支出	1. 成本回收法，採用的策略為實施用者付費（fee-charging）。 2. 支出減少法，採用的策略為相對基金（matching-grants）。
減少政府管制	私有化代表著政府管制的減少，因此基本的作法為解除管制，亦即政府增修訂法規，解除對民間部門參與福利供給的限制。

（資料來源：作者整理。）

齡化、疾病型態慢性化、家庭結構變遷、婦女就業率提高等背景
因素下，個人或家庭已無法獨力自行解決長期照顧的問題，部分
長期照顧問題已由個人層面轉為社會層面而成為社會問題，特別
是女性主義者，近年來所大力疾呼的女性照顧者個人的公民權與
社會權，必須由政府介入，透過公共政策加以解決。而在政治層
面，近年來民眾社會福利意識抬頭，對醫療品質期望提升，未來
對長期照顧的需求勢必益加重視。

✚ 貳、民間組織參與長期照顧的作為

　　長期照顧民營化的發展，無論是從社會福利思潮的演進
或行政合理的改革，甚至到整個行政法的演變都儼然成為趨
勢。社會福利民營化推動上最需要的一項思維參考的架構，
即以3P5D為發展的基礎。5D指的是移轉（devolution）、民
主化（democratization）、分權化（decentralization）、解除
管制（deregulation）、發展（development），而3P則是活
化參與（participation）、民營化（privatization）、營造協力
（partnership）。以上架構意指整個民營化是來自政府部門能分
散授權、解除管制、鬆綁法令，並有民主發展的認知，才得以使
民眾的參與具有活力，民營化推動才有其可能，更重要是協力夥
伴關係的建立得以成立（吳英明，1999）。民營化雖然是針對國
有企業為多，但是在「福利國家的危機」之後，主張民營化的社
會政策之下，除實行「公設民營」，「民間委託」（委外），而
大力推行「福利服務民營化」之外，近年來先進國家也主張「勞
動年金」、「國民年金」及「健康保險」等年金健保制度的民營
化。

在國內現有性質各異的各類型民間組織中，以財團法人社會福利基金會、社團法人的社會服務慈善團體、社區發展協會及志願服務隊之發展最為蓬勃，數量為多。爰此，評估此四類民間組織參與長期照顧服務提供之可能性。在設立宗旨上，四類民間組織皆以辦理或協助辦理社會福利服務為目標，可朝自主性方向發展（參見**表6-3**）。

臺灣的社會福利發展，受西方民營化思潮影響，遂擴大民間參與，其本質屬於「民有化」的策略，即鼓勵民間自立門戶和擁有福利事業。民營化是指政府刺激市場，使其活絡並增進私人部

表6-3　各類民間組織設立依據及宗旨

組　織	依　據	宗　旨
財團法人基金會	1. 民法。 2. 內政業務財團法人監督準則（一九九九年修訂）。	財團法人應以所捐助財產及其收入、孳息辦理公益事務為目的（準則§5）。
社團法人—社會服務慈善團體	1. 人民團體法（二〇〇二年修訂）。 2. 社會團體許可立案作業規定（二〇〇五年修訂）。	辦理社會服務及慈善活動（立案作業規定§3-5）。
社區發展協會	1. 社區發展工作綱要（一九九九年修訂）。 2. 人民團體法（二〇〇二年修訂）。	為促進社區發展、增進居民福利、建設安和融洽、團結互助之現代化社會（綱要§1）。
志願服務隊	廣結志工拓展社會福利工作祥和計畫（二〇〇一年修訂）。	為激勵社會大眾秉持施比受更有福、予比取更快樂的理念，發揮助人最樂，服務最榮的精神（計畫§1）。

（資料來源：內政部社會司。）

門角色的所有措施。民間組織以辦理或協助辦理社會福利服務為宗旨，宜擴大長期照顧服務，成為服務提供者。

　　未來長期照顧服務不會一成不變，將會尋求提供服務的不同型態。社區照顧服務是未來發展重點，以代替機構式照顧，期能相輔相成。很多老人還是選擇在家接受照顧服務，所以社區照顧服務將較符合其需求。政府為因應國內各類公益團體之快速發展，相繼修訂各類法規，以作為非營利組織設立之法源依據。財團法人社會福利基金會係依據「內政業務財團法人監督準則」，明定財團法人應以捐助財產及其收入、孳息辦理公益事務；而社團法人社會服務慈善團體除依「人民團體法」外，又有「社會團體許可立案作業規定」，限定社會服務慈善團體以辦理社會服務及慈善活動為主。目前，國內長期照顧相關業務的推動皆有民間組織之參與（內政部，2009）。

1. 在居家服務提供單位中，社會福利慈善基金會所占比率最多，社會福利慈善團體次之。
2. 在緊急救援服務之系統提供方面，以基金會占大多數。
3. 在補助中低收入老人營養餐飲服務方面，由鄉鎮市區公所提供，社會福利團體次之。
4. 成立社區照顧關懷據點，提供定點式自費用餐，社區發展協會服務為多。

　　為因應人口老化，服務輸送有兩個主要方向：一是擴大的民營化運動；另一則是更具整合性的運動，以達到較高的效率與效能，並且增加機構敏感度以滿足案主的需求。民營化兩個最重要的立論基礎為效率與效果，效率層面所指的是成本減少，亦即民間部門的供給較公共部門便宜；效果層面所指的是目標達成程

度，特別是服務品質的提升。因此，民營化被認為可以取代福利國家所出現的缺點，將使福利輸送傾向效率化、彈性化、人事精簡化、成本趨勢化以及服務選擇自由化。

參、推動社區照顧關懷據點的思維

社會福利民營化（social welfare privatization）是指將原本由政府提供或負責的社會福利服務工作及項目，交付或移轉到私人部門，如家庭、雇主、市場、私人志願服務機構與企業式社會服務機構等。換句話說，社會服務的私有化代表著政府所扮演角色的縮減。一般而言，對於社會福利民營化持贊成態度者，大都以經濟效益取向為出發點，認為民營化的過程可以效率化、競爭性、創新性和低成本四種效益。同時應引進市場經營規則，如利潤導向、以價格機能調節供需、重視成本回收，並強調服務使用者的購買力和受益者付費等措施，以分配並有效利用服務的資源。

一、實施緣起

為因應高齡化社會來臨，落實在地老化理念，政府除持續提供失能老人居家式服務、社區式及機構式照顧等服務外，考量老人因年歲增長而伴隨的身體機能退化，健康維護需求之提高，為延緩長輩老化速度及進住機構時程，政府於民國九十四年起推動「建立社區照顧關懷據點實施計畫」，以因應由於人口結構高齡化、平均餘命延長，使得老人照顧需求相對增高，同時因經濟社

會環境變遷，家庭結構核心化，婦女就業需求亦大增，致使家庭所能扮演之照顧功能漸受影響。以社區營造及社區自主參與為基本精神，鼓勵民間團體設置社區照顧關懷據點，提供在地的初級預防照護服務，再依需要連結各級政府所推動的社區照顧、機構照顧及居家服務等各項照顧措施，以建置失能老人連續性之長期照顧服務，並且開發社區內非正式的社會資源，結合在地民間團體資源及志願服務人力，在臺灣普設社區照顧關懷據點，針對輕度失能或社區內老人，提供初級預防照顧服務。

二、實施策略

社區照顧關懷據點之運作模式，包括以下三種：

1. 鼓勵社區自主提案申請設置據點，結合當地人力、物力及相關資源，進行社區需求調查，提供在地老人預防照護服務。
2. 輔導現行辦理老人社區照顧服務的相關團體，在既有的基礎上，擴充服務項目至設置據點提供服務。
3. 由地方政府針對位處偏遠或資源缺乏之社區，透過社區照顧服務人力的培訓過程，增進其社區之組織能力，進而設置據點以提供服務。

三、實施階段

社區關懷據點承辦單位為立案之社會團體（含社區發展協會），大致可分為三大類：

1. 人民團體（如：農漁會、社區發展協會、文史團體、社福團

體、社區宗教組織等）。

2. 公部門（如：村里辦公室等）。

3. 財團法人（包括：社會福利、宗教組織、文教基金會、社區發展協會、農會等）。

四、執行階段

社區關懷據點的推動共可分為三個階段：(1) 培訓階段；(2) 試辦階段；(3) 推廣階段。請參見**表6-4**所示。

表6-4　社區關懷據點推動階段

階　段	執行內容	工作項目	說　明
培訓階段	培訓長期照顧社區營造人才。	1. 規劃設計研習課程內容。 2. 開辦「長期照顧社區營造」相關研習課程。	透過培訓過程，導入社區參與，協助社區工作者進行社區資源評估、調查，以辦理社區照顧關懷服務。
試辦階段	補助設置社區照顧關懷據點，建立未來可全面於社區推展之運作機制。	1. 由試辦之地方政府進行轄內照顧資源整理與供需分析，協助並督導社區提供服務。 2. 擔任單一窗口彙整社區照顧關懷據點之設置需求。	自試辦據點的實施，以示範觀摩及經驗分享。
推廣階段	補助設置社區照顧關懷據點。	1. 進行推廣作為及考核。 2. 辦理成果檢討。	全面實施落實作為。

（資料來源：作者整理。）

五、實施內容

　　社區照顧關懷據點以結合照顧管理中心等相關福利資源，提供關懷訪視、電話問安諮詢及轉介服務、餐飲服務、健康促進等多元服務，建立連續性之照顧體系為目標，而接受內政部補助之承辦單位辦理上述服務項目。

六、服務對象

　　「建立社區照顧關懷據點實施計畫」雖未明訂據點服務對象，然據點申請補助審查表要求各縣市政府提報服務區域老人人口、失能老人人口及獨居老人人口數，且據點補助經費係由內政部推動老人服務之預算所支應。因此，社區照顧關懷據點服務對象主要以老人為主，而服務對象之來源大致可分為兩種：一由各鄉鎮市公所提供關懷名單（如：獨居老人名單）；另為各關懷據點自行進行「社區老人需求調查」發掘需求個案。

　　「社會服務民營化」即指政府將社會服務的供給，完全或部分轉移到民營部門（private sector），同時引進市場經營的規則。達到民營化的方式有：(1) 為逐漸降低對政府撥款補助的依賴，回歸到民營取向；(2) 強調「收費」，象徵慈善「商業化」（commercialization）或一種較新及更具營利性的風氣來經營服務的供給，其目的是減少政府的福利支出、提高服務效率、增加民眾參與等。

✚ 肆、長期照顧引進民間力量的策勵

　　推估至民國一一〇年時，我國老年人口將高達14%。這不只是人口結構轉型的問題，還必須要有長期照護的設計與安排。社會福利政策以解決社會問題、滿足福利需求為目的，因應多元化福利需求，社會福利輸送方式也朝向多樣化，其中民營化模式逐漸形成新的時代潮流。然而，民營化的發展也有其限制與執行後的許多問題，值得反省和深思。

一、品質確保

　　雖然福利提供者仍是政府的責任，但是福利製造者或執行者卻是民間部門，對品質將有所影響；其次是政府制定的法令規章，對私部門之約束力難以周密和詳細，所以無法確保私部門執行的品質；民營化的契約式公私合作是建立在契約關係上，但是在契約之下往往是一種間接性的服務提供，由於政府缺乏直接的「控管」系統，無法完整周密的監督、評估受託單位服務的品質，而受託單位卻有使用政府預算的自由權及分用政府權威的自由權，服務的品質難以獲得保障。

二、利益輸送

　　「購買服務」（purchase of service）是民營化的主要特徵，是由公共部門經由契約關係向私人部門購買特定服務，提供特定

的目標群體的一種策略。民營化的過程中，若牽涉到利益團體輸送問題，便造成了民營化的另一限制性因素；另外，由於政治壓力之下的購買服務或契約式服務，造成「利益分配問題」，以及壓力團體影響政府在執行民營化的決策，這都是民營化的執行問題，也是其受到限制的實際狀況。

三、評量不易

委諸民間的「購買服務契約」，是指政府機構與其他組織簽訂契約，以購買其服務提供給予政府機構的福利受益人或是「補助」的運用，一般是民間在規劃及執行某項福利服務遇有經費不足時，申請政府補貼其財源，其服務策劃主體在民間，政府僅提供其所需經費不足部分。

許多因素影響到服務績效的過程：(1) 福利服務目標的多重及複雜化，不易建立簡易的績效標準；(2) 服務技術的不可決定性，無法建立精確的測量；(3) 服務效益顯現在被服務對象身上，難以掌握；(4) 服務效益難以量化；(5) 評估結果常模稜兩可，造成監督與評鑑上的困難。

四、財務依賴

購買服務是政府向民間採購服務給福利受益人，因此，政府是購買者（purchaser），公私部門之間的關係是契約。而贊助（assistance）可分為兩種，一種是補助（grants-in-aid），另一是合作協議（cooperative agreements）。前者指政府是贊助者（patron），以補助款來支持民間團體機構；後者是政府與民間機構共同分享決策與基金，經由合作協議來提供服務，政府是民間

機構團體的合夥人（partner）。由於民營化的結果，民間社會福利團體仰賴政府的購買服務契約的經費比例越來越高，然而政府經費不確定性和低額度的獎助，這種財務依賴狀況將會造成民間社會福利團體未來的不可預測性和營運風險。民間單位為獲取經費來源，必須配合政府的方案要求，而使得組織犧牲自主色彩，不利於組織生存與發展。

五、成本效益

長期照護法令制度之訂定，係由多種因素的交互作用與變遷之下所形成，影響的因素可包括：(1) 民眾需要的變遷；(2) 民眾對服務型態的偏好；(3) 社會對長期照護責任的歸屬；(4) 民眾的付費能力與意願；(5) 技術的進展；(6) 家庭照顧的能力與意願等。而民營化雖然可以減少政府的人力配置，委託民間單位辦理社會福利，可以提供較低的成本方案以及較高效率的服務成效，此乃建立於自由競爭市場的觀念上。然而在實施時，是否有真正的自由競爭市場，而且所謂的效率和效能仍無客觀且具體的衡量指標，如何能進一步的進行成本效益分析呢？有時委託服務反使行政工作複雜化，政府需花費更多時間和人力從事監督與評鑑工作。

老年人或慢性病常具有一種或一種以上特性的疾病或病況，如患病時間長、有不可恢復的病理狀況、會遺留殘障、視病況需要不同的復健訓練、需要長期追蹤照護等，身心病變影響其職業或身心活動者，故需要有長期之醫療、護理、復健、生活、社會支持或特別之照顧者，在在顯示出老年人之長期照顧之需求。儘管社會福利民營化有以上的限制，但民營化仍是未來社會福利服務輸送的模式，因為政府不可能獨占福利市場，也無法滿足每位

福利消費者的個別需求，唯有提倡大眾參與，發揮政府財力、物力資源，結合民間有能力、有意願的團體，運用專業人員提升服務品質，方可滿足福利消費者的迫切需要。所以，政府執行社會福利民營化時，必須建構標準和確定目標、創造真正的競爭、有效監督受託者的成果，方能實現社會福利民營化政策。

結語

　　隨著慢性病的盛行率增加所造成的健康轉型問題，國內長期照護的壓力也越來越沉重。同時，政府也藉此發展照顧服務產業，推行「照顧服務產業發展方案」，將社區照顧體系發展列入重點。社會福利與公設民營化制度，並不是拯救福利國家財政危機的萬靈丹，更不是十全十美的社會福利制度，雖然因此而節省了公部門社會福利事業的人力，減少政府財政的壓力，促進私部門非營利事業組織積極參與社會福利事業活動，增加提供服務使用者的選擇機會，提升服務品質等的優點；但是，其制度亦有控管不易、不公平性或利益分配不均、評量困難、過分市場導向、官商勾結、民間社會福利機構負有營運風險、社會福利民營化法規不健全、有資格競標之機構少、無法充分競標形同圍標等的缺點。因此，社會福利主管機關如何減少民營化的缺點，以促進社會福利民營化制度的健全則是一大課題。

問題與討論

1. 請說明我國民間組織參與長照的意涵。

2. 請說明民間組織參與長照的作為。

3. 請說明推動社區照顧關懷的主要內容。

4. 請說明推動社區照顧關懷的思維。

5. 請說明長照引進民間力量之策勵的主要內容。

第三篇

借鑑篇

第7章

老人照顧的國際借鑑

前言

為因應人口老化及各項福利需求的日益增加，並藉由促進照顧服務產業的發展，針對已發展國家之長期照顧進行比較分析，該政策特色歸納為：

1. 提供「消費者為導向」的居家照顧。
2. 提倡居家及社區服務取代機構服務。
3. 鼓勵及維繫失能者之家庭支持系統。
4. 提供給付範圍完整的長期照顧服務。
5. 確保公私財務的整合對抗長照成本。
6. 提升醫療照顧與長期照顧間的協調。

目前我國長期照顧的主要財源，仍以家庭為主，全民健康保險僅針對部分慢性病人及需居家照護之病人提供部分給付。社會福利對長期照顧之病人，則多以低收入戶為主要的服務及補助對象。綜觀我國長期照顧的財務制度，尚未健全，有待社政與衛生單位共同研擬，並做整體性之規劃。參酌其他福利國度提撥長期照顧所需的經費，主要有「社會保險」及「國家稅收」的方式（如**表7-1**），以建構公平與品質均可維持均衡的長期照顧體系。

壹、日本老人照顧制度

日本為全世界最長壽的國家，是現今每4人中有1人為65歲以

表7-1　長期照顧的先進國家經驗

國　家	財　務	對　象	現　況
德國	社會保險	全體勞工	給付件數及金額快速增加。
荷蘭	社會保險	全體勞工	為控制給付件數及金額快速增加，緊縮補助條件。
瑞典	國家稅收	全體國民	以稅收方式協助失能對象。
日本	社會保險	逾40歲公民	引進外勞及增加自付金額。
韓國	社會保險	全體國民	給付件數及金額快速增加。

（資料來源：作者整理。）

上老人的高齡社會，為改造此高齡社會成為每位國民均健康、對人生感到有意義且能安心生活之長壽福利社會，日本於一九八九年制定「老人保健福利推動十年戰略」（黃金計畫），期能擴增保健福利部門的公共服務基礎措施，並於一九九〇年開始實施。為增進晚年生活保障，在二〇〇五年修正「介護保險法」時，強調介護預防的目標分為四個層次：(1) 個人層次；(2) 機構層次；(3) 社區層次；(4) 政府層次。如表7-2所示。

　　為因應高齡社會的來臨，日本政府自是無法對老人之生活需求漠視；於是，年屆高齡後之介護（nursing care）問題便成為必要之努力。介護保險制度是以高齡者的自立援助為目的，以共同連帶的理念，藉由國民全體的相互援助進行高齡者看護。二〇〇〇年起推動介護保險，提出使用者本位、普遍主義、提供綜合性服務及社區（地域）主義等四大基本理念，使任何需要照護服務者都能就近獲得服務以營自立生活。此外，介護保險也提供在宅服務，突破以往老人生病在家無法得到經濟補助的困境。

表7-2　日本介護工作目標

策略運作	主要內容
個人層次	1. 老人平日就自我注意維護身體健康、注重養生、多參與社區性活動。 2. 對照顧服務者要多體諒、多給予支持，要提供喘息與休憩之機會與時間。 3. 家屬則要注意家庭互動關係，保持彼此間之聯繫與關切。
機構層次	1. 要求照顧設備、設施之齊全。 2. 要求機構能提供質、量並重之人性化照顧方式。
社區層次	1. 要建構「社區支持與資源系統」，以形成「照護社區」。 2. 照護社區尤其適合居住於都市生態中之老人，社區生活環境若加以改善，能使生活活動更為方便、舒適，則身心功能退化之老人便會更有生活品質可言。
政府層次	為保持制度與規模之健全與實益，以居於督導、管理的立場，對長照服務定期評鑑、輔導及獎勵。

（資料來源：作者整理。）

一、介護制度的規劃

　　介護保險制度的建立，係基於一九九五年日本厚生省老人保護福祉等議會通過「有關新高齡照顧系統之確立」的政策建議，該報告體認到日本有必要建立老人照護的新制度，介護保險的設立是基於國民共同連帶的理念，對於因高齡伴隨而來之疾病而需要照顧的人，為因應其本身所具有的能力並使其能自立於日常生活中，提供醫療保健服務或社會福利服務。其原因包含：

1. 日本老年人口快速老化：二〇〇四年日本老年人口比率為
　　19.5%，與一九九五年相較，增加五個百分點，為老化最為
　　快速的國家。對這些高齡老人的照顧，成為嚴重的個人與社
　　會負擔。

2. 受到日本社會家庭功能的轉變，原由家庭負起照顧老年人口的功能逐漸式微，是以漸由家庭轉移到社會。

3. 受福利多元主義思潮的影響，國家福利角色的縮減與民間福利組織力量的參與，介護保險制度主要是由民間老人福利機構及政府攜手合作。

4. 介護制度與醫療體系合作的同時，注意到受照顧者身心狀態的改善，防止其惡化；需要接受照顧狀態所產生的預防意識，按被保險人的選擇，從各式各樣的服務提供者中找出適合被保險人的服務，盡可能採居家照顧的方式，就高齡者所保有之體能，提供其在日常生活中能夠自立的協助。

　　介護保險的目的其關鍵在於「自立」、「被保險人的選擇權」、「居家」、「合作」、「多樣的服務提供者」、「共同連帶」等。所謂自立，是將高齡者所保有的體能做最大的發揮，為使其能在日常生活中過著自立的生活而提供種種援助。藉由被保險人的自由選擇，被保險人可從多樣的服務提供者中選擇其想要接受的服務，被保險人的意願亦可受到尊重。另外，為靈活運用民間的力量，除原有的醫療法人及社會福利法人外，介護市場另導入民間業者、農協、非營利組織等多樣的服務提供者，有效率且高品質服務的提供深受各方的期待。

二、介護制度的目的

　　介護保險制度的目的為下列四點：

1. 高齡者照顧是民眾年老後最大的不安，藉由社會全體的相互扶助方式而消除此不安：高齡者照顧的長期化，加上需要被

照顧的高齡者逐年增加，而家人的照顧有其限度；因此，將原有的家族照顧移轉到社會照顧，則可消除民眾的不安。

2. 社會保險方式其給付及負擔明確，易得到民眾的理解：高齡者的需求及價值觀人人不同，為因應此多樣化，可按其需求自由選擇其所要的服務，為介護保險制度的特徵之一。

3. 將原先上下層級關係的制度改變，藉由自己的選擇，高齡者可從各種服務提供者中接受醫療、社會福利等綜合性服務。同時，介護市場因各式各樣服務提供者，如公營機構、醫療法人、社會福利法人、民間業者、非營利組織等的加入，優質且有效的服務為民眾所期待。

4. 介護保險實施前，由於醫療設施的負擔較輕，一般人選擇長期住在醫院而非老人看護設施，造成所謂的「社會性入院」。介護保險的實施，將照顧和醫療保險分開，其目的是為了消除此一現象，因此介護保險的實施是社會保障結構改革的第一步。

三、介護制度的實施

1. 被保險人可分為二類：第一類為65歲以上的老人；第二類為40到64歲以上的人口。因被保險人類別不同，其保險費的繳納方式亦不同。

2. 保險人為日本的市、町、村（地方政府機構）。換言之，由地方政府負責為其所屬老年人口投保介護保險並分擔其部分保險費（12.5%），市、町、村的上一層政府（都、道、府、縣）則負擔12.5%的保險費，中央政府負擔25%的保險費。簡言之，日本由中央到市、町、村等三級行政組織共負擔50%的介護保險之保險費，其餘50%則由被保險人負擔。

3. 提供介護保險的機構，主要包括社會福利法人、地方公共團體、醫療法人、營利法人等所提供的老人照顧服務。目前，日本已有超過十萬個老人照護機構提供訪問照顧、訪問（在宅）護理、通聯照顧、短期寄宿照顧、生活照顧，以及其他特殊照顧等服務。

4. 居家服務項目：針對需要照顧、需要支援者提供之居家及設施服務項目，分別有訪問照顧（home help）、訪問看護、訪問復健、日間照顧（day service）、日間復健（day care）、居家醫療管理指導（醫師或牙醫師到宅診療服務）、短期入所生活照顧（short stay）、短期入所療養照顧（short stay）、老人院付費照顧設施、看護用具的借貸及購入費的支付、住宅修改費的支付。

5. 設施服務項目：介護老人福祉設施（特別養護老人院）、介護老人保健設施（老人保健設施）、介護療養型醫療設施、療養型病床、老人失智患者療養病院、介護力強化病院。

四、介護制度的特色

　　自「二十一世紀福利展望」揭示以來，根據日本政府所屬的各研究會及審議會中，提出「凡國民皆能迅速地從其身邊得到其所需要的服務」之口號，老人保健福利審議會的報告中清楚寫出「需要照顧的高齡者，不管身處何時何地，人人皆可迅速地利用高齡者照顧服務的理念」為介護保險的宗旨。因此，介護保險制度應根據需要接受照顧者的自立援助理念，確保普遍性、權利性、公平性和選擇性的系統。

　　1. 過去的行政安排措施是靠稅收來維持：介護保險制度是由被

保險人的保費收入及服務利用的部分費用（現為服務報酬的一成）負擔，以維持制度的營運。被保險人可以自由選擇其所需的服務內容，並經由與服務提供者訂立契約的方式來接受服務。

2. 舊有的行政裁量制度下，服務的利用量受限於預算的規定：介護保險下的契約制度，需要照顧的高齡者誰都可以接受服務，故介護保險為一社會保障系統。

3. 介護保險導入市場原理：其目的是為積極地運用民間的力量，讓非營利組織及民間企業等多樣性的服務提供者，進入介護市場。

4. 服務的提供並非單獨劃一性，乃為多樣且有效率的服務。

5. 面對高齡少子化社會，介護保險制度的成立乃是社會保險制度的再建構。

6. 為避免社會性入院問題的產生，故將醫療與高齡者照顧分開，醫療保險的效率化亦備受期待。

7. 介護保險制度可改進費用負擔不公平的問題，受益人（被保險人）負擔相稱的保費及利用費之同時，亦可享受保險給付的權利。

8. 介護保險的營運主體為市、町、村等地方自治團體，此營運主體針對高齡者所需而設定保險給付的環境，保費減輕的實現亦為人們所期待。

　　日本面對高齡化社會的照護需求，將一般老人照護預防政策定位為「初階預防」，特定老人照護預防政策定位為「次階預防」，此二者為社區支援事業；已認定為需支援、需照護老人防止其轉為重度化定為「第三階預防」，由介護保險新預防給付支應。社區支援事業照護預防對象分特定老人政策與一般老人政

策。前者針對需支援、需照護等高危險群等對象（約老年人口總數5%），特定老人政策預期達到防止狀態惡化效果目標值為20%左右；新預防給付防止需照護狀態惡化，甚至改善到「非適用」狀態，預期效果目標值為10%左右。

貳、法國老人照顧制度

依據世界衛生組織的統計，二〇〇〇年法國老人人口近16.0%高於65歲以上，在經濟合作暨發展組織（Organization for Economic Cooperation and Development, OECD）三十個先進國家中為排名第九的高齡化國家。由於法國是世界上最早經歷高齡化的國家，因此老人照顧等社會安全照顧體系啟動得非常早。一九七五年法國社會福利法案即訂有全國統一法令，規定老人福利機構收容目標和服務（工作）人員之配置比例。二〇〇二年通過社會福利的一項改革，即針對重度失能老人的收容問題，並於二〇〇三年訂出重度失能老人之收費方式。

法國社會福利制度介於德國與英國之間的模式，是目前社會安全制度面與財政面均已建立為大規模制度的國家。法國的老人照顧福利制度，主要分為三大措施：

1. 高齡者的所得政策：為保障高齡者的生活水準，所從事最低的生活保障的制度。針對領取其他相關社會給付，仍無法達到最低生活水準的所有65歲以上的老人為對象，由國民連帶基金負責主要的財源，支付生活津貼給符合條件需求的老人。近年來，由於生活支出不斷上漲，基金額度也被迫增

加，各地方政府也增加老人特別津貼與獨自津貼，以補助老人生活最低生活支出的不足。

2. 生活環境的改善與充實：一九六○年代開始，特別針對住在自宅的老年人提供個別居住的房舍進行整建，降低因環境障礙造成人際交流中斷，預防老人生活的孤立，其具體策略為實施住宅津貼、住宅改善服務、電話與緊急通報系統設置、老人休閒活動的提倡、家事援助與介護、看護服務等措施。

3. 收容機構的改良：過去法國在傳統上提供收容無法自立的老人場所，通常為醫院及其附設的養護中心。自一九七○年以後，漸以老人之家取代醫院型態的養護中心。老人之家提供老人住宿、餐飲及其他服務，不再侷限於原來的看護功能，而是進一步將具有看護或護理需求的老人，轉介入住醫療機構。然目前隨著老人老化多功能照護需求的增加，法國開始在老人之家加建具有醫療照護功能的老人照顧單位。

法國的老人約有6.5%目前是住在機構，6.1%是住在家裡但需要接受正式照護系統的照顧。整體國家經費支出也以機構入住的最多（如表7-3），約占0.31%GDP，整體老人長期照護的支出約佔0.35%GDP，平均每個失能老人在長期照護的平均購買力從一九九五年65美元升至二○○○年的89美元。

表7-3　法國老人福利照顧費用支出占GDP的費用情形

年　代	居家照護	機構照護	長期照護
一九九五年	0.03%GDP	0.28%GDP	0.31%GDP
二○○○年	0.04%GDP	0.31%GDP	0.35%GDP

（資料來源：OECD Health data, 2003。）

法國的老人居家與機構照顧現況如**表7-4**所示。

　　機構服務須由老人自己付費，入所費用不足之處則由社會救濟費用支給，目前機構收費仍無統一標準。其他相關機構有中途停留的醫療照護機構、長期停留醫療照護為主的機構及精神專科機構等，這些機構目前多由醫療保險支付。因此，除了高度需要醫療照護需求的老人以外，通常會被建議移住老人之家。

　　法國目前執行老年照顧策略的單位在縣府，縣府組織以退休

表7-4　法國老人居家與機構照顧現況表

類　別	內　涵	類　型
居家服務	法國老人的居家服務內容包括在宅協助、送餐服務、緊急通報、住宅改善、休閒服務、護理服務等。	1. 中央規劃且提供部分財源補助的稱為義務服務：例如住宅改善，是由中央老人年金基金與醫療保險基金及全國住宅改善機構共同出資進行。 2. 為參與社會文化生活的服務，是由中央出資獎勵高齡者俱樂部，進行各種老年人的活動。 3. 地方或其他社會福利相關團體設計提供的志願服務：例如預防服務、休閒活動、生活援助、保健服務及餐飲服務等。
機構照顧	法國老人多喜歡住在自宅中，對機構照顧接受度不高，但仍有近6%的老人入住機構，面臨老老人增加，且考量照顧與醫療機構間的責任區隔，目前老人照顧機構有不同的類型。	1. 高齡者住宅：以自主性高的老人入住為主，可自行生活自理活動，供應餐飲、長期照護、準醫療服務及休閒等。 2. 老人之家：分為公立與私立機構，提供長期照護服務，但不提供醫療服務。

（資料來源：作者整理。）

者及高齡者之縣委員會為主體，針對實施社會救濟主體的社會福利事務所與社會福利中心、老年年金局與疾病保險局契約辦理的醫療福利事業、其他家庭津貼局以及各種協會所舉辦的服務，進行統合與調整的工作。

✚ 參、英國老人照顧制度

英國的長期照顧服務主要由主管醫療照護中央層級的國家健康服務部門（National Health Service, NHS）與地方政府社會服務部門（Social Service Department, SSD）兩大體系共同負責。國家健康服務部門提供醫療相關服務，財源來自稅收。地方政府社會服務部門的財源，則來自地方稅收及中央政府的概括性補助。

一九四七年英國老人政策研究中心（Centre for Policy on Aging）有鑑於當時英國長期照顧機構的照顧品質及硬體設施低劣，而強調主要工作內容在於引導老人照顧服務提供者，按照老人的需求來提供服務。主要的措施則為：

1. 研究老人相關議題、諮議政府照護決策，如「國家照護標準」（national care standards），以及「居家照顧標準」（domicilary care standards）。

2. 蒐集有關資訊、建立老人學研究圖書資料館。收集老人社會學、老人健康議題及行為科學相關的書籍、期刊、報告及統計資料等。

3. 出版老人醫學、生物學及照顧政策方面的相關刊物，例如《老化及社會》（*Aging and Society*）期刊即為其所發行之專業雜誌。另亦建立資料檔，內含全球性老人學研究中心地

址、研究議題、老人福利政策議題、最新老人學會議資訊，並提供老人在尋找機構時之諮詢網站等。

4. 參與BGOP（Better Government for Older People）計畫，由地方政府聯合老年關懷中心（Age Concern）、安定住宅基金會（Anchor Trust）與老人政策研究中心（Centre for Policy on Aging）共同組成，主要研究老人需求，並將意見回饋至地方政府政策與執行。

5. 提出BSI（British Standards Institution）計畫，對於一定品質標準的老人商品，由國家給予類似ISO的認證，對於業者來說是一大鼓勵措施，受訪者認為這種鼓勵措施的效果遠比減稅還大。

一九九○年「國家健康服務與社區照顧法」（NHS and Community Care Act）通過後，加強地方政府在服務採購和監督的責任。例如，推動國家照顧標準而啟動照顧機構註冊及監督制度、實施照顧服務員資格審核及註冊制度、推動單一評估制度（single assessment）而達到整合社政和衛政的效果，因此地方政府在照顧服務推動上扮演相當重要的角色，以落實民眾需求。二十一世紀英國針對照顧服務陸續宣布多項新措施：

1. 蘇格蘭地區免費照顧服務措施：所有身心障礙者的照顧服務為使用者免付費，而改由地方政府直接給付（direct payment）。

2. 英格蘭地區地方政府辦理社會服務等級評鑑：將所有辦理社會服務的地方政府表現予以評鑑，由0至3共分四級，作為判定中央政府監督狀況與預算補助之依據。

3. 國民健康服務自二○○四年推動中介照顧（intermediate

care）：鼓勵介於醫院與社區間的照護，以降低住院天數。

4. 提供免費護理照顧之補助額度：一方面有助於誘發自費使用安養機構的需求，另一方面則提高護理之家調高費用的空間。

5. 制定到宅服務收費規範：英格蘭地區自二○○一年開始制定統一收費標準，而蘇格蘭地區則自二○○二年通過廢除照顧服務之收費。

6. 單一評估過程：發布一套老年國民服務架構（National Service Framework, NSF）列出八項標準作為老年服務協定，目標在於減少對醫院及安療養機構的依賴，整合社政及衛政作業系統，提高評估流程的效率。

7. 最佳價值評估：通過「最佳價值」（best value）政策，要求地方政府每年必須要提出20%經費的服務內容做最佳價值測驗，測驗內容在於評定地方政府所委託採用的服務內容是否是目前市場中成本效益最高的。

8. 二○○○年的競爭法案（The Competition Act）：法案涉及有關平等經營及交易的相關規定，地方政府經營機構式照顧、辦理社區照顧。

9. 展期給付（deferred payment）：協助擁有不動產，但卻無足夠所得或動產的失能者，如何在不須變賣不動產的情況下支付照顧機構所需。

10. 照顧標準法（The Care Standards Act）：成為照顧服務規定的新依據。

參考英國政府推動照顧服務市場化十年以上的改革收穫與推動障礙等經驗，可獲得如表7-5所示的幾點啟發與建議。

表7-5 英國政府推動照顧服務市場化

策略運作	主要內容
引進市場機制	1. 照顧服務引進市場機制，不僅可以提升服務效率和彈性，亦可擴大產業範圍，增加民眾選擇彈性。 2. 社區照顧改革，刺激了短期居留的中途之家增加和其他服務的提供。 3. 引進長期照護保險制度，許多小型公司間的競爭也促進了大型官僚福利組織提升品質和效率。
照顧服務產業化作為	1. 建立制度化的財源：穩定且制度化的財源，為民間資金投資的首要基本條件，透過民間投資者及地方政府穩定的財源保證機制，提高政策投資意願。提供各類照顧服務的給付，進而擴大照顧服務的市場規模，同時亦讓民間部門有相當的成長空間。 2. 提高民間部門的競爭力：英國政府過去陸陸續續使用各種方式多管齊下，包括刪減地方政府預算、鼓勵志願部門投入供給、增加民間部門供給誘因、削減政府服務的市場競爭力。
地方政府參與	1. 對地方政府的財源控制：對於移撥給地方政府的特定移轉補助設有「85%條款」，規定地方政府需將補助款之85%，用在補助私部門服務或相關事務上。 2. 對地方政府實施辦理評鑑：在於誘導地方政府配合中央政府政策原則，鼓勵使用民間部門照顧服務，加強地方政府的管考，確實達到預期效益。
控制品質	1. 採用合法和制度性的方法以控制品質。 2. 建立服務標準、第三者監督系統、申訴系統。
保障使用者權力	為保障使用者權力，宜平衡機構與居家式照顧之供給，實際配合民眾需求，以建構照顧服務產業。

（資料來源：作者整理。）

✚ 肆、德國老人照顧制度

　　德國在老年安養議題上，傳統政策措施係以強化老年的社會安全為主，諸如建構老年安全體制。然而，隨著醫學進步與生活水準提高，老年安養問題不僅限於壽命的延長，更重要的是如何維持健康的老年生活品質。事實上，老年健康與營養問題，長期以來多被忽略，諸如老年人吃得少、喝得少、動得少與營養不均所導致的營養不良和體重控制問題，可能進而引發慢性腎衰竭、痛風、骨質疏鬆或糖尿病等營養缺乏的長期慢性病。

　　有關老年安養問題，可簡單分為老年健康營養與老年照護兩大類，前者如健康蔬果與餐飲的提供，後者則如養老機構與醫護照護服務。配合老年公民日活動，乃從消費者保護與老人營養的出發，推出活力銀髮族計畫（Fit im Alter-gesund essen, besser leben），希望從健康飲食與健康營養的觀念，來開創優質的老年生活。該計畫的重點在於保護老年健康與飲食安全、維護消費者經濟利益、消費者教育與提供食品消費資訊。

　　首先，就老年健康與飲食安全而言，活力銀髮族計畫所提倡的老人健康營養觀念，不僅是消極的預防疾病而已，更代表積極推廣老年身心健康的生活型態（gesuder Lebensstil）。欲成為活力銀髮族的條件之一，在於老人如何學習與享受健康，一方面鼓勵老年人終身學習（lebenslanges Lernen）健康飲食的新概念；另一方面則可提高老人養生烹飪的餐飲樂趣（Essen macht Spaß, Lust auf Essen）。其次，就維護消費者經濟利益與消費者教育而言，銀髮族為新興的消費族群，由於老人的身體狀況、應攝取的營養與適合的食物，與一般的消費者差異頗大，故德國農業部分別與德

國營養協會（Deutsche Gesellschaft fur Ernahrung, DGE）和消費者協會（Verbraucherzentrale）合作推動活力銀髮族計畫，前者針對老年消費者、餐飲業者與醫療照護人員，辦理老人營養訓練班，提供老年營養、流質供應、老年設施改建與成本評估、食品衛生法、傳染病防治法、老人養生烹飪等不同課程內容；後者則以辦理老年自我照護與營養諮詢活動為主。

　　為因應老年人口問題的議題，德國農民聯盟（Deutscher Bauernverband）則是從私部門的市場觀點，強調如何開發老人照護與養生事業的銀髮族商機。隨著老年人口的年齡增長，無論是日常生活的家事協助需求，如飲食準備、起床與就寢、房間打掃、洗衣、盥洗、排泄、行動等居家活動協助，或是專業的醫療照護需求，如插管式飲食、人工肛門、化膿傷口處理、打針注射、危急病人觀察等照護措施，其需求均有與日俱增的趨勢。故德國從休閒為主的積極養生，到醫療專業為主的被動照護，分別開發出十類不同的養生事業經營型態，其中老人供餐與鄉村長春俱樂部，僅提供餐飲和聚會場所服務，老年渡假民宿、日間照護、短期照護與養老院，則提供固定期限的住宿和照護服務；此外，老人公寓、托老照護中心、老人安養中心與老人養護中心等，則不限制住宿時間的長短，並視情況提供不同等級的專業照護服務（如表7-6）。

　　德國對於老年人口的安養問題，係分別由政府部門、市場部門與第三部門的協力合作，共同進行因應的方案與行動。就公部門而言，消費者暨糧農部則從老年健康營養著手，推動「活力銀髮族計畫」，以保護老年消費者的飲食安全與健康消費權益。此外，勞動暨社會秩序部（Budesministerium fur Arbeit und Sozialordnung）於一九九五年實施社會照護保險（soziale Pflegeversicherung），一方面確認老年長期照護法制化的保障基

表7-6　德國農民聯盟推動的老人服務產業類型

類　型	內　容
老人餐飲服務 （Mittagstisch）	針對老年健康與營養的需求，把家庭式的私房烹飪食譜，規劃成適合銀髮族的養生菜單。其經營方式主要為開設老人養生餐廳、送餐到府，或到府備餐的外燴服務。有關老年餐飲服務的可行方案，如接送顧客用餐、辦理養生膳食活動、提供特定慢性病的營養餐等。
長春俱樂部／老年聚會場所 （Altenclub / Altentreff）	提供鄰里老人的休閒活動場所，讓老人彼此間有相互關懷與互助的機會，透過老年聚會的方式，解決老人離群索居的生活型態，提升老人的精神生活。考量當地的福利慈善機構、老年團體、宗教團體與社區活動中心，提供老人聚會的相關服務。其次，再根據老人聚會的時段與形式，規劃卡拉OK、棋奕、牌藝與影片欣賞等服務內容。
老年渡假民宿 （Ferienwohnung）	提供遊客簡易餐飲與相關旅遊服務，特別鎖定行動自如的健康老人（aktive Alter），農家在不需要提供醫療照護的前提下，針對老年遊客的特殊需求，設計合適的住宿設備與休閒活動。
日間照顧 （Tagespflege）	日間照顧的服務範圍，包括營養膳食供應、日常生活活動（daily living activities, DLA）照顧、輔助式復健治療及住院式醫療照護。在專業人力需求方面，必須擁有護理人員或接受醫療看護訓練者，同時住宅空間也須配合日間照護工作而進行改善規劃。老人日間照護可配合地方社會福利機構，或與醫療院所策略聯盟，來擴展其營運範圍與服務對象。
短期照護 （Kurzzeitpflege）	短期照護係指出院後的療養與密集看護，照護時間以四至六週為限。故經營老人短期照護服務的農家，必須擁有住院醫療的完整專業設備，適用範圍包括提供有照護需求的老人在住院治療後之暫時性療養與復健，或是對於無法自行居家照護或無法取得部分住院醫療照護時，提供應急性的專業看護服務。當病患需要專業式的密集照顧時，甚至當家屬本身休假安排或生病時，則可分別提供休假代理（Urlaubsvertrerung）或病假代理（Krankheitsvertretung）的托老照顧服務。

（續）表7-6 德國農民聯盟推動的老人服務產業類型

類 型	內 容
供應食宿的養老院 （Altenpension）	養老院則是作為老人長時間的休養地點，提供住宿與日常生活居家服務，此經營型態的消費客群仍是以行動自如的健康老人為主。
老人公寓 （Altenwohnung）	針對老人特殊生活需求所設計的獨立生活空間，服務對象以身體健康、能獨立生活與自我照顧的老人為主，農家可依照顧客身體狀況與需求，提供日常生活起居的家務服務。
托老照護中心 （betreutes Wohnen）	托老照護中心係指提供獨立的居住空間與各項專業照護服務，服務範圍包括老人居家生活協助、聯繫社會福利機構的照護服務、接受老人赴醫療機構接受診療，以保障老年人的身體安全，而非提供完整的醫療照護。
老人安養中心 （Altenheim）	專業安養中心的經營特徵，在於提供住宿、膳食、照顧與看護等全方位的專業服務，除改建投資成本較高之外，同時也需要大量的服務人力、護理人員、時間與設備的投入，故有意轉型經營專業安養中心的農民，應接受老人照護與特殊疾病看護之專業訓練。
老人養護中心 （Altenpflegeheim）	老人養護中心具備專業的醫療照顧技能，因此除專業看護人員之外，同時也需要設置專業的醫療人員。此類養護的服務項目，包括身心復健、醫療看護，以及臨終的安寧伴護。

（資料來源：作者整理。）

礎；另一方面因為社會照護保險法實施後，老人長期照顧問題不再僅是家庭內部的老人奉養問題。基於這些原則，由德國積極推動的老年服務業，透過各種管道進行資源整合，諸如醫療院所、專業養護機構、社會福利機構、民間慈善機構或商業保險公司。

伍、先進社會老人照顧的啟示

長期照顧問題是一連續且綜合性的問題，包括社會支持、保健、醫療、復健與財務等服務。目前，我國長期照護服務分散於不同之行政與服務體系，綜合性及連續性之長期照護體系尚未建立，且福利的獲得有不同的法源依據。體系的紛歧，往往使得需要醫療照護或生活照顧的老人及其家庭，不知所措；且體系間各自發展，不但造成資源重複投資，亦容易形成發展不均與服務斷層等現象。此外，國內不論社會福利、衛生醫療及長期照護層面本身內部之轉介系統，尚處於起步階段，各機構間僅透過私人關係提供轉診服務，而未有體系間的相關轉介。如何協助病人及家屬取得有效且適當之醫療及社會服務，建立連續性之照護體系為首要工作；而建立各層級服務間之轉介、追蹤、資訊分享等服務體系與資訊網絡，更為連續性服務體系之重要關鍵。

先進社會的長期照顧作為，具有如下特色：

1. 針對不同年紀的老人，提供不同性質之長照服務內容：鼓勵「年輕老人」多利用「社區式照顧」，「中年老人」（尤其是獨居老人們）則以「居家式服務」為主體選擇，而身心衰弱、生活及社會功能較差之「老年老人」，則需多借重「機構式照護」之照顧與協助。只是政府還是必須先針對全國老人施以「長期照護需求與資源調查」，方能確實掌握相關基礎人口之實際需求與既存資源資訊，以為全盤性考量之依據。
2. 長照服務內容，具備簡明化、區域化、個別化之原則：過

去長照業務中慣用之「安養、療養、養護、長期照顧」等稱謂，屬性劃分不清，不易理解、常令人生混淆；宜應將之加以簡化，方可便民、利民。而長照資源之規劃、分配與執行，宜以區域需求（regional needs）為考量重心，不能再以行政劃分之社區領域來設限，而是改以區域事態（regional state）之老人需求實況作為長照資源與管理之依據，才可實際解決照顧需求。

3. 長照服務之執行內容，需秉持多元化、持續性原則：一直在家庭私人領域（private sphere）中實際擔任無償照顧者角色之家屬們，也應享有相關配套服務措施之權益，例如可領取固定額度之津貼、接受喘息服務、享有優先接受長照服務之選擇等。

4. 長照服務是所有老人可能的生活需要與福利需求，非專屬於中、低收入者之權益：長照既是全國所有老人之生活需要與福利需求，不論老人之社經地位為何，凡是國民全都有接受長照服務之權益。以「保險制——負擔義務、享受權益」之原則，才能符合「公平、平等、公正」的社會福利正義價值。

5. 為求長照業務能永續經營，須杜防日後財務發生赤字窘境之可能性：長照服務之被期待與要求，並不單是因「個人老化」所需，而是「人口老化」、「社會老化」等實際現象。為防範長照服務被濫用後經費赤字浮現，可參照日本政府作法，除繳交保險費外，只要接受長照服務，仍須負擔自付額。

6. 詳訂相關法令，以規範長照服務之執行基準：長照業務之執行目標、發展進度、服務對象、照顧服務、輸送方式、設施分類、不同失能／失智程度之照顧內容與方式、收費

標準、使用者費用分攤比例、監督／管理機制、政府單位之分級分職、評鑑制度之執行等，均須明確規範。

7. 中央相關行政單位需釐定管理權責，方利長照業務之推動：為求長照制度與體系能正常運作、不浪費資源，更為避免民眾在各不同行政體系之服務單位間無所適從，在中央政府層級之衛政與社政單位，須就各項長照工作之執事權責與管理領域細加劃分、協調，以求執行步驟、服務內容之基調一致；如此，才得使地方政府與長照實務工作人員能配合政策、履達目標。

8. 注重政府與民間力量之合作、銜接與共力：政府針對長照業務之發展，在研擬發展方向與各實施階段目標後，應極力促使所有各級相關政府、機構、單位、社區、團體、家庭、甚至老人們，能明瞭各自在長照制度中之定位、任務及職責，如此才能共力合作，發揮長照之服務效益。此外，志工人力在協助推動長照業務亦有其定位與助力，有關共同參與事宜，也應一併規範，以確保在社會照顧、健康照顧、養護照顧等領域中，有可盡心盡力之處。

9. 提升機構照顧服務品質：為解決過去機構服務品質良莠不齊、服務內容缺乏明確規範，有礙接受照顧者及機構經營者之雙方權益問題，須制定多種機構照護定型化契約範本，供社會各界及民眾參考。

10. 健全照顧服務人力培訓與認證制度：為建立照顧服務專業化，提高照顧服務員之服務品質，須統一辦理「居家服務員」及「病患服務員」之訓練課程。

藉由努力，才能達成高齡照護所追求的「普遍性、權利性、公平性、選擇性」的目標。普遍性是指當高齡者需要受照顧時，

任何人皆可不受限於經濟條件，得到其想要的服務；權利性是指服務的利用並非來自於慈善義舉，而是高齡者的權利；公平性則是指在舊有的制度下，高齡者的負擔是根據其所得的高低而定，在介護保險制度下，高齡者的負擔是根據其受益的內容（保險給付內容）來訂定，符合公平性原則；選擇性是指服務內容選擇的主體為利用者，他們可以自由選擇需要的服務項目。

結語

　　人口結構高齡化的急速成長，促使老人福利機構的需求日益增加。從家庭照顧能力的式微等現象來看，說明了老人照護的需求日益提高。實施「機構照顧」主要以「特別養護老人院」及「老人保健機構」為主。除此之外，亦包括老人福利機構中的養護老人院、醫療機構及療養型病床群等。參酌日本於一九六三年通過的「老人福利法」，開啟了老人福利的制度化，其中設置安老收容機構成為老人福利的重要措施之一。日本於一九六六年發表「養護老人院及特別養護老人院之設備及管理規則」，以確立安老機構組織的法定地位及其管理規則。首先將養老機構（養老院）改稱為「養護老人院」，提供65歲以上因身體、精神之障礙，家庭環境、住宅環境與經濟理由等，無法居家安養之老人適當的收容養護服務。除了「養護老人院」之外，也設置了「特別養護老人院」，主要提供65歲以上，身體或精神上有障礙而需要接受長期照護，且無法在家中獲得妥善照護的老人的收容照護服務。

我國在老人照顧方面的具體願景為：

1. 促進照顧服務「福利」和「產業」的平衡發展。
2. 建構完善周全的照顧服務體系，以滿足社會需求。
3. 開發國內照顧服務人力，降低對外籍看護工的依賴。
4. 充實居家式及社區式照顧資源，落實在地老化之目標。

問題與討論

1. 請說明日本老人照顧制度的主要內容。

2. 請說明法國老人照顧制度的主要內容。

3. 請說明英國老人照顧制度的主要內容。

4. 請說明德國老人照顧制度的主要內容。

5. 請說明先進社會的老人照顧對我國推動這項工作的啟示。

第 8 章

長照保險的國際借鑑

✛ 前言

　　高齡化社會的來臨，首當其衝的就是老人照顧的問題，過去老人的照顧多由家中婦女擔負。但由於社會環境的改變，婦女參與勞動越趨活躍，傳統家庭功能漸趨式微之下，老人照顧的議題逐漸成為政府必須面對的社會福利議題。有許多的老人需要照顧自己或照顧老伴，卻缺乏外界的支援。而事實上，即使與子女同住的老人，也會因為子女的就業或就學等因素，而必須大部分的時間單獨在家。所以，如何維護老人居家安全、增進其獨立生活能力、減緩老人成為依賴人口，對老人本身、家屬及社會成本而言是一個重要的課題。

　　世界先進國家對老人與身心障礙者的照顧政策均以「在地化」、「社區化」、「專業化」為發展原則，目前我國老人及身心障礙者的正式照顧服務有居家式、機構式、社區式、聯結式、支持式等服務模式。由於老人及身心障礙者的需求具有長期性、多元性、連續性、個別性、多變性等特色，往往在照顧的過程中，同時或在不同的需求階段，會使用到不同的服務模式。

✛ 壹、日本長照保險制度

　　一九七〇年代初期進入高齡化社會之後，日本長期照護的發展日新月異（如表8-1）。該國的長期照護保險為強制性保險，每位40歲以上國民依法都要投保及繳交保費。一九九〇年代後期開

表8-1　日本長期照護保險制度

策略運作	主要內容
實施背景	1. 家庭結構的變遷：有鑑於人口老化所帶來的醫療照護與生活照顧等需求的迫切性，加上主幹家庭（折衷家庭）下降，三代同堂比率一九八○年為69%，一九九八年降為50%。同期間獨居老人或高齡夫婦家庭由28%增加到46%，婦女勞動參與率由58%增加到67%，顯示家庭照顧功能的式微。 2. 高齡照顧的窘境：根據調查60歲以上的照護者占50%以上，70歲以上的照護者也占20%以上。 3. 價值觀念的改變：婦運團體大力倡導婦女權益與家庭結構的變遷等因素，高齡者接受家庭外照護的比率逐漸提高。 4. 醫療財務的虧損：日本的平均住院天數為30天以上，高居先進國家之冠，住院患者中高齡者占一半以上，其中1/3住院天數在一年以上，社會性住院導致醫療保險財務的居高不下。
制度概況	1. 被保險人： (1) 65歲以上的高齡者為第一類被保險人，40至64歲者為第二類被保險人。 (2) 相對於選擇式保障，該制度為普及性。 2. 保險給付： (1) 由外在的身心失能為給付判定標準，第二類被保險人規定，只有罹患腦中風、帕金森氏症、初老期失智症者才給付。 (2) 有關給付方式以現物給付為原則。 3. 保險費用： (1) 來自被保險人所繳保費與部分負擔（約10%），政府補助近一半，雇主負擔少許費用。 (2) 對於低收入者的保費與部分負擔有減免。
制度內涵	1. 福利地方主義：服務權責下放到地方政府，此項作法合乎福利分散原則，是落實「在地老化」或照護社區化的理念。 2. 導入個案管理：照護經理的設置，依個案的需求等擬定照護計畫，提供適切的照護服務。 3. 確保消費權利：服務使用者與提供者立基於平等關係上，建立新契約，消費者的價值主張獲得重視，進而確保服務品質與經濟效益。

（續）表8-1　日本長期照護保險制度

策略運作	主要內容
制度內涵	4. 財務調整機制：由於地方政府的照護財政與其保費收繳、照護服務量有關，為縮短彼此間的差距，責成都、道、府、縣成立市、町、村相互財務安定事業，創設「財務安定基金」及「中期財務營運方式」機制，來穩定地方照護財務。 5. 重視居家服務：學習北歐國家利用補助來改善失智症者的住宅，提供改良式的「團體家屋」（group house）。 6. 發展後期照護：使被保險人出院後能獲得後續治療與復健服務，符合長期照護提供連續性與綜合性服務的目標。 7. 照顧醫療設施：長照系統比較偏重機構式的照護，其長照機構分為三類，在長照保險實施以前，包括「護理之家」、「長者健康設施」，以及「醫院長照病房」，前者屬於社會福利服務的一環，後兩者的服務則由健保給付。在長照保險開辦之後，醫院長照病房改稱「照顧醫療設施」。 8. 社區照顧服務：長照保險另外也給付社區照顧服務，包括社會服務（家事協助、居家整理）、入浴服務、器材租借、居家設施重建、護士家訪、復健、醫療／疾病管理，以及日托或喘息臨托服務等。 9. 長照監督機制：長照保險訂定一套全國一致的給付標準，不過由於各地長照保險組織的大小不一，風險承擔的能力也不一樣。在日本則是設立長照保險的安定基金，對長照保險經營虧損的市政府給予補助，也有依照風險程度重新分配基金的設計；另外，就是授予各市政府依照經費狀況決定給付項目範圍的權限，但要對其市政民意機關及市民負責，接受其監督。
制度特色	1. 長照保險與健保一樣，都是強制性保險，每位40歲以上的國民依法都要投保及繳交保費。 2. 長照保險是以年齡為基礎的社會保險。受益人有兩種，一種是65歲以上且有長照需要的長者，另一種是40至64歲且具有因為與年齡有關疾病（如失智、帕金森氏症等）所導致需要長照的個案。

（續）表8-1　日本長期照護保險制度

策略運作	主要內容
制度特色	3. 長照保險的經費約有一半來自40歲以上國民所繳交的保費，其中三分之二來自41至64歲的工作者繳交其收入的0.45%作為保費，另0.45%由雇主負擔；另三分之一則由65歲以上長者由其退休金帳戶中每月扣繳。另外一半的長照保險經費則來自三級政府的稅收（中央政府25%、省政府及市政府各12.5%）。 4. 長照保險與健保也是分開的兩個系統，不過這兩種保險都由各地市政府辦理，但有獨立區分的經費預算。 5. 受益人的認定是由保險人（市政府）派專業人員到申請人居住地點進行鑑定，每半年進行一次實地鑑定，根據其照顧需求（不論其經濟程度或家中是否有人可以照顧）的程度決定其所屬的需求等級，共分為六級。然後會指派一位專業人員作為個案的照護管理者，為個案擬訂照護計畫。

（資料來源：作者整理。）

始，「團體家屋」（group home）成長快速，成為因應失智症老人照顧的主要照護型態。

　　日本長照保險目前關注的問題在於供給的不足，日本政府也許過於低估長照保險開辦之後的需求，及其所帶來的財務壓力。此外，其三類照護機構的功能有許多重疊，日本政府有意加以整合，這將是隨之而來的挑戰。

貳、荷蘭長照保險制度

一、背景說明

　　荷蘭由於長期住院人數的增加以及住院費用不斷的高漲，迫使荷蘭重視醫療成本控制的問題，並認為醫院及長照機構的照護

費用應另謀財源。因此，荷蘭政府建議將長期照護從一般醫療保險分離，並實施長期照護保險制度。

除了人口老化與長期住院所導致之醫療費用高漲外，大量的慢性病患，以及照顧身心障礙者及精神疾病患者所需的高額醫療費用，亦是荷蘭推動長照保險的主要原因之一。荷蘭目前有超過10%的人口患有慢性疾病，以及超過16%的人患有需要長期治療的精神疾病等，都是荷蘭政府迫切亟需改革傳統醫療保險的重要原因。荷蘭長照制度主要是鎖定三大目標人口，包括老人（含身體退化、失智等）、失能者（大部分是心理障礙者）及精神疾病者。荷蘭政府實施長期照護保險的目的，不僅在於解決醫療費用膨脹的問題，更是著眼於提供失能或患有精神疾病的弱勢民眾就醫的權利保障。

二、立法沿革

一九六二年荷蘭提出一項保障全民免於主要疾病風險的社會保險計畫，尤其是針對需要長期照護且有沈重醫療費用負擔的失能民眾或精神病患者，提供必要的照顧服務，這個計畫成為後來荷蘭長期照護制度的濫觴。此外，由於長期照護的財務負擔往往不是一般人所能承受的，因此採用「特殊醫療費用支出」此一名詞來作為長期照護保險的命名。

有鑑於長期住院醫療費用的高漲，政府於二○○五年引進「規範性」的市場功能來進行特殊醫療費用支出法的「現代化」改革，二○○六年新修正的特殊醫療費用支出制度開始實施。為了進一步提高服務的品質，擴大民間的參與，荷蘭政府更於二○○七年通過「社會支持法」（Wet Maatschappelijke Ondersteuning, WMO），依據社會支持法的定義，其內容如下：

1. 促進社會和諧以及地方村鄰里之生活品質。
2. 對於遭遇到成長問題之年輕人，以及有子女教養困擾的家長，重點提供預防性的支持服務。
3. 提供地區民眾訊息、諮詢以及支持服務。
4. 對非正式照護者提供支持性服務，包括幫助他們找到有效的解決辦法等。
5. 促進社會參與，以及協助失能者和患有慢性心理問題、社會心理問題者能獨立工作。
6. 提供失能者和患有慢性心理問題、社會心理問題者必要的服務，以確保他們能夠維持和加強其獨立性或參與社會。
7. 提供社會救濟，包括婦女庇護和透過政策以避免各種家庭暴力行為的產生。
8. 促進公共精神衛生保健、提供社會心理協助。
9. 推動菸酒等戒癮政策。

其次，不同於現行的特殊醫療費用支出法，為了讓特殊醫療費用支出的照護項目還原為專門提供慢性、重大的疾病，以及身心障礙者等需長期照護者之照護給付，而將社會支持性服務（包括家事服務協助及社會服務）委託由地方政府當局負擔提供。

三、現況及發展趨勢

為了抑制長期照護費用不斷的上升，荷蘭政府於二○○七年實施的「社會支持法」（WMO）取代舊有的福利法、身心障礙服務法與特殊醫療費用支出原有的家事協助服務等。WMO並涵蓋社區照護、婦女庇護與志工支持服務等，由地方政府負責統籌與提供服務。惟如家事協助等服務被保險人需部分負擔，費用委由中

央管理中心收取。另外，被保險人也可以申請現金給付以購買輪椅、改善家中障礙設施等必要的需求或服務。

「社會支持法」的最主要目的係協助所有人都能獨立自主的生活，提供長期性的照護及醫療性的護理服務為主，以落實自願性照護服務志工制度及紓解特殊醫療費用支出部分的的財務壓力。以下整理荷蘭長照制度目前的發展趨勢。

(一) 縮減特殊醫療費用支出的給付範圍

隨著特殊醫療費用支出的「現代化」，照護功能（care functions）式的服務分類取代原有的部門、組織分類。新的七項功能指標包括：

1. 家事服務。
2. 個人照護（如：提供淋浴、穿衣等服務）。
3. 護理（如：換藥、注射等服務）。
4. 支持性陪同指導（如：協助生活管理、日托等）。
5. 積極主動性陪同指導（如：協助行為改變或心理輔導等）。
6. 治療（如：協助中風後的復健治療）。
7. 入住機構（如：多功能住宅、居住收容）。

到目前為止，特殊醫療費用支出的給付範圍更進一步地縮減為個人照顧、護理、支持性陪同指導、積極主動性陪同指導、治療及入住機構等，而原來的家事服務則改由社會支持法提供。

(二) 將秩序管制機制引進健康照顧及長期照顧市場

依據醫療保健市場秩序法之規定，成立健康照護機構，負責監督及控制荷蘭的醫療照護市場。監督的對象包括照護服務的提

供者，以及長期照護的保險人。在醫療及長期照顧市場中提供誘因，以導正健康及長期照護市場有效率運作，同時兼顧到被保險人（消費者）的權益。

(三) 以需求面機制調控取代供給面機制調控的政策實施與趨勢

過去長時期受到荷蘭政府嚴格管制的特殊醫療費用支出，是一種屬於供給面取向的長期照護制度。但由於預算緊縮所造成的長時間候診名單和貧困被保險人導向等兩個因素，從二○○○年開始放棄預算緊縮政策，以解決候診時間過長的問題。從二○○三年起荷蘭政府開始進行特殊醫療費用支出的「現代化」改革，從供給面取向變成需求取向，賦與被保險人自由選擇提供者的權利，並且開始重視現金給付，以及照護服務的彈性供給等都成為改革的重點。

(四) 功能取向支付制度之引進實施

特殊醫療費用支出的「現代化」工程，除了以需求面機制調控取代供給面機制之調控，荷蘭政府還透過提供量身訂制的服務以滿足被保險人的特殊需求，以及從過去的產品導向變成功能取向的支付制度，例如個人照護服務的提供等，亦是特殊醫療費用支出「現代化」的改革重點之一。

四、長照保險的主要特色

荷蘭長照保險是一典型的社會保險制度，因此財務的健全與否，成為政府最關切的議題之一。荷蘭長照保險採取全民納保及現金給付的方式，為其最主要的特色，其他諸如委託私人保險公

司、照顧服務包制度等，都是荷蘭政府因應長期照護不斷高漲的
財務壓力所採行的改革措施。

(一) 社會保險採隨收隨付式的制度

荷蘭的特殊醫療費用支出為全世界第一個採行社會保險方
式辦理的長期照顧制度，並採隨收隨付的財務處理方式辦理，並
無提存準備，主要是透過保費收入及政府稅收補貼維持制度的運
作。隨著老年人口不斷的增加，特殊醫療費用支出的成本及費率
亦不斷的調高。政府每年依據「最低兩組所得級距」的課稅標準
來訂定保險費率，雇主並不需要分擔受雇者特殊醫療費用支出的
費用。

(二) 施行強制保險

荷蘭的特殊醫療費用支出是一種強制性、全民納保的社會保
險制度。所有荷蘭的居民及在荷蘭工作繳稅的外國人都須強制參
加，即使不是荷蘭人但能合法居留在荷蘭者，也受到特殊醫療費
用支出的保障，並必須繳納保費。荷蘭特殊醫療費用支出的保險
人則是私人保險公司，每個保險公司都必須向健康保險局（CVZ,
Health Care Insurance Board）註冊。每個民眾都必須向任何一家
保險公司註冊，為期一年，若沒更換保險公司則自動續約，換約
應在期滿二個月前通知保險公司。

(三) 多種給付方式

荷蘭的特殊醫療費用支出是由照護評估中心（Centrum
Indicatiestelling Zorg, CIZ）負責評估每個被保險人可以得到多少
和什麼形式的照護，等到被保險人的權利確定後，被保險人就可
以選擇實物給付（含醫療給付）、現金給付或混合給付。實物給

付意指由健康照護提供者直接提供服務，現金給付則是允許被保險人用現金購買服務，而且不限於健康照護提供者，其他願意提供服務的朋友、鄰居及親戚都可以。因此，現金給付是較受被保險人歡迎的給付方式。

(四) 多元服務項目

基本上，特殊醫療費用支出最主要的原則是協助人們盡可能留在家裡，而非住在機構中。因此，雖然特殊醫療費用支出最初僅補助長照機構的費用，但在一九八〇年即開始涵蓋家庭照護的服務。

(五) 「照護服務包」制度

荷蘭政府為提升長照保險的服務效能，透過「照護服務包」（care level packages）的制度，依被保險人的服務效能來決定服務提供者的給付。「照護服務包」包括被保險人的類型、被保險人需要被照護的總時數（每週）、服務的輸送方式等。被保險人經由照護評估中心（CIZ）決定照護需求指標後，即可透過相對應的服務包得到需要的服務。每個「照護服務包」都有一定的價格（有最高額度的限制）。適用於照護服務包的對象有下列七種：(1) 有身體疾病或障礙者；(2) 精神障礙的老人；(3) 心理障礙者；(4) 生理障礙者；(5) 官能障礙者；(6) 精神障礙者；(7) 有嚴重社會心理問題者。

五、特殊醫療費用支出的解決辦法

荷蘭於二〇〇七年實施社會支持法的主要宗旨：「社會支持法的目的，是要讓所有荷蘭公民盡可能的可以獨立生活的更久」，意即確保所有荷蘭公民社會參與的權利。

社會支持法取代了過去的福利法、身心障礙服務法和特殊醫療費用支出的部分服務，和特殊醫療費用支出最大不同的地方包括：

1. 社會支持法不是社會保險，不需要繳交保費。
2. 社會支持法的主要執行者是地方政府。
3. 社會支持法的經費來源為政府的預算。
4. 社會支持法的服務是透過自願性團體及部分購買自照護服務機構。
5. 社會支持法主要是提供照顧服務，目的在強調公民社會參與的權利。

目前荷蘭長期照顧制度的發展重點，已從過去需求與服務供給之間的關係，轉移到荷蘭公民與地方政府（尤其是各地市政府）間的關係，甚至是各種社會組織（尤其是自願性組織）、企業與地方政府間的關係。由於特殊醫療費用支出的財務負擔，隨著人口老化及長照需求的增加而越來越沈重，社會支持法除了是強調社會連結與促進社區參與的新運動外，更可減輕特殊醫療費用支出組織不斷的擴大、財務的沈重等壓力，而這也是荷蘭未來長照制度發展最主要的重點。

六、長期照護保險（特殊醫療費用支出法）

荷蘭的特殊醫療費用支出，為全世界第一個採行社會保險方式辦理的長期照護制度，並採隨收隨付的財務處理方式辦理，並無提存準備，主要是透過保費收入及政府稅收補貼維持制度的運作。其特色如下：

1. 給付範圍：個人照護、護理、支持性陪同指導、積極主動性陪同指導、治療及入住機構。
2. 健康照護機構：負責監督及控制荷蘭的醫療照護市場。監督的對象包括照護服務的提供者，以及長期照護的保險人。

✚ 參、德國長照保險制度

　　德國是全世界第一個實施長照保險的國家，在健保、意外事故保險、退休金保險（勞保）、失業保險之後，於一九九四年立法通過長照保險，成為其社會安全保障的一環。十九世紀末以來，德國即發展以保險為主體的社會安全制度保險制，涵蓋對象廣大，然而在一九九四年制訂長期照顧保險法之前，有關照護需求的社會給付仍主要來自社會救助體系；隨著人口快速老化的影響，政府財務壓力日漸增加，自一九七〇年代逐漸針對照顧需求與社會性風險之概念進行討論，開始倡導將長期照顧納入疾病保險的給付範圍。

一、制定背景

　　德國於一九九四年正式通過長期照護保險法，一九九五年實施居家照護給付。在實施長期照護保險法實施前，除基於法定職災保險與社會補償而有照護需求者，得享有「公共的照護」之外，其他人若有照護需求，只能自己負擔照護費用，或由有扶養能力的子女負擔。符合社會救助法規定的社會給付受領人，其照護費用則由社會救助法負擔。因為照護費用龐大，無法負擔者日

益增多，轉而需要社會救助體系協助，以稅收方式支付，因為無法解決問題，也無法符合社會保險體系個人負責、給付正義、自治行政等基本概念。換言之，多數仍認為，長照制度應該建構在社會保險傳統上，所以立法者以「社會保險」方式，使長照保險成為德國社會保險的第五支柱。

　　歷經長年的政黨協商及制度規劃，德國於一九九四年正式訂定長期照顧保險法，此保險制度的實施，乃以「照顧需求」此一核心概念的確立為其重要標的，將照顧需求性風險與其他社會保險所保障之風險加以區別，例如健康保險體系所保障的罹病風險，乃是罹病者須被治療，但照顧需求者為須被照顧；長期照顧保險法第十四條所指的照顧需求，乃是指個人因身體的、精神的或心理的疾病或障礙，對於其尋常的、規律的日常生活起居造成影響，以致於對個人身體照料、飲食起居以及家務處理等，長期的（至少六個月）需要藉助甚至依賴他人的輔助（吳淑瓊，2004）。另外，社會救助法對於長照保險具有補充性質，其對於照顧需求的定義和長期照顧保險法幾乎一致，故照顧需求少於六個月、僅有較低程度的照顧需求或非屬例行性的日常生活事務受到影響者，可申請救助體系的照顧扶助。整體來說，德國長期照顧保險的給付對象不限年齡（包含一般人及腦傷者），接受服務的資格認定是根據「照顧需求」，而有照顧需求者之認定乃以身體功能障礙（須符合身體照護、營養、移位等六項ADL中二項以上障礙以及家事協助等某些IADL項目上有障礙）及失能時間長度（至少六個月），而在社區中的失智症或其他心智或發展障礙者也可獲得小額的額外補助，故德國的長期照顧服務涵蓋了全人口中有照顧需求的失能者，其涵蓋範圍較日本目前的長期照顧保險體制更廣。

二、保險制度之改革

　　長照保險制度實施以來，經數次改革，但在出生率未提升、平均餘命不斷攀升的挑戰下，自二〇〇八年起實施新的長照保險重點為：

1. 給付項目將自二〇一二年起逐步擴增。
2. 對於失智症或身體疾病等日常事務處理受到相當限制之有照護需求者，提供其照護費用。
3. 對療養機構裡需要特殊照護者，提供照護助理。
4. 引入個別性與全面性照護諮詢請求權。
5. 增設照護據點時，由照護基金會與疾病基金會安排該照護據點。
6. 照護家屬因照護工作而無收入，可以申請六個月的照護期間社會安全保障。
7. 增加喘息服務、志工等給付。
8. 管理未立案的社區照護機構與全機構式照護機構。

三、照護需求性之概念

　　所謂「照護需求性」，是指「社會法法典」所規定：當身、心、靈生病或障礙，日常生活需要持續性、規律性地被照顧至少六個月時的「照護需求性」要件；換言之，當一個人無法自理「身體照顧」，或無法在「營養」上吃得好或攝取，或有無法自己「自主行動」問題，抑或存在無法「自理家務」時，就具備「照護需求性」，得請求長期照護。

　　可請求的給付內容，依據每人被照護需求的程度不同，而有

不同的照護給付。這樣的「照護需求性」，由健康保險醫事鑑定服務處（Medizinischer Dienst der Krankenversicherung, MDK）負責鑑定，可分為三種等級：

等級一：一般的的照護需求者，例如1天至少需要一次的身體照顧與一週數次的居家照顧，且照顧服務員或家屬每天所提供的基本照護至少45分鐘，而整個照護服務至少90分鐘。

等級二：嚴重的照護需求者，其1天至少需要三次的照顧，一週也需要數次的居家照顧，而基本照護每天至少2小時，整體照護服務至少3小時。

等級三：最嚴重的照護需求者，不論白天或夜晚，時時需要被照顧，一週數次的居家照顧，且每天至少4小時的基本照護，整體照護服務則至少5小時；又晚上10點至隔天早上6點，屬於夜間照護。

四、特色

德國的長照保險與健保是強制性保險，每位國民依法都要投保。它規定收入在某一特定水準以下的個人都要參加該地區公辦（非營利）的長照基金，超過該收入水準的個人則可以加入長照基金或選擇購買私人／商業保險。

德國的長照保險與健保是分開的兩個系統，不像美國的「老人醫療保險制度」（Medicare）與「國民醫療補助制度」（Medicaid）是將長照保險與健保混合在一起。因此，德國在各地區的「疾病基金」之外平行設立了「長照基金」，前者是各地區民間公辦健保組織，後者則是各地區民間公辦的長照保險組織。

此外，以前各地方政府照顧弱勢者的長照福利經費，與之前各地區健保當中所給付與長照有關項目的經費，也都劃歸納入長照基金裡面。

　　受益人是以長期失能或身心障礙為條件，而不是以年齡為條件，被保險人是全民，不侷限於年長者或身心障礙者，但必須符合因為長期殘疾或失能導致有長照的需要，並通過專業人士的鑑定，才能獲得給付。我們可以說德國的長照保險是「全民失能長照保險」。以長期失能或身心障礙作為受益人認定條件的作法有幾個特點：第一、保費可以來自全民，因為每一個人都有可能長期失能或身心障礙，不只是年長者有此機率；第二、從保險原理來看，保險的原因必須是不可預期且不被期望的風險，由於年老在某種程度上是可以預期的自然演變，而且每個人大多希望能長壽，因此以年齡作為受益人認定條件的作法，較容易造成道德危害及逆選擇的問題，使得風險無法有效分攤以及資源被濫用。相對來說，長期失能或身心障礙是每個人不願意且較無法預測的狀況，所以廣大的人口都有投保意願，且認定起來較為客觀，減少逆選擇與道德危害的問題。

　　受益人的認定，是由健保組織中的醫療服務部門的專業人員，到申請人家中就其居家及個人衛生條件、進食、活動及家事能力進行鑑定，依照其需要照顧的程度分三等級，分別是「有某種程度上照顧的需要」、「非常有照顧的需求」及「極度有照顧的需求」。

　　德國長照保險當中一個相當獨特的地方，就是其有給付非專業照顧人員現金酬勞，這些人大多是被照顧者的家人，或是接受過短期訓練（非正規護理訓練）的照顧員（像護佐或居家服務員）。此外，長照保險基金還替每週從事居家照顧超過14小時

的非專業人員支付退休金保險的保費,並提供免費的在職繼續訓練。

這樣的支付設計背後有三個主要的原因:

1. 以家庭為核心:長期以來家人就是重要的居家照顧的一環。
2. 鼓勵居家照護:居家照顧除了有給付非專業照顧者現金之外,還可視需要給付由各類專業照顧者所提供的服務,如臨托、喘息服務、正式護士的居家護理等。此外,受益人若選擇機構照護,不但有25%的部分負擔,而且長照保險不給付住房及食宿費,這些都要由個案自付。
3. 節省經費支出:由於一般來說,機構照顧比居家照顧的成本來得高,鼓勵居家照顧也同時可以降低成本。此外,這個做法也創造了七萬個新工作給非專業照顧者,為德國社會帶來不少就業機會。

基於長照保險為國民保險,也基於「長期照護保險依附於健康保險」原則,屬於法定健康保險被保險人必須加入法定長期照護保險,其他屬於私人健康保險之被保險人則須加入私人長期照護保險,也因此,德國長照制度又分為法定或社會的長照保險、私人長照保險。

✚ 肆、瑞典長照照顧制度

在二十世紀初期,瑞典的長期照顧幾乎全由家庭體系來提供,政府只針對貧窮老人提供補助,直到一九四〇年代以後,政

府部門的長期照顧開始逐漸擴張，並將服務對象逐漸擴充至其他失能人口。

　　瑞典對於需要被照顧的弱勢者或失能者，均認為其應有基本的「公民權」（citizenship），在其一九八二年訂定的「社會服務法案」（The Social Services Act）中即指出，無論何種社會福利身分、地方自治區域，每位國民在有需要時，地方政府均有責任提供適切的照顧，包括兒童、青少年、成癮者、老年人、身心功能受損、犯罪被害者以及親屬照顧者，且地方政府自治市（municipalities）有義務提供居家服務、日間照顧、送餐服務、喘息服務、照顧住宅等及其他各類服務（吳淑瓊，2005），此法以普及式的概念來建構全國性的照顧服務範圍，成為各地方郡政府及自治市長期照顧服務提供的基礎。

　　一九八三年的「健康及醫療服務法案」（The Health and Medical Services Act）指出，政府有責任提供健康照顧給每位成員，而一九九二年通過的「老人照顧法案」（The Elderly Reform），具體指出了長期照顧服務以及老人、失能者的照顧責任完全由郡政府（county）下放至自治市（municipalities），且責任範圍從原有的居家式服務，增加至護理之家或其他機構式服務上，顯示瑞典在健康與社會照顧服務的政策發展，有集中化朝向地方化、分權化的趨勢。

　　瑞典長期照顧體系的服務提供形式以「實物給付」為主，財源主要來自於地方政府稅收及少部分的中央政府補助，而由地方政府自治市發展各項機構式及居家式服務；並無全國性之照護需求標準，而依各地方政府的失能資格判定（包含老年失能者及其他身心功能障礙者）。

　　隨著人口老化議題的重視，以保險體制來推動長期照顧之國

家，包括日本及德國，給付資源與收入無關，係與「需要照顧」之評定有關；而需要照顧之評定則是因疾病或障礙，以致在日常生活上從事之日常性及規律性活動，需要他人持續性的輔助或協助。德國之制度不限定服務對象之年齡，而日本則是以65歲老人為主，再將罹患老化病之40至65歲人口納入；而英國及瑞典，係以一般稅收來支付長期照顧制度，服務對象及服務範圍可視財源而彈性調整，譬如瑞典，近年來之改革為緊縮服務範圍，並將服務對象鎖定在更嚴重失能的老人，另也更加嚴格化資產調查程序。

伍、先進社會長照保險的啓示

　　一八八三年德國俾斯麥政府通過強制性疾病保險法案，強制雇主與受僱者共同繳付費用參加，創造了第一個社會保險體系。德國政府從雇主責任與互助社團的風潮中，另闢社會保險，亦揭開人類推動社會保險之路。綜合西方福利先進國家的長照制度重要的啟示，整理如**表8-2**。

　　作為一個社會安全的制度，社會保險有別於一般保險，其特點列述如下：

1. 社會保險具強制性，而且是法定保障的權利。
2. 保障的範圍除了考量被保險人的利益之外，也同時考量社會的利益，因此強制標準的設置，必須確保最沒有力量的非技術工人得以加入。
3. 社會保險不再以利益為取向，而著重如何降低成本。

表8-2 先進國家於長照保險的啓示

項　目	內　涵
強調「在地老化」	以減少機構使用、增進民眾留住家庭爲重點，並推行財務改革及服務發展策略，以落實目標。
採用地方分權策略	德國之長照改革均將長期照護責任下放地方政府，由於鼓勵私部門加入醫療及社會服務的行列，使得機構式服務的使用率得以降低。但是，卻因此形成地方差異，產生長期照護不平等的問題。因此，制訂國家標準指標，要求全國遵行，否則停撥地方補助款。
結合社政與衛生資源	英國的照顧管理制度只管理社會服務部分，因而造成服務不連續及資源未有效利用之缺失，目前正改革之中。二○○一年四月起，英國開始整合社政和衛生業務，其經驗顯示整合並不一定必須透過行政單位的合併，只要將財源統一提撥地方同一個單位，如英國的基層照護基金（primary care trust），也可達到效果。
照顧模式應注重連續、自尊與自主	德國的服務住宅（service house）中，高齡身障者仍然能夠自主獨居。德國則發展多層級照護機構，以防入住者因身體變化而須不斷遷移，爲連續、自主服務而努力之設計。
加強輔助性設備設施	以增進失能者的自我照顧及活動能力，輔具科技及瑞典的身心障礙輔具研發，建立輔具回收租借網絡，全面有效提供輔具，以增進失能者常態的生活。
重視與支持家庭照顧	推行支持家庭照顧的策略，以減輕國家財政負擔。即應給予家庭支持，以維繫家庭持續照顧功能。
設置有效財務管理制度	德國的長照保險設計清楚。費用分爲三部分：醫療、個人照顧和食宿生活費等，醫療服務需求歸疾病保險，身體照顧需求由長照保險負擔，生活費用則由個人（年金）負責。
在中央或地方政府中應設置長期照護委員會	英國在中央和地方成立長期照護推動委員會，而不成立專屬部門，因爲如果成立專屬部門，恐其他部門推卸責任，將難做到跨領域統籌之效。

（資料來源：作者整理。）

4. 財源僅部分依靠被保險人的繳納，雇主必須負擔一部分或全部的費用。

貝佛里奇（W. H. Beveridge）於一九四二年所提出的「社會保險及其相關服務」報告（Social Insurance and Allied Services）則是順應社會保險改革一路發展下來的結果，於目標上則如社會安全一般，希望能夠藉由過去各種保險措施的整合，保障多數人甚至是全體國民，在面對困境時都能確保所得安全。

結語

人類社會是一個互助的社會，主要方式有互助組織、社會救助與社會保險等多種型態；而社會救助、社會津貼與社會保險共同組合成社會福利，是政府積極介入的項目。社會保險是目前已開發國家社會互助體系的核心。隨著高齡化社會的來到，老年人口日趨增多，而面對快速老化的人口結構，需要長期照顧的老人越來越多；也因為醫學的發達，長期罹患慢性病而存活的老人數量更是有增無減。面對這一趨勢，日本老人福利政策早期大都直接移植歐美先進國家的經驗，近年來則不斷檢討、修正，並且透過由家庭、雇主、志願團體與私部門提供各種福利，而這一套獨特的福利混合體制，讓日本比起西方國家的嬰兒死亡率更低、高齡者平均餘命更長、教育制度更有效率、社會問題更少。日本式的福利意識型態對其社會政策的制定有重大的影響力，建構日本式的福利社會，結合公共市場與非正式部門的力量，以社區福利、社區照護為基礎，並鼓勵民眾參與，達成適合該國文化與社會需求的「福利社會」（welfare society）架構，值得我們的借鑑。

問題與討論

1. 請說明日本老人長照保險制度的主要內容。
2. 請說明荷蘭長照保險制度的主要內容。
3. 請說明瑞典長照保險制度的主要內容。
4. 請說明德國長照保險制度的主要內容。
5. 請說明先進社會老人長照保險對我國推動這項工作的啟示。

第**9**章

社區式照顧

✚ 前言

　　人類生活發展歷程中，家庭是人們生活最重要的場域，而社區則是民眾公共生活中最基本的單元。在社會工作的學理上，社區工作是社會工作者用來協助社區組織起來，並運用自己的力量、資源去解決社區問題，以滿足社區的需要。在實務運作上，社區工作則是社會工作者用來協助社區從事社區發展與社區營造。

　　「社區式照顧」（community-based care）源自十九世紀英國對「貧窮法案」（the Poor Law）的機構式批評，也就是希望能藉由「去機構化」將案主引至一個以社區為基礎的照顧，使案主感覺較為舒適；這概念也用以指涉居住在醫院外的照顧。「社區式照顧」係指動員社區資源，運用非正規支援網絡，聯合正規服務所提供的支援服務及措施，讓有需求者在家裡或在社區內的環境下得到照顧，過著正常的生活，加強在社區內生活的能力，達致與社區的融合，並建立一個具關懷性的社區。老人福利社區化是世界社會福利的趨勢，過去機構式的照顧方式，不只成本高昂，且強迫老人從自己熟悉的環境及社區中抽離，到一個遠離社區、集中式的機構，重新適應新的環境、人、事、物，這對一個年老的長者而言，是相當不人性的照顧方式。為使老人能在熟悉的社區中得到安養照顧，也能補強居家安養提供的不足，政府正有計畫、有組織的結合民間單位，辦理相關的社區照顧服務。尤其對獨居老人或因行動不便而其子女均在就業，無法提供家庭照顧之老人，更有其需要及迫切性。現階段社區照顧的主要措施，包括老人保護、營養餐飲服務、日間照顧、短期或臨時照顧等。

近年來，隨著全球化的推動，為了避免社群的疏離現象，對於如何加強社區發展和社區照顧，十分關注和重視，而社區工作正好提供所需的知識和技巧。社區照顧已成為老人照顧的主流，並採以家庭照顧為基石，亦即「在地老化」是一個人類期待安身立命的終老模式，而且也是具「人道主義」（humanitarianism）色彩的概念，相當適合運用在老人照顧工作上，所以政府推展社區照顧政策的原意，不僅是利用各供給部門的服務輸送體系來協助老人留在社區中，更要幫助他們盡量留在原熟悉的居住地生活，使老人們的晚年仍能在自己熟悉的社區網絡被照顧、被支持，讓長者生活具有安全感和穩定感，不必因環境遷移而導致負面的衝擊，進而帶來健康的不良結果，故要提高社區老人照顧的生活品質中，社會支持體系是不可或缺的條件（呂寶靜，2000）。因此，要以社區的老人照顧支持體系為焦點，探討社區支持體系的內涵、實務及政府的支持資源，便成為老人福利服務的重要課題。

壹、瑞典老人社區照顧

瑞典是世界各國社會保險制度，以及高齡者照顧的模範國家。早在一九六〇年代，瑞典即已實施國民基本年金制度，加上其廣受囑目的高齡者療養制度、居家照護以及各種保障措施等，均影響著各國的高齡化社會福利政策。一九七〇年代，西方福利國家面臨嚴重的財政危機，新保守主義思潮的興起為其提供瞭解決方式，各國逐漸接受其思想，在保證公民基本社會福利的前提下，推行社會福利改革。為了彌補政府對弱勢群體照顧的不足，政府鼓勵社區照顧的發展，這一政策在減輕政府財政負擔的同

時，也實現了個人自主精神的恢復。

「社區化」已經是高齡者照顧以及社會福利措施的趨勢。已邁入高齡化的社會，高齡者的人口比例以及平均餘命持續升高，影響所及，政府對於高齡者的醫療保健、居家照顧以及相關的社會福利支出也不斷的增加之中。政府過去對於高齡者的福利照顧，傳統上多重視高齡者的住宅政策、保健照護、居家服務以及生活環境的提升等，然而隨著高齡者人口特性的改變以及需求的變化，已逐漸的擴及高齡者的社會參與以及教育文化的服務。

「在地老化」的概念最早起源於北歐國家，一九六○年代，當時照顧老人都是以機構為主，例如護理之家或養護機構，但是老人在機構中，生活拘束又缺乏隱私、不夠人性化，因此興起回歸家庭與社區的想法。瑞典最早實施老者回到家庭與社區中，把照顧的資源提供到家庭或社區中，依老人不同的需求，提供不同服務。例如行動不便的獨居老人，就幫他們購物；糖尿病又不方便上醫院的老人，就由護理人員到家裡幫他們打針，因此大量減少機構的床位。在北歐國家實施後，得到很熱烈的回響，目前許多面臨人口老化的國家，都朝這個目標努力。讓老人在家裡自然終老，最符合人性，不得已進機構只是最後訴求。一九九七年，將「在地老化」這個新概念，結合了聯合國的「活躍老化」（active aging），而成為「活躍在地老化」（active aging in place）這個全新的主張。居民對社會服務現實需要的增長，也是社區照顧興起的重要原因，「人越老，對故鄉、對家越依戀。」畢竟住在自己家裡最舒服，很少有人願意住到安養院，因此蓋再多的安養院，也無法解決老人照顧問題。社區照顧的興起，包括以下二大因素：

一、養老需求的增長

　　社會中老年人相對和絕對數量的增加，必然帶來養老需求的成長。一般而言，社會經濟的發展水準、城市化水準和人口老齡化，雖然是相對獨立的不同過程，各自具有本身的特點和發展規律，但三者之間通常存在著密切的正相關性。西方先進國家的經濟發展處於領先地位，城市化水準也高於其他國家，人口老齡化程度也較高。隨著西方先進國家陸續進入老齡化社會，老年人問題逐漸顯露出來，養老需求的增加使得原本不堪負荷的社會保障制度更加捉襟見肘，因此促使更多的服務主體和更多的社會資源介入養老服務，而推動了社區照顧的產生。

二、居民需求更加全面、更加周到的社會服務

　　隨著社會進步，人們更加關注自身的生存狀況，要求更加全面、周到的社會服務。這種需要同樣應當體現在社會服務中。物質生活的改善，使得人們對精神服務的需求越加強烈，自尊意識的增強，使得人們對社會服務提出人性化的要求。單純依靠政府的財政支持，似乎難以滿足人們對社會服務的需求，因此其他組織提供所謂社區照顧，是指整合全部社會資源，運用正規照顧網絡，為需要照顧人士在家庭或者社區中提供全面照顧，而維持其正常的生活。生活在社區中，需要照顧者除了可從社區獲得正規照顧外，還可以從社區獲得非正規照顧。機構照顧通常難以滿足需要照顧者的心理需求，而這正是社區照顧的優勢所在。機構照顧作為正規照顧，服務的提供依賴於專門機構對正式資源的運用，通常專門機構難以調動非正式資源參與機構照顧。而社區照顧更強調社區居民的積極參與，透過社區意識的培養而有效引導

非正式資源介入需要照顧者的服務提供。

　　一般而言，照顧基本可以從四個不同層面進行界定：

1. 行動照顧：起居飲食的照顧、打掃居所、代為購物等。
2. 物質支援：提供衣物、家具和現金、提供食物等。
3. 心理支持：問候、安慰、輔導等。
4. 整體關懷：留意生活環境、發動周圍資源以支援等。

　　同時，從照顧提供者的角度，可將照顧分為正規照顧和非正規照顧。正規照顧通常指由政府承擔及提供的照顧性服務，這些服務多由政府人員及專業工作人員提供。隨著民間組織和志願者團體的發展，其提供的服務也被納入正規照顧的範疇；非正規照顧是指由家人、親友或者鄰居，基於情感和人倫上的因素及動力而提供的無償照顧。因此，社區照顧往往涉及行動、物質、心理和環境等各層面，涵蓋正規照顧和非正規照顧。只有如此，社區照顧才能滿足照顧人士多方面的服務需求。

　　推動的「在地老化」或「活力老化」，其實都是「成功老化」的概念，先進社會體認人口老化的嚴重性，積極規劃的老人福利措施，例如居家服務、居家護理、設立社區關懷據點及日間照顧中心，提出長期照護方案，就是希望達到讓老人成功老化的目標。尤其是戰後嬰兒潮世代的老人，將是擁有良好教育、經濟相對富裕、自主意識高的老人，他們不願像過去老人一樣被鄙視；他們可能單身、離婚、失婚，對退休後的生活品質更加重視，如何滿足他們的需求將是一大挑戰。

貳、英國老人社區照顧

　　福利國家是許多社會所追求的目標，英國是世界上最早實行社會安全制度的國家之一，「從搖籃到墳墓」成為受到矚目的成就。一九七〇年代以來的經濟衰退，加速了英國社區照顧的發展。作為一種服務方法，社區照顧被運用於社會服務的各個領域，雖然政府、社會工作者等倡導社區照顧的初衷有所不同，但其指導思想卻是極為明確的。一九八〇年代後，英國政府以社區照顧為主的福利哲學，嘗試減輕地方政府提供正規服務的壓力，鼓勵非正規服務和私有化服務的發展。政策制定者認知到資源配置不佳的問題，故在一九八八年訂頒之「葛瑞芬斯報告」（Griffiths Report）中，就將「更有效的資源使用使最有需要者得到服務」列為政策目標。而個案管理的實施被視為是控制費用、增進效率的策略。爰此，社區照顧服務和個案管理制度的成效引起廣泛重視。一九九八年，英國工黨領袖布萊爾（T. Blier）的精神導師安東尼・吉登斯（A. Giddens）在其著作《第三條道路——社會民主主義的復興》（*The Third Way: The Renewal of Social Democracy*）中提出改革社會福利國家的新構想，建立「社會投資型國家」，建設一個「積極的福利社會」，並在風險和安全、個人責任和集體責任之間建立新的關係。「社會投資型國家」主要原則為國家將在任何可能的情況下，透過教育和培訓的途徑投資於人力資本，而盡量不直接給予利益或提供經濟資助。對於社會福利問題，應當努力改變以往營造社會安全網的作法，透過積極推動「公民公共道德」發展，來盡量避免因一味依賴社會福利而導致的「道德公害」。同時，倡導社會樹立「積極福利」的觀

念，透過培養個人對自己負責的精神和獨立意識，充分發揮各社會組織和機構的作用。在對福利國家進行反思的背景下，西方國家的福利政策發生了變遷，更注重發揮社會各方面在社會福利中的作用。在政府的積極推動下，社區照顧獲得了生存發展的空間。

機構安養最大的缺點是，老年人與原本生活的疏離，以及失去生命原有的認同和重心。重視需要照顧者，為其創造正常生活的自然環境，是社會各界的共識。明確的指導思想是，社區照顧良性發展的重要條件。官辦民助是英國社區照顧的重要特點。社區照顧的資金主要來自政府，其人力也同樣打上政府為主的烙印。英國社區照顧基本上是以政府為主導力量，社區居民在社區照顧中投入的資金很少，其主要是作為社會支持網絡，為需要照顧者提供人性化的照顧。但隨著政府財政壓力的不斷增大，政府越來越難以為社區照顧提供足夠的資金。為此，英國政府已經嘗試把興辦社區照顧的權力下放，並適當地增加稅收。

老年人罹患疾病之後，往往需要較長的恢復期，以回復其罹病之前的生活功能狀態，也因此衍生出不同於傳統醫療服務模式的照護需求。英國在進入二十一世紀後以國家的力量推動「社區中期照護」（community intermediate care），以嶄新的醫療服務模式，整合各種醫療服務資源，以回復老年病患最佳的身體功能及減少非必要的入院與入住機構為目標。中期照護的發展模式非常的廣泛，主要包含迅速反應小組、居家醫院、機構式復健、支持性出院、日間復健、社區醫院等，而社區醫院角色的強化更是發展的一大重點。

英國政府在過去的二十年間，大幅減少醫院內老年病患因無法出院的長住病房，藉由社區中期照護的架構，整合社區中的衛政與社政對於老人照護的資源，打破英國以往的醫療服務模式，

讓急性醫院的老年醫學專科醫師直接與社區照護團隊連結，以周全性的老人評估作為擬定治療計畫的主要工具，配合病患的需求而整合提供適切的治療，在不超過六週的時間內，回復其日常生活功能。

　　老人長期照顧的主要目標是，幫助老年人能持續地以不同方式發展其能力，維持老年人的正向社會支持網絡和團體認同及歸屬，使得老年人不會因為進住機構而中斷其人際關係；即使居住環境移轉至機構內，也會認為生活在機構中是一個有意義、有價值的環境。「社區中期照護」是老人健康照護體系一個嶄新的作為，是一種健康照護模式，目的在幫助病患由疾病期過渡至恢復期、預防原本可在家中照顧其慢性功能缺損的病患變成為需要入住機構，或是協助末期病患盡量在生命末期維持一個盡可能的舒適狀態。主要是透過各種可行且具備積極治療意義的住院替代方案，讓病患在急性疾病出院之後依然具有適當的治療，以回復其最佳的健康狀況，這樣的健康照護對於老年人，尤其重要。社區中期照護是一些服務的組合，主要設計來協助病患由醫院平安返家，使其由醫療上的自主到功能上的自主。照護的首要目標不一定完全是醫療，但病患必須具有出院的可能且臨床上的照顧結果是有可能進步的。由於老年人在健康與疾病上的特殊性，急性疾病緩解之後往往需要一段復原的過程，針對急性疾病期間因為疾病治療或是臥床所產生的身體功能退化，老年病患需要針對身體功能復健、營養狀況調整，與認知功能回復的整合性社區健康照護服務。該照護的服務並不需要動用大型綜合醫院的資源，但卻可能超過傳統基層醫師的處理範圍，其服務內容可包括「替代性治療」與「多重需要病患的照顧」。

　　社區中期照護是英國「老年人國家健康服務架構」的重要基本要點之一，認為老年人的健康照護服務有：排除年齡歧視、以

病人為中心、中期照護、急性照護、腦中風、跌倒、老年人心智健康，以及老年人的健康促進與失能預防。

社區中期照護，包含以下三項目標：

1. 能處理或避免健康上的危機發生。
2. 在急性醫院治療後，從事積極的復健治療。
3. 在考慮進入長期照護的個案，均必須考慮中期照護。

該照護服務能提供一個核心的團隊，包括基層家庭醫師、醫院醫師、護理人員、物理治療師、職能治療師、語言治療師與社工，輔以充分的照顧服務員及行政人員協助。由於老年人在罹患急性疾病後，最佳的後續照顧場所取決於主要的治療目標，單一照護場所不見得是最好的選擇。因此，中期照護以各種健康照顧服務模式的組合，以「盡量靠近家的照顧」（care closer to home）為概念，提供整合性的健康照顧，而主要的達成方法是透過醫療服務的延伸與以社區為基礎的整合。

社區照顧的兩大主要目標是「促進自主」與「預防不必要的住院」，並經由提供嶄新且完整的服務架構，包括醫院、社區醫院、照護機構與社區式照顧來達成目標。不過，中期照護並沒有一個制式的服務模式，而是依據病患的需求組合各種照顧服務資源，進而達到促進最大身心功能回復與減少住院。另外一個重要的目的，是讓病患透過這樣的服務避免從急性醫院出院後，便因為無法自理生活而入住安養護機構，而是必須在出院前便妥善安排積極的身體功能回復治療，以便重新回到獨立自主生活的狀況。社區中期照護自發展以來，各種模式都不斷的在發展中，而其中一項最重要的便是社區醫院的轉型。在社區健康照護的部分，中期照護在概念上亦具有相當大的轉變，建立「少利用」（step down）健康照護機構與「多利用」（step up）社區的照

顧功能被認為具有同等的重要性，也拉近了社政與衛政之間的距離。

　　社區照護使民眾在家中能得到密集的治療服務，包括一般在基層醫療院所才能提供的檢查與治療，且嚴重度尚無需到急性綜合醫院才能治療，如此一來除可減少病患的住院，也可提供住院病患連結出院的後續治療服務。另一方面，也可針對術後病患提供如同醫院病房的各項治療，提供病患可以在家恢復的機會。與急性綜合醫院的差異，在於中期照顧的作為，促進社區醫院以收治醫療狀況較為穩定，但具有多重醫療照護需求的病患為主，為病患提供各項治療服務，主要是主動式的身體功能回復為主，輔以其他相關醫療與護理治療。英國「老年人國家健康服務架構」中由政府大力推動中期照顧，最主要的成果來自於現實需求的驅使；由於過去的醫療體系以疾病為導向在診治病患，對待老年人無法面面俱到，加上醫療體系對於屢弱老人更是欠缺整體性的治療措施，所以促使推動這個計畫。

參、美國老人社區照顧

　　社區照顧的服務理念與作為是英、美等國在一九八〇年代興起的理念。由於老人長期照顧的需求，加上福利國家的財務危機，使得新右派的福利意識型態崛起，並盛行自英國柴契爾政府及美國的雷根政府時代。考量社會網絡、社會支持和資源的敏感性（sensitive）和建構性（construction）的連結，對老人照顧管理計畫的成功影響至深。推展社區照顧的目的就是要「去機構化」（deinstitutionalisation）或「轉機構化」（transinstitutionalisation），除可節省政府財政支出，同時也讓老人能留在社區中感受到更

人性、更彈性的照顧情境，所採取的民營化、分散化、參與化為主要策略目標，並讓照顧回歸社區。當社會支持網絡呈現越強越頻繁的聯繫關係，即互動期間越長，越可能發展較強的親密依存及相互瞭解的情感，而地域上的可接近性也越能便於提供照顧協助。老人照顧工作因老人資源支持網絡的差異及疾病型態程度不一，故老人照顧的體系可包含機構式照顧、社區式照顧及居家式照顧等三大類，且三者之間必須整合成一個照顧的連續體網絡，才能適切地提供老人完善的照顧需求。持續性的照顧也是促進老人獨立自主目標的理想模式（黃源協，2000）。

為給受照顧者「使能」（enable），並讓案主與照顧者都有更多的「充權」（empowerment），獲得人性化的服務，因此在整個老人照顧管理計畫中，已非僅是工作者單一的評估及處遇的擬定，它必須具有多元參與、資源連結和需求評估的支持計畫，其目標是提供照顧整體性和連續體的照顧管理。對於多數生理機能較好的高齡者，社區服務的功能宜強化提升生理與功能生活品質，重點在於預防老化與促進生理健康。在經濟生活品質方面，對於社會安全制度尚未建立完善，大部分人得靠自己準備充足的養老金，長留職場才能使老年無虞，強迫退休造成依賴人口增加與生產力降低，對國家的經濟競爭力反而可能有負面影響。而中高年人重視紀律，講究細節，工作認真負責，且50歲以上的社會中堅分子因子女已經長大，比青壯年更無後顧之憂，如果延後退休衝刺事業第二春，對企業、個人和社會都將是三贏的局面。社區照顧的終極目標是努力促成需要照顧者留在社區內，盡可能保障其過正常人的生活。符合社區照顧的宗旨「在地老化」之外，也因長者彼此有效地凝聚共同的集體意識、社區意識，彼此互相扶助，形式良好的社區照顧中非正式資源的互助網。英國制定的社區照顧政策指出，社區照顧的目標是盡量維持需要照顧者在社

區或其自然生活環境內的獨立生活，直至其必須接受機構照顧。

照顧（care）乃指對有特別需要者提供身體上、物質上、精神上的照料幫助和保護，使身心方面能維持或恢復較佳的功能，並有良好的社會適應，且照顧者和被照顧者之間會具有「情感性的連結」及「共同體的參與」。美國勞工部（The United States Department of Labor）依據「美國老人法」（Older Americans Act）編列經費及所實施的「老人社區服務就業計畫」（Senior Community Service Employment Program, SCSEP），將55歲及以上的低收入者、不易就業者等安排參加社區服務工作，一方面使這些人在經濟上能自給自足，一方面藉由計畫參與的過程而協助其過渡至無需政府補助的就業雇用（如**表9-1**）。每年約可提供六萬個部分工時之工作機會，參與者每週薪資約為135美元。受補助單位所提供之工作內容主要為社會、衛生、福利與教育服務等面向，包括一般事務工作、廚師、日間照顧協助、家庭健康照顧、居家清理、保母、警衛、法律協助、稅務協助、財務諮詢、圖書館、娛樂、保存、維護與恢復自然資源、社區美化、抗污染與環境品質工作、改善氣候變遷工作及經濟發展等。

為使參與者能朝向經濟上能自給自足的目標，引進參與「社會網絡」（social network）。「社會網絡」的概念，是指圍繞在個人身邊的社會關係所形成的網絡，以為滿足個人社會生存需要，而需藉由正式或非正式的活動與社會關係所提供的各種支持，運用此社會支持則可以緩和生活壓力的衝擊，以及增進個人的生活。受補助單位須積極開拓無須政府經費補助之就業機會，包括直接與私營或公營雇主聯絡，或透過單一窗口服務中心（one-stop center）找出適當的無補助就業機會，甚至可包括受補助單位內的無補助就業。

在每個計畫年度開始前，勞工部會與每個受補助單位，就所

表9-1　老人社區服務就業計畫簡表

項　目	內　涵
就業服務	1. 提供SCSEP的相關資訊：包括計畫目標與目的、社區服務工作內容、訓練機會、支援性服務、免費身體檢查、參與者的權利與職責、允許及限制的政治活動等資料。 2. 訂定及重新評估參與者：依據參與者工作史、技能與興趣、才能、身體狀況、職業喜好、訓練需求等訂定。 3. 至少每年確認參與者的收入資格一次。 4. 持續提供就業諮詢服務以協助達成「個別化教育計畫」（Individualized Education Program, IEP）的目標。 5. 協助參加職業訓練。 6. 工作指派與工作地點的安排：安排參與者參加其居住社區或鄰近社區中的社區服務工作，並確保工作地點為安全與健康的工作環境。 7. 提供薪資與附加福利。 8. 協助參與者成功參與SCSEP所提供或安排支援性服務：包括支付交通、健康照護與醫療服務、與職務相關或個人諮商、工作鞋、標誌、制服、眼鏡與工具等雜項、孩童與成人照護、暫時住處與追蹤服務的合理費用等。 9. 就業追蹤。
職業訓練	1. 訓練內容：提供或安排參加社區服務指派所需的特定訓練。訓練之安排應切合實際，並注意與參與者個人就業計畫一致，以及能最有效運用其技能與才能的技能訓練。 2. 訓練時機：須在安置於社區服務前與後提供訓練。 3. 訓練方式：可利用講義、講習會、課堂說明、個人指導、職務經驗等形式辦理，其中職務經驗之訓練應列為訓練之重點項目。此外，並鼓勵參與者於未指派參加社區服務活動的時間，參加其他自我發展的訓練。 4. 結合資源提供訓練：可經由地方上可用的資源及援助，以無需費用或降低費用的方式取得訓練。 5. 支付實施訓練計畫時所需之費用。 6. 辦理私營領域訓練計畫，增加參與者選擇的機會。

（資料來源：作者整理。）

提計畫內容每個量度進行協商並設定評估標準值。受補助單位可於計畫年度開始前及計畫年度中申請調整評估標準值，但只有在執行計畫的區域內有高比例的失業、貧窮或接受福利補助者、有明顯的經濟衰退等情況，才可以申請調整。

　　建立社會支持系統是照顧工作的重要管道，依據社會支持網絡理論觀點來看老人照顧的社會工作，必須先瞭解老人的內在、外在環境及資源的互動關係，尤其老人本身的人格特質、生活事件、社會功能的有限性、有效性、遺傳、環境和疾病的長期性與否，這些在實務工作中都將影響社會支持的穩定性，而導致產生照顧關係的變化。對於老人長期照顧體系而言，社會支持體系及支持性服務都極具其關鍵因素，個人網絡包括家人、鄰居、朋友、同事、親戚等。個人網絡策略，是社工員要與案主現有聯繫且有支持作用的個人網絡成員接觸、協商，盡量動員這些成員來提供支援及解決問題，社工員同時也對這些成員提供諮詢、協助，以維持、擴大他們對案主的協助。並將具有共同情形的長者組織起來，建立一個互助團體。這種互助團體可以加強成員間彼此的支持系統、增加同伴關係、資訊及經驗交流、結合集體力量、加強共同解決問題的能力等。老人照顧的實務工作者必須去支持或就現有的社會網絡，進行互補的資源連結與整合，這是迫切重要的；實務工作者不僅要關心受照顧的案主，也必須要考慮到整個網絡介入的有效性，有了對網絡類別及資源的充分認識，才有助於照顧作為的落實。

✚ 肆、先進社會社區照顧的啓示

　　隨著「在地老化」理念興起的各種社區式及居家式服務日趨

成熟後，探討功能障礙者或家庭照顧者，對社區式方案的服務使用因素之研究，引起學術界和實務界的關注。「在地老化」並非表示老人留住社區，就可以得到適切之照顧服務。借鑑先進社會的社區照顧或社區服務的規劃及實踐，將「社區」擴大為公共議題（public issue），鼓勵民眾的討論及參與，集合社區居民的共識及力量，依一定程序確認，經由居民共識所認定之空間及社群範圍，來取代過去僅以政府管轄權為考量的認定，將更符合社區居民之實際需求。

日本政府自二〇〇六年起，就把設置在各地之「老人介護支援中心」改設為「區域整合介護支援中心」，以求落實介護保險政策之推動。同樣的，我國政府應將在各地設置之「衛生所」、「長期照護管理中心」、「居家服務支援中心」、「老人福利服務中心」、「社區照顧關懷據點」、「居家照顧據點」等單位，全部整合成各地區單一之「長期照顧管理中心」，在長照服務、復健、醫療、照護預防上多方盡力，以避免另置「老人長照服務據點」之人力重複與經費浪費。事緣社區在提供與推動各項社會服務措施，應較能符合社區居民之需求，有助於居住在不同區域老人們之不同照顧問題與需求，自是會期待能提供有不同之照顧服務與資源可供運用。

檢視上述各國社區照顧政策之發展，可總結歸納出十項重要啟示：

1. 確立「在地老化」為長期照顧政策的主要改革方向。
2. 服務項目更加多元化，但以居家和社區式服務優先。
3. 將消費者偏好及選擇納入福利服務規劃的基本原則。
4. 積極發展預防保健，避免長期照顧需求人口的增加。
5. 透過照顧需求評估以滿足民眾之需求，並整合服務。

6. 主張連續性照顧，以連結急性醫療和長期照顧服務。

7. 增進對家庭照顧者的支持，以期能維持其照顧能量。

8. 發展品質監督與提升機制，確保社區照顧服務品質。

9. 主張政府及民眾共同協力並承擔長期照顧財務責任。

10. 運用現有的社會服務體系作為長期照顧推動的基礎。

　　社區照顧並不單純強調社區居民的積極參與，也注重政府、專業機構、社區居民的相互配合，最終形成為需要照顧者提供全面性服務的服務體系。為了有效動員社區居民參與社區照顧，必須建立社會支持網絡。社會支持網絡，是指能夠為個人提供支持的人與人之間的特定聯繫。社區居民在日常生活中，可與家人、親友鄰居，甚至志願者之間形成親密的聯繫，以增進社會支持網絡的推動。雖然，社會支持網絡屬於非正規的社會支持，卻經常被視為解決個人和社區問題的有效方法。一般而言，個人遇到問題的第一個反應是尋求家人、親友等關係親密的人協助，因此社會支持網絡是補足正規照顧的一種有效支持模式。

　　從實施的角度對社區進行分類剖析，一般而言，可將社區照顧分類為「在社區內獲得照顧」和「由社區提供必要照顧」。

一、在社區內獲得照顧

　　社區內照顧是指需要照顧者在社區內小型服務機構或者住所中，獲得專業工作人員的照顧，屬於正規照顧的範疇。其旨在去除機構照顧的不足，將原本由機構提供的專業服務轉向社區提供，改善需要照顧者的生活環境。一般而言，機構照顧在正規照顧中居於主導地位，其原因為：(1) 大部分居民認為只有專業人士才能夠為需要照顧者，尤其是病人提供良好的照顧；(2) 在資源有

限的情況下，人們選擇經濟效益原則作為正規照顧的指導原則。為了滿足大量的需要照顧者，實現有限資源的效用最大化，規模效應使得大型機構的建立成為最佳選擇。其可統一管理、服務，為需要照顧者提供相當水準的服務。然集體照顧的必然結果，是忽視了需要照顧者的個性需要，且大型機構一般都遠離社區，需要照顧者會被迫離開熟悉的社區。與機構照顧不同，社區內照顧以需要照顧者的利益為著眼點，強調在社區內為需要照顧者提供全面性的服務。一般而言，機構照顧轉向社區照顧的方法有：

1. 把遠離社區的大型機構搬回社區。
2. 把社區的大型機構改建為小型機構。
3. 強化和充實社區內原有的正規照顧。

社區照顧不能不考慮資源的有限性問題，只是不把經濟效益放在首位而已。因此，協調需要照顧者的個性化需要和資源有限性之間的矛盾，也是社區照顧所面臨的問題。

二、由社區提供必要照顧

社區照顧是指社區內的人士，如家人、親友、鄰居、志願者等，為需要照顧者提供的照顧；而需要照顧者也可以為他人提供照顧。社區照顧屬於非正規照顧，由於社區居民信賴專家的傾向，因而推動由社區照顧的發展並非易事。因此，需要對社區居民進行社區照顧的培訓，使其掌握社區照顧的知識和基本技能、技巧。同時，社區居民其自身財力有限，政府應當為其參與非正規照顧提供一定的支持。社區居民尤其是需要照顧者，參與非正規照顧可以提高其對機構照顧的評估能力，促進專業人士提升服

務的水準和質量，從而實現非正規照顧和正規照顧的良性互動。

　　有鑑於人口的快速老化，政府將社區照顧體系的建構列為新世紀臺灣重要社會建設工作之一，於二〇〇〇年核定「建構長期照護體系先導計畫」，希望以社區照顧為主、機構照顧為輔，有效運用資源，以落實「在地老化」的政策目標，盡量延長身心功能障礙者留住家庭的時間。為達成上述目標，該計畫特參考國外現有社區照顧模式，並考量我國民情，規劃發展九類社區照顧模式，包含照顧住宅、失智症日間照護中心、家庭托顧、居家復健、居家護理、居家服務、喘息服務、緊急救援通報和居家無障礙環境改善等，以增進民眾接受多元社區服務之可近性。在管理環境的建制方面，為克服各國推行社區服務輸送產生服務零散、效率不彰之通病，特採「管理式服務」理念於社區建置照顧管理制度，以社區中心為單一窗口並配置照顧經理（care managers），結合上述九類社區服務模式而建立跨專業社區服務網絡，並接通和醫院之出院準備服務間的管道，提供民眾一個無縫隙的連續照顧環境；而為求體系能增進策略的可行性，希能整合多元資源並提升成效。

　　一般而言，圍繞需要照顧者應當形成以下幾種社會支持網絡：(1) 建置專業服務；(2) 形成互助網絡；(3) 培養參與意識；(4) 建立夥伴關係；(5) 緊急支援網絡；(6) 透過社會立法。請參見表9-2。

✚ 結語

　　老化（aging）是一種挑戰，大量銀髮族湧現，如何去照顧這麼多老人，不論是個人或社會都會面臨全新挑戰。一個理想的

老人
長照政策

表9-2　先進社會社區照顧的啓示

項　目	內　涵
建置專業服務	社區照顧的實施相當依賴專業人員的參與。因此，發動社區居民參與社區照顧，就成爲社會工作者的重要工作。社會工作者應當制定相關的召募計畫、培訓計畫、激勵計畫。建立專業網絡，即要求需要照顧者強化其現存人際關係，並注意發展其生活環境中可能爲其提供支持的成員關係。
形成互助網絡	社區照顧的首要目標，就是要爲需要照顧者融入社區所提供的各種便利，使其能夠形成自己的生活方式，建立自己的社交關係。互助網絡是把具有相同問題的需要照顧者組成互助小組，建立之間的聯繫，使其能夠以自助助人的方式相互支持。
培養參與意識	社區照顧應當有意識地培養需要照顧者的參與意識，鼓勵其表達自己的需要，並對社區照顧提出自己的意見和建議。關懷社區的建立需要全體居民的參與，尤其是加強需要照顧者與親友、鄰居和社區服務機構的聯繫。
建立夥伴關係	社區照顧的目的，在於保證需要照顧人士在社區過正常人的生活。因此，首先應當使包括需要照顧者在內的全體社區居民意識到：需要照顧者是正常人。社會工作者可以根據社區居民的實際情況展開社區教育，常用的方法包括：展開社區照顧宣傳、舉辦社區照顧講座、與同需要照顧者密切接觸的人士進行座談等。
緊急支援網絡	理想的支援服務應配合警方、社區中心、居民組織、地方社團等經常活動，建立熱線或者緊急支援服務系統，力求爲居民提供即時的幫助和支援服務。
透過社會立法	隨著社區照顧的發展，一些比較成熟的經驗和作法，應當透過社會立法予以確認。借助社會立法，可以鞏固社區照顧的成果，推動社區照顧不斷發展。

（資料來源：作者整理。）

長這項期照顧網絡應包括機構式、社區式與居家式等多元服務模式，方能完整提供失能老人持續性的長期照顧服務。聯合國及世界衛生組織早在一九八○年就提出「活力老化」的新主張，意思是老了之後，要有活力地自然老化。除了聯合國的活力老化新主張之外，「在地老化」這個新的概念，已經成為世界最先進國家面對老化的新趨勢。在地化是指用在地的資源照顧老人，讓老人在自己熟悉的地方自然老化，不要因為老了就必須被迫搬離家園。

一九五○年初期，西方社會開始關注孤兒院、老人院、精神病院等機構照顧的非人性化後果，反機構式運動倡議在社區內，而不是在機構內為服務對象提供舒適的服務。機構照顧在一定程度上，彌補了家庭結構因工業化而遭到削弱的消極後果。隨著時間的推移，人們意識到機構照顧存在諸多不足，甚至影響居住其中接受照顧的弱勢族群的身心健康。生活於機構中的弱勢族群，通常被機構的工作人員甚至社會上的其他人有意無意地視為「弱者」，認為其需要幫助，卻很少關注其自主選擇的權利。接受長期機構照顧的人喪失了自立能力，變得過分順從、過分依賴工作人員的指導和建議，甚至是日常生活小事也如此。長期的機構生活使其或多或少喪失了「自我」，放棄了選擇自由生活的權利。相對於機構化而言，正常化肯定了需要照顧人士的個人權利，按照一定社會的文化和社會價值，過著盡可能正常的生活。

福利社區化的發展本質具有社區組織的脈絡，社區本身的滋養與民眾的自覺為重要的因素，屬於政府、學者、社會福利機構、基層行政人員之間的流動，在社區充權、自助、伙伴關係的共同結合下開展。正常化概念，對社區照顧的專家和工作人員產生了深遠的影響，從而推動了社區照顧的產生和發展。要獲得正常化的環境，就是讓需要照顧者回歸社區，借助社區照顧，以提升高齡者的生活品質。

 問題與討論

1. 請說明瑞典老人社區照顧的主要內容。

2. 請說明英國老人社區照顧的主要內容。

3. 請說明美國老人社區照顧的主要內容。

4. 請說明美國老人社區服務就業計畫的主要內容。

5. 請說明先進社會老人社區照顧對我國推動這項工作的啟示。

第 *10* 章
居家式照顧服務

✚ 前言

　　在居家環境中配備服務資源是落實「在地老化」的必要條件，因此隨著「在地老化」概念的萌芽，各種居家支持服務方案紛紛出籠。進入一九七〇年代，在世界經濟起飛的帶動下，各式各樣的居家支持服務更是蓬勃發展。到了一九八〇年代，雖然經濟成長趨緩，但在北歐國家，社區服務資源已具基本規模。進入一九九〇年代，更在機構照護經費節節上升的壓力下，採取縮減機構床位的措施，希望以社區居家服務替代機構服務。

　　老人居家服務是指對年滿65歲以上，身心受損而導致日常生活功能須他人協助之居家老人（含獨居老人），提供適當服務以維護其生活安全，積極照顧其居家生活品質。英、美、加、日等國規劃長期照顧之前提是：除非必要，對老人之照顧應以在自家為主；因為居家服務之收費較低廉，老人所接受到之照顧時間與方式，較易有個別化內涵。相較之下，養護之家、安養中心等長期照顧機構，在營運策略上較強調「醫療設施」、「照護設備」與「服務效能」，往往欠缺「居家環境與氛圍」，以致老人通常不容易或須花很長時間去適應機構生活。因此，近年來以回歸社會為導向的「社區化」興起，強調以「社區或家庭」來照顧高齡者，其中以居家照顧被認為不只是使患者獲得較人性的照顧，且可有效的減少住院所需之醫療費用。個案在自己熟悉的居家環境，人際關係與家人的關係都能繼續維持及發展，在家庭的環境中適當地運用相關科技輔具以及環境的改造，可以幫助個案在家庭中繼續扮演其原來的角色。

　　在大多數的工業化國家，「在地老化」是近年來老人長期照

護政策的目標，為落實此一目標，福利先進社會開始重視社區與居家服務的發展，透過各項服務方案，以增加需要照顧的老人留在社區內生活，藉以提升生活品質。

完善的長期照顧制度與政策是由政府結合社會整體力量，提供資源以援助家庭，維持照護資源供給與需求間的平衡，而此正是政策規劃的目的；用以引導市場走向，在家庭照護資源短缺，但多數長期照顧需求者仍偏好在家安養的情況下，提供居家與社區式照顧等家庭支持性服務，即在於依循「家庭互賴」的原則，強化家庭照顧的功能，國家與家庭維持支持性的關係。借鑑經濟合作發展組織（Organisation for Economic Co-operation and Development, OECD）國家的經驗為例，以「在地老化」為我國長期照顧政策發展之目標，避免世界主要工業化國家大量發展機構服務，所導致之過度機構化的缺點，降低照護成本，以使有長期照顧需求的民眾，能延長其留住在家庭與社區中的時間，保有尊嚴而獨立自主的生活。「在地老化」目標的提出，一方面擴大了長期照顧提供的型態，引進多元化的居家與社區服務模式，提供需要者更多選擇的機會，增加留住社區的可能性。同時，在照顧的作為，從消極的收容，進步到追求獨立自主的正常生活型態，對長者及家庭具有更正面的意義。

✚ 壹、美國老人居家照顧

「在地老化」的目標，意味著家庭是長期照顧需求者主要的照顧資源提供者，當國家以強化家庭照護功能為政策目的時，對擔負大多數照顧責任的家庭照護者，支持性的政策更形迫切。政府同時扮演的是服務的「供給者」、「購買者」與「規制者」

的角色，透過公辦民營等方式減輕政府的負擔與干預的程度，加重民間部門服務提供的角色，並由政府訂定法規，建立有效的管理制度，包含機構設置標準、價格制定、專業人員資格、獎勵辦法、評鑑標準等，國家與民間市場維持立基於有效監督管理機制的合作式夥伴關係，透過雙方資源的結合，平衡市場供需差距。

美國是較早進入老齡社會的國家之一，從一九八〇年至一九九〇年，美國的專業護理設施、中長期照料設施以及其他老年住宅的數量增加了24%。現在老人們更願意居住在家一樣且有各種服務設施的輔助生活區或其他養老機構。50%的85歲或以上的老人期望入住養老設施。美國老人的居住環境和方式很多樣，名目繁多，但大體可分為如下幾類：

1. 獨立生活，住在老年公寓或老年聚集住宅。
2. 輔助生活，住在輔助生活區或居民照料區。
3. 獨立和輔助生活，住在連續照料退休社區。
4. 輔助醫療生活，住在護理院。
5. 居家生活，住在家庭照料社區。

另外，養老機構還有日托照料、老年失智病院、老年活動社區、臨終關懷、暫緩照料等。不同的養老機構，主要根據老人的身心健康程度和社交的需求而建立和劃分。每類養老機構都有自身的結構、規定、運作特點。政府對某些養老機構提供資助，有些則不提供資助，而提供資助的養老機構必須達到政府的規範要求；不提供資助的養老機構，政府沒有硬性規定。但是，一般該類養老機構有自身的行業協會，所以須遵守行規。概括而言，提供日常生活活動幫助和護理的養老機構，需要有州政府的執照和必須遵守州或聯邦的規定。老人們根據自身的身體狀況、精神和

社交需求、個人的財力以及能夠得到的政府資助，選擇自己喜愛的生活方式和適合於自己的居住環境。

一、獨立生活

如果老年人能夠獨立生活，但想要住得更安全且喜歡和其他老人住在一起，就可以選擇獨立生活的方式。這種方式的代表環境有兩種：老年公寓和老年聚集住宅。住在這裡的老人們保持自己獨立的生活習慣，很少或基本上不需要其他幫助。一般是以個人付款來維持這種生活方式，但也可獲得政府的一些資助。

(一) 老年公寓

一所老年公寓具有多個單元房，公寓的開發是為了出租而不是銷售。公寓僅租賃單元房給55歲以上的老年人。很多老人選擇住這裡，是因為環境較安靜，沒有孩子和年輕人的吵鬧，而且很多老人喜歡結交新的老年朋友。絕大多數老年公寓不提供用餐、交通、不組織社會活動。

(二) 老年聚集住宅

老年聚集住宅，也稱聚集住宅、聚集生活、退休社區、退休之家。與老年公寓不同的是它除了租賃房屋外，還提供用餐、清掃房間、交通、社會活動等便利服務。如果老人可以獨立生活，但希望別人能夠協助清潔、洗衣服、做飯，健康上有些擔心，希望有交通工具以方便外出、想多參加一些社會活動、保持與社區服務良好的聯繫，則老年聚集住宅是較理想的住處。它一般設有餐廳，鼓勵老人們集體用餐，為老人們定期安排社會活動；典型的設施和服務還有：洗衣、緊急呼叫系統、門禁管制、社會服務

等。通常老人們按月支付房租和服務費用。一般來說，老年聚集住宅不需要政府有關部門的執照，但很多這樣的住宅包含有輔助生活的成分，因此需要住宅所在地政府的批准和許可。

二、輔助生活區或居民照料區

如果老人日常生活活動諸如洗澡、穿衣、吃飯等需要幫助、提醒服藥、24小時保安服務、自己行走可能有困難、有特殊醫療要求、有失禁問題、有時健忘或困惑（老人失智症），則輔助生活區是合適的選擇。輔助生活的其他名稱是：居民照料、寄宿和照料、寄宿之家、輔助照料、個人關照、老年之家、受保護照料等。一般這種生活方式的資金來源是：個人資金、社會保險收入補充、長期照料保險，有些州則有醫療補助。一個輔助生活區是有服務專案的居民住宅。這些服務包括：用餐、洗衣、清理房間、醫藥管理、日常生活活動幫助（如：洗澡、進食、穿衣、行走、如廁）等。提供輔助的程度和水準是由多種因素決定的，如入住老人的需求、機構自身的能力、所在州的法律等。住在這裡的老人有的可能不需要什麼關注，而另一些體弱的老人則需要較高度照料。需要24小時護理監護或醫療照顧的老年人，不適合這種類型的養老機構，應該入住護理院。有些輔助生活區也照顧患有老年失智的老人。收住這類老人的地方必須有專門的工作人員以及設施，以便適當的照顧老人。

三、護理院

如果老人需要24小時護理照料，卻沒有輪椅、助行器或其他人的幫助就不能行走，不能自己完成日常生活活動，或者到了老

年失智晚期階段，需要治療和恢復設施，或患有長期或慢性病，這些狀況發生時，則需要考慮入住護理院。護理院的其他名稱有：專業護理設施、康復之家、護理設施、長期照料設施等。護理院資金支付來源，有私人資金、醫療補助、長期照料保險。它是為康復期病人以及慢性和長期患病的人們，提供24小時護理照料的設施。它提供常規的醫藥監督和康復治療，不同的護理院各有專長。由於護理院受聯邦、州政府的規定管轄，護理院必須滿足標準，有適當的工作人員，其服務者包括：管理人員、註冊護士、有執照的護士、護工和其他人員。絕大多數護理院參加了醫療補助和醫療保險項目。這些設施必須滿足聯邦的要求以及州政府執照的標準。即使不參加醫療補助和醫療保險，護理院也必須滿足州政府的執照標準。

四、連續照護退休社區

如果老人身體健康，目前可以獨立生活，希望在往後生活的每一個階段都得到照料，即生活服務有保障，可以選擇連續照護退休社區（Continuing-Care Retirement Community, CCRC）居住。一般個人付給社區一次費用和月租費，來支付生活開銷。連續照護退休社區是延伸的概念。社區為老人提供住房、活動、服務、醫療照料。不同的是，它提供老年不同階段的連續照護，從獨立生活到必要時的輔助生活和護理院。一般連續照護退休社區需要州政府的許可。

五、老年失智病院

一些輔助居住區或護理院，提供老年失智患者的照料。老

年失智的初期表現是長期的思維混亂、健忘，認不出家庭成員或朋友等一向熟悉的人，容易迷路；更嚴重一些的表現為好激動、發脾氣、甚至謾罵別人。患有初期失智症狀的老人，可以選擇入住提供這項服務的輔助生活區，較嚴重的，最好住護理院。這種生活方式的資金來源，一般是個人資金、醫療補助和長期照料保險。照料老年失智病人的地方，需要有較完好的設施和專業人員照料，同時必須遵守地方規定。設施一般包括所有出入口的門禁系統，以便老人在沒有工作人員得知的情況下，不能隨便外出。另一個常見的安排，是庭院中路徑的精心設計，它允許老人在一條沒有障礙的連續小徑上隨意行走，而不會走丟或發生危險。

六、居家照顧

家庭照料包括在家進行的各種健康和社會服務，這些服務包括護理照料、醫藥管理、輔助日常生活活動、治療照料。家庭照料為各種年齡的人服務，老人、孩子、剛出院的人、長期病號等等。提供不同家庭服務的人，需要具備所服務專業的資格和技能。很多家庭照料和家庭健康照料服務除了體檢設施以外，其他配置皆與輔助生活社區或護理院類似。家庭照料機構提供看護工，以照料老人的日常生活活動。家庭健康照料機構通常是醫療保險認可的供應機構，它提供專業護士照料，通常需要得到州政府的許可。機構直接受州和聯邦法律的嚴格限制，通過任職的醫生、護士、臨床醫生和社會工作者進行服務。這類機構提供的服務類似於護理院提供的照料。這些服務費用的支付來源，有個人資金、醫療保險、醫療補助、健康保險、長照保險。

七、活躍老年社區

活躍老年社區是一個年齡限制的社區，專門為那些喜歡參加體能和社會活動的老年人建立的。這些社區吸引約55歲的年輕老人，以及希望居住環境有很多娛樂活動的場所。通常這種社區由一些老年人所購買的獨立房子、連棟公寓或別墅構成。社區活動有高爾夫、釣魚、網球、游泳、划船、教育課程、藝術、手工、演出等。這類社區的面積較大，建有俱樂部、湖泊、游泳池、圖書館、高爾夫球場、散步和自行車道、網球場、餐廳、禮堂等。

八、居家及社區結合照顧

居家及社區結合照顧（Programs of All-inclusive Care for the Elderly, PACE）是一個在美國已經發展多年的居家及社區整合性長期照護模式，針對長者的醫療及長照需要，提供必要的居家及社區照顧使其能繼續住在自己家中，並結合政府健保的一種照顧模式。PACE的起源，是在加州舊金山市的廣東裔美國人社區；由於華人文化上較不能接受將長者送到護理之家接受照顧，因此在一九七一年開始有一個稱為「安樂」（On Lok）的老人社區照顧方案，改以提供社區內的長者所需要的全方位的居家或社區日托服務，包括醫療、復健、營養、交通、臨托喘息照顧、日常生活服務等。後來這個方案的方法與內容也被其他地區的長照或醫療服務機構使用，開辦類似的服務計畫，施行的範圍逐漸擴大，並以PACE為名成立全國性的專業協會。在二○○一年美國政府主辦的老人與障礙者健保「醫療照顧」（Medicare）及窮人健保「醫療補助」（Medicaid）將PACE方案正式納入給付範圍內，對象是依賴程度已達到需要住在護理之家的低收入長者。PACE方案有幾個重要部分或特色，如表10-1所示。

表10-1　美國居家及社區結合照顧（PACE）

項　目	内　涵
全方位服務項目	1. PACE日托中心提供醫師或專科護理師診療、護理人員照顧、預防保健、社工、物理及職能治療、語言治療、遊戲治療、營養諮詢、個人生活協助服務、雜務處理服務、交通接送、餐食等。 2. 居家服務包括居家照顧、個人生活協助服務、家務服務、餐食等。 3. 專科服務有專科醫師診療、聽力、牙科、視力及足部診療。 4. 其他醫療服務包括處方用藥、檢驗、放射檢查、醫療輔具、門診手術、急診及就醫交通服務等。 5. 住院服務包括醫院、護理之家及專科醫師的治療等。
專業團隊服務	整合各專業的團隊服務，由以上服務有關的專業人員組成照護團隊，定期開會就個案的情形交換訊息及討論，以擬定或修改個案的照護計畫並給予妥善的個人化照護。
論人計酬的財務安排	如果個案符合Medicare及Medicaid的受益人條件，Medicare及Medicaid共同以論人計酬的方式，每月給付一定的費用給主辦的機構。若是個案自費，機構也是按月收取固定費用，不管個案使用到哪些服務，機構都不能再額外向個案收費，即是由機構負擔照護個案的財務風險。這樣的設計是希望照護機構會注重於個案的保健，維持個案的健康狀況或功能，這樣機構才能有適當的盈餘。
長者日托中心	長者個案平均每週三天來到日托中心，有一般科醫師／資深護理師為其定期進行健康評估，中心也提供必要的復健治療及休閒活動。
交通服務	接送個案往返住家及日托中心之外，也提供個案到各個所需要服務的場所之接送，以減輕家屬照護長者的負擔。交通車司機則藉由這些接觸機會瞭解到個案居家的情形，這些訊息也是機構照顧個案的重要資訊。

（資料來源：作者整理。）

✚ 貳、英國老人居家照顧

　　隨著社會變遷的發展型態，居家性質的照顧成為隱含經濟、文化、社會、政策的多元考量。英國自一九六〇年代開始發展社區式服務，社區服務的效率（efficiency）和有效性（effectiveness）之議題受到重視。是以，一九八九年白皮書「照顧人民」（Caring for People）開宗明義的指出：社區照顧意味提供給因年老、心理疾病、心理或身體障礙，以及感覺機能障礙問題所困擾者的服務和支持。讓他們在自己家中或社區之「家庭似的」（homely）環境下，過著獨立的生活。換言之，即提供適當程度的干預與支持，使得人們獲得最大的自主性以掌握自己的生活。身心障礙者以及老人在社區中生活，可增加對外界生活經驗、訊息接收以及角色的扮演，同時可以減少住在機構中所造成的功能以及人際關係的退縮，而提升生活品質，同時也維繫家庭的正常功能。

　　在老人照顧方面，社區照顧政策的主要目標是在促使老人盡可能留在社區內維持獨立的生活。更詳盡來說，社區照顧有助於：

1. 增進失能老人的福祉與獨立。
2. 改善案主與照護者的生活品質。
3. 避免貿然或不當的機構式照顧。

　　為達成此目標，優先辦理的項目有居家服務的提供，以及一些能延緩和預防進住醫院和住宿機構的措施。英國居家服務的方

案,除一般所具備的:餐食服務(含集體用餐及送餐服務)、日間照護、喘息照顧、照顧者支持服務、個案管理、居家服務(含居家服務和家事服務)、寄養家庭、住宅修繕、住宅淨值轉換及居家分租或分住等。在英國一九九九年皇家委員會所倡議的「尊敬老人:長期照護—權利與責任」(With Respect to Old Age: Long Term Care-Rights and Responsibilities)報告中指出,居家服務宜朝向:(1)密集式的居家支持(intensive home support);(2)共同居住照顧(co-residence care);(3)庇護性住宅(very sheltered housing);(4)輔助器材(assistive technology)。這項服務尚包括護理、精神護理、廣泛的治療、足部治療、餐食供給、陪伴服務、購物、社區救援系統及日間照護等。

一、居家服務的定義和服務內容

居家照護服務(home care)包括所有專業人員、半專業人員及志願服務人員,在受照顧者家中所提供的服務,大致上可分為居家健康照顧(home health care)和家務協助(home making)服務。有些居家服務係被視為急性住院、基本健康照顧和復健等較有效率的替代方式;另一方面的功能係在協助個人盡可能「在社區內生活」,則其服務的項目包括:個人照顧(personal care),如個人照護、家務服務及雜務服務等。居家服務的功能也各異其趣,包括:(1)醫療診斷和功能評量;(2)健康照顧治療及食療的監督;(3)健康教育;(4)家庭照顧者之訓練和督導;(5)在特定期間或無限的時間提供個人照顧和家務服務;(6)臨終照顧(terminal care)。

二、居家照護服務的目的

　　居家照護的直接受益者是老人，老人能夠繼續留在自己的社區生活，享受家庭的溫暖，避免機構照顧受到非人性照顧的對待。間接受益者自然是照護老人的家屬。居家照護可減低子女無法照顧年老父母之歉疚感，維持家庭之正常功能，紓解照顧者的壓力與負荷，以及增進照顧者的生活選擇機會，例如婦女維持就業、休閒活動，而紓緩照顧的壓力；另外，對於家人與老人關係的品質、老人尊嚴的維持也有幫助。國際居家照護服務協會指出，居家照護服務的優點有下列三項：(1) 提高醫院病床的使用率；(2) 促進婦女的就業； (3) 保障老人的生活品質。

✚ 參、芬蘭老人居家照顧

　　支持家庭照顧者的策略可包含勞務性支持、心理性支持、經濟性支持與就業性支持方案，茲分述如下：（呂寶靜，2001）

1. 勞務性支持方案：可行的方法，如提供居家護理服務以補足家庭照顧者專業能力的不足；提供居家服務來分擔家庭照顧者的家務勞動；提供日間照護以暫代照顧者的服務；提供短期臨拖服務以代替照顧者的短期照顧，讓照顧者獲得休息等。

2. 心理性支持方案：主要是解除照顧勞務所帶來的負荷、壓力、無助、孤立與挫折等心理問題，可以藉諮商服務、照顧者支持團體與教育訓練課程等方式，解除照顧者的情緒壓力，提升照顧品質與照顧能力，達到互助的效果。

3. 經濟性支持方案：是對家庭照顧者因提供照顧而犧牲就業機會的補償性措施，大致可分為稅賦優惠與現金給付兩種，前者包含免稅、減稅與寬減額等，後者則主要為照顧者津貼補償照護工作。

4. 就業性支持方案：是企業界對必須擔負照顧責任的員工給予支持，以協助家庭照顧的持續。支持方法包含顧親假、彈性工時、彈性上班地點及補助企業辦理托老等服務措施。

　　芬蘭是全世界老人福利受到高度肯定的國家，他們對待老人，不是集中在安養中心給予溫飽而已，而是讓他們能夠選擇待在社區型的公寓裡獨立自主，在自己喜愛、熟悉的環境終老。芬蘭的老年人，並非只有待在家裡以及安養機構這兩種選擇，他們是讓老人家可以待在政府出資所蓋的公寓，在這裡不只提供完善的服務，更重要的是，讓老人也能獨立自主。為了確保獨居老人的健康安全，社區健康中心的居家服務護士都會定期到老人家中訪視，評估老人的健康狀況，並給予用藥建議。

　　隨著社會生活型態的變化，獨居老人家庭也逐漸增多。隨著人口老齡化的加劇和生活水平的提高，老年人需求呈現多樣性的特點。照顧本身具有連續性，可依據受照顧者是住宿在家中、機構或是收容所，而將照顧情境區分為：

1. 機構內的照顧（care in home）：這是指機構式的居宿照顧，無論是座落於鄉村的機構或是市中心的機構，如醫院內附屬的護理之家。

2. 來自機構的照顧（care from home）：以機構為中心的照顧服務，例如醫院，但住在家裡的人亦可利用，有需求者通常利用該機構接受服務，而後返家。例如老人或精神病院的日間照顧。

3. 居家照顧（care at home）是指在自己家中接受照顧，這種照顧可能是非正式的，也可能是正式的社會服務所提供。在各類的福利需求之中，身心功能障礙者的照顧最為沈重，而在老年人口之中，因衰老和慢性疾病而導致的身心機能障礙，隨年紀增長而急遽增加，因此對於長期照護需求孔急。

　　長期照顧是針對不同年齡層因患有慢性疾病或慢性狀況（chronic illness or condition）而喪失獨立能力者，其所需要之綜合性服務，包括醫療、社會福利、生活照護等等。個案的功能獨立程度以及生理狀況，往往會決定個案要安置在哪一個照護地點。而生理狀況佳、功能獨立、社會互動技巧不錯的個案，適合安排以家庭為照護地點的服務，如日間照護、社區文康機構。相反的，若是個案的日常生活功能相當依賴他人照護，同時需要接受醫療專業的服務以維持剩餘功能或是保護，以預防危害生命之併發症為目標的個案，就比較適合安置在護理之家或是養護機構之中。在護理之家或是安養機構之中，護理人員24小時值班以提供技術性與非技術性服務，並且定期有特約醫師及醫療人員提供服務。

　　老年人抵抗力比較差，環境的清潔更顯重要，而這個重責大任，就由穿著綠色制服的服務員負責，而穿紅色衣服的護士，一週會到老人家裡好幾次，管控老人的用藥和處理突發狀況。此外，在鄉村健康中心，還設有中央廚房，供應社區老人餐點，確保老人能吃得衛生又營養，還會不定期舉辦各種活動，使老人生活過得更充實。

　　這些服務當然為國家帶來沈重的負擔，不過長期以來，芬蘭人有習慣幫忙與獨立自主的文化，所以像是教會，每年都會發動長達三個月的全國大募款，老人也會上街頭幫忙。和其他國家的

募款活動相比，芬蘭不但規模大，還發揮創意，設計許多精美實用的募款禮物吸引民眾參與，成為社會共識，而且人民看得到、也用得到其成果。從芬蘭經驗可以發現，只要政府有心、社會有共識，在不威脅國家財政的情況下，有品質的老人居家照顧一樣做得到。社區關懷體系基本上是由社政專業人員、警察、牧師和稱為執事的幹部一起組成，彼此的關係密切。為了培養高素質的照顧人員，挪威、芬蘭等國都設有執事大學，從招生就非常重視人員的適任性。照顧者即使年輕，但透過專業訓練而使其具有觀察評估、創意應對的信心和能力。

觀察老年人的需求可發現，舉凡行動、安全、健康、生活起居，乃至於休閒娛樂皆是市場契機之所在；如何透過科技整合提供使用者完整的服務架構，將是未來發展照顧服務產業必要的著力點。

目前，全球已經有二十五個國家，結合醫療院所、藥局及保險公司，建構了資訊醫療服務系統。而就具備醫療內涵的居家服務趨勢觀察，醫院內醫療人員可隨時監控病患生理狀況，以處理緊急狀況，一般病患也可經由網路與醫院連線在家中就診，不必出門即可獲得醫療照顧。舉例來說，在緊急醫療服務方面，可區分為「需要醫療協助」以及「無需醫療協助」兩種模式。前者主要應用狀況在於具有心血管或糖尿病史的年長者，隨身佩帶內含感測器與智慧晶片的監測設備，在監測器測知某項生理機能出現異常時，能先通知年長者本身和醫院取得聯繫。而在病情危急，年長者無法經由個人意識與醫院取得聯繫時，此時監測設備的內部晶片便會啟動藍芽或是其他無線裝置連接至手機，自動送出求救訊號通知醫院，以派出醫護人員立即處理。監測設備內部晶片除了可偵測異常狀況外，還可將過去一段期間內生理資料記錄下來，一併傳輸至醫院監視系統，提供醫師更即時與完整的診斷依

據；至於無需醫療協助模式，則是所謂遠距居家照顧，係針對不須住院治療但仍必須持續性醫療照顧的病患，由醫院對病患進行持續追蹤，但病患不須回診。位在服務端的醫院人員，即可利用資訊系統找出異常的檢測數據，發揮高效率的反應能力，同時醫護人員也可在網站上獲取病患即時、連續性資料加以判讀。該項計畫從系統到終端，等於是建構了一套結合居家和醫院資源的虛擬資訊流，這項計畫也是芬蘭國家專案計畫之一；芬蘭過去針對國際合作對象進行了各項調查，目的在運用芬蘭IT及通訊的成功研發與市場化經驗，將IT遠端醫療及居家看護系統等高科技，應用於當地老人福祉產品的整合開發。該中心軟硬體設施將兼具健康福利設備研發、企業辦公室，以及導入「芬蘭型福利」之高齡者福利服務等功能。

肆、日本老人居家照顧

　　日本目前65歲以上高齡須接受介護服務者約350萬人，其中接受「居家介護服務」之被保險者約200萬人，而接受所謂「設施介護」服務者則約70萬人。隨著日本高齡人口急速增長，以及保險制度以「需照顧程度」而非收入高低認定，因此吸引大量民間投資介入老人照顧市場。日本高齡社會對策的最高指導原則為：

1. 重視高齡者的自立、參與及選擇權。
2. 尊重地域自主性。
3. 為達到個人的自立及家庭的健全，重視國民從幼兒迄高齡期各人生階段的生涯規劃。
4. 注重所推動的各項對策的效果，社會資源的最適運用，重視

　　重點化、效率化，設法抑制將來國民的負擔，世代間的負擔
要公平。

5. 重視執行機關相互間的協調整合，緊密聯結，同心協力。

6. 醫療、福利、資訊等相關科學技術的活用。

7. 各項對高齡者的服務措施均以高齡者的方便性為主要考量。

　　基於重視高齡者的自立、參與，減少社會對高齡者的負擔，
使高齡者仍能對社會持續貢獻，不但對高齡者的工作權加以保障
（如：高速公路收費員係保障給銀髮族），且鼓勵補助民間老人
成立各種組織，辦理與高齡者相關的活動，如各種健身之教育及
活動、旅遊，擔任義工，照顧社區內之老人等。

　　日本對高齡者，即使在身心障礙的情形下，仍以協助其可
在家自行持續生活為其基本原則，故其對高齡者之保健、醫療及
福利服務，莫不以此為考慮。考量老人獨居或僅與配偶同居的比
例均明顯增加，同時高齡者的行動力通常較受限，故對高齡者建
立「服務到家」的網絡，如與衛生所、醫院、社工人員等等聯繫
網絡，均值得考慮。又日本對臥床老人提供每月一次之免費理
髮、免費輔具輪椅之出借、提供紙尿布、被服之洗滌晾曬、協助
臥床老人洗澡、補助老人配戴老人性白內障特殊眼鏡及購買助聽
器等、補助或貸款老人住宅之修繕，以避免意外之發生等均是很
體貼的對高齡者，特別是臥床老人之服務，對獨居老人之火災安
全系統、緊急通報器之配置、友愛電話訪問、每日問安電話、租
借電話並補助其電話費、餐食服務、被服之洗滌及乾燥等均很貼
心。

　　日本面臨相同的人口快速高齡化、子女數減少、家庭對老人
照護功能減弱等之情況，因此，老人居家服務（如**表10-2**）更形
重要。

　　自一九九七年「介護保險法」實施以來，儘管一九九九年老

表10-2　日本老人居家服務

類　型	主要內容
家事服務	環境清潔、洗補衣物、個人清潔服務、陪同購物、協助領取物品或金錢、代繳各項費用、家事指導及臨時替代性服務。
文書服務	協助申請各項社會福利措施、健保卡換發、代寫書信及聯絡親友等。
醫療服務	簡易復健活動、陪同就醫、帶領藥品及保健服務（量血壓）、辦理入出院手續、提醒服藥、協助使用日常生活輔助器材等。
休閒服務	陪同案主散步、閱讀、聽音樂及參加團體戶外休閒活動等。
精神支持	關懷、情緒支持及電話問安等。組訓高齡者推動健康維護及培養生命意義之各種活動，鼓勵高齡者參與，而使高齡者繼續貢獻家庭社會而非負擔。
保健預防	為減少高齡者因各種原因導致長期失能，無法自立而成為家庭社會長期負擔，日本實施了「零臥床老人」計畫。例如補助或貸款供修繕房子，以避免老人因意外跌倒碰撞而致失能。
復健協助	對於失能者之復健，日本亦設有社區之復健訓練巴士，接送失能者至復健中心做復健。開發社區失能者復健系統，對個案及其家庭帶來莫大幫助。
介護照顧	日本在一九九七年頒布所謂「介護保險法」，並實施長期照護保險制度（public long-term care insurance）；以政府擔任保險公司角色，讓整體醫療照護產業大步邁開。該保險法保險對象以40歲以上國民為限，包括40至64歲參加保險；保險給付對象則以生理老化需照顧者，以及65歲以上需照顧與支持的老年人為主。該保險制度結合在宅服務與機構服務雙軌進行，以居家訪視照顧、護理、復健、福祉用品出租、失智老人社區或機構日常生活照顧、購買福祉用具補助，以及居家生活環境改造津貼為具體項目。

（資料來源：作者整理。）

人醫療費用占國民全體醫療費用的比例仍然達38%；不過，比起先前老人醫療費用年增率高達10.5%的情況，國民整體費用成長漸漸受到控制。因此，以預防保健、輔助醫療為主軸的「老人介護保險」政策，不但提高了老人們的生活品質，對於抑制醫療支出膨

脹效果亦相當明顯。

　　為協助因身心受損導致日常生活功能須由他人協助之老人得到所需之持續性照顧，地方政府應提供或結合民間資源以提供下列居家服務：居家護理、居家照顧、家務服務、友善訪視、電話問安、餐飲服務、居家環境改善，以及其他相關之居家服務。所謂的居家照顧，就是讓符合條件的老人仍然住在家中的一種服務措施，是間歇性的，而長期照顧就是連續性的。長期看護又分為兩種，一種仍然住在家中，聘請看護前來個別照護，另外一種是到安養院等等的集中看護。

　　居家照顧是政府服務民眾的便民德政，而其協辦的民間團體若有營利行為的才算是一種產業。

✚ 伍、大陸老人居家照顧

　　大陸受到改革開放的影響，社會快速進步，然而由於幅員廣袤，各地發展程度不一，社會制度的推行，有時自部分地區的試辦點先行作為，視方案成熟再行全面推展。以福建省廈門市所辦理的老人居家服務為例，先行以居家養老區街（鎮）級為服務試辦社區。居家養老服務是政府和社會依托社區，為老年人提供生活料理、康復護理、家政服務、精神慰藉、文化娛樂等五個方面於一體的新型養老方式。民政部門建議提供的居家養老，主要涵蓋日托護理、康復護理、訂餐送餐、代買代購、上門醫療服務、精神慰藉、家政服務、法律諮詢、文化娛樂、臨終關懷等十項內容。以吃飯為例，老人只要打一通電話，就有專人幫助訂餐送餐，而且盡量做到營養均衡，搭配合理。老人們也不用擔心家務沒人協助，家政服務人員會定期上門打掃、清潔衛生。如果老人患病在家，可以訂購康復護理服務，醫護人員會定期上門進行康

復治療。平時還會有醫護人員上門送醫送藥。另外，日托護理則顯得更加貼心。其白天可實現托老所式服務，有專業性的生活照料，晚上再將老人送回家。在試辦點的基礎上，今後將逐步建立政府購買居家養老服務體系，以有償服務為主，政府買單為輔。其中，將主要關注城鎮「三無老人」、農村「五保」對象、重點優撫對象、低保老人、空巢高齡老人等特殊群體。居家養老服務體係完成後，凡居住在社區的60歲以上的老年人，均可享受無償、低償、有償等多種便捷服務。相關項目如家政服務、配餐送餐、醫療服務、精神慰藉等，將形成方便老年人養老的「十分鐘服務圈」，使老年人的生活得到較大提升。

　　居家照顧服務的目標是結合專業團隊、家人及社區資源的居家服務為其最終目標（如表10-3）。

表10-3　大陸老人居家照顧服務

類　型	主要內容
增進生活獨立	藉由復健師（如：物理治療師、職能治療師）的服務、針對個案功能上的限制，訂定功能性目標而加以訓練。同時使用適當輔具來替代個案原本失去的功能（例如以輪椅代步），以達到日常生活的獨立。
維持家屬角色	個案住在家中可以繼續扮演應有的角色，跟家人繼續互動，可以調適發病前後的心情。並減低部分消極的家屬將病患置於養護機構中而太依賴醫護人員照護的情形。個案在社區之中可以繼續維持發病之前的人際關係，並且參與社區活動。
增加心理健康	居家服務人員藉由電話問安、友善訪視而讓獨居失能的身心障礙者獲得心理上的支持，消除孤立感及失落感。在專業上的諮詢、諮商服務能減少家屬因長期照顧所產生的心理壓力。
提供專業諮詢	醫療專業團隊及社工能提供各種不同的專業知識、資源及管道來讓家人使用。讓家人有正確照顧個案的方法及知識，同時又能解決家屬求助無門的失落感。

（資料來源：作者整理。）

　　居家照顧是結合照顧者、醫療、社會福利單位的資源而對殘障者提供服務，在居家周遭環境進行照顧及訓練，讓個案能參與家庭和社區的事物，調整或是繼續扮演其原來的角色，並能發揮家庭原有的功能。透過社區服務的模式也能減少家人在照顧上的負擔。居家照顧及復健服務能針對個案生活實際情形和問題提供解決方法。個案接受居家服務的同時也能避免病患長期占用急性病房的情形，而能充分利用醫療資源。

✚ 結語

　　政府基於有效配置資源與公平分配所得的原則，透過政策的規劃，進行長期照顧機制的規劃與普遍式服務的提供；考量政府無法滿足所有的需求，長期照顧的責任不可能完全歸由國家負擔，因而個人與集體責任共同分攤的原則是符合社會需求的務實做法。觀察各國長期照顧的興革趨勢，在長期照顧需求不斷增加的情形下，未來長期照顧的供應將朝政府與民間共同負責與合作的方向發展，在長期照顧資源發展的面向上趨向民營化的目標。在服務提供方面，鼓勵開放民間營利與非營利志願組織投入服務資源的開發，結合個人、群體、公營、民營與志願非營利組織的資源與力量，增加服務供給的多元性與民眾使用的選擇性，以提升長期照護服務的普及性與可近性。

　　英、美、日老人照顧服務的發展趨勢顯示出，居家式照顧產業的成長高於機構式照顧產業，居家照顧服務的重要性逐漸提高，已成為老人照顧的重要項目。居家服務是將服務送到需要服務者自己熟悉的生活環境裡。居家服務必須要著力於提升服務之

專業性、整合性，以及慢性病居家照顧的服務技術，強化照顧管理與服務輸送之即時性，提供居家失能者及慢性病人高品質的服務機制。參考各國居家服務的發展經驗，在歐洲國家中，歐盟的「電子資訊化保健」（e-Health）、「專題研究計畫與行動式健康照顧（mobile health）計畫」，日本的「Sukoyaka Family 21計畫」，美國紐約州的「IDEATEL計畫」皆屬居家服務。服務項目包含：家務、日常生活照顧服務及身體照顧服務等。為使居住在家中老人，仍能享受政府溫情關懷，在大多數的工業化國家，均以落實在地老化的老人長期照顧為政策之目標。

居家服務除了要提供高密度、高品質的人力服務之外，如果能控制好失能產生的病因，減輕家庭照顧的壓力與危機，對服務的價值應能提升。居家服務要達到積極性的照顧，面臨了慢性病控制、服務整合、照顧管理即時性等挑戰。因此，整合各項居家照顧解決方案，讓老人家能無後顧之憂地在原生家庭繼續生活，是發展創新服務模式的主要契機。

 問題與討論

1. 請說明美國老人居家照顧的主要內容。

2. 請說明英國老人居家照顧的主要內容。

3. 請說明荷蘭老人居家照顧的主要內容。

4. 請說明日本老人居家照顧的主要內容。

5. 請說明大陸老人居家照顧的主要內容。

第 **11** 章

失智照顧的國際借鑑

✚ 前言

　　國內失智人口越來越多，臺灣失智症協會估計，國內失智人口已突破16萬人，民國一四五年，失智人口將超過62萬人，平均每年逾萬人速度成長，對應於長期照顧而言，是個重要議題。一般而言，當長輩開始忘東忘西，開過的瓦斯、水龍頭常常忘了關，原本煮得一手好菜，最近口味全變了，甚至開始懷疑同住的媳婦或照顧者偷竊，這些到底是老化，還是失智的症狀呢？在臺灣，根據推估，65歲以上的老人罹患失智症比率大約5%。雖然記憶力會隨著老化而減退，但不致影響日常生活或社會、職業功能，但失智症患者則不同，他們的記憶損壞，使得他們無法學習新事物，連過去曾經精通的技術、知識，都受到影響。除了記憶障礙，同時出現語言障礙、無法認識或分辨物體及執行功能障礙等症狀。這些認知功能障礙的程度，已經使得患者在社會或職業功能方面，出現顯著下降。

　　由於認知功能損壞會日益嚴重，有些失智症患者會出現精神失常，在病程中也容易出現行為或情緒問題，甚至時常走失，使得照護者的壓力倍增。在失智症的的初期、中期，有一些藥物可以延緩認知功能的退化，目前仍無法使已經退化的認知功能恢復。對於照顧者而言，除了給容易走失的長輩戴上名牌，萬一走失了，也容易尋回之外，政府也提供喘息服務，讓照顧者可以稍微休息、充電。

　　失智症對於患者或照顧者都是漫長且艱辛的過程，若有適當醫療的介入，不但能夠使患者部分症狀減輕，也能減少照顧者的負擔。依據醫學專業的界定，記憶力缺損固然是極早期失智症的

症狀之一，但仍要看遺忘程度，以及語言或空間等兩種以上大腦功能喪失，才是失智症。一般人太忙、太疲倦時，也會忘事，屬於良性健忘，往往是事情太多或注意力不集中所致，失智症患者卻不同，不只忘記的頻率較高，就算寫了備忘錄，還是記不得，須不斷回頭看備忘錄，嚴重時，就算經由旁人提醒，還是想不起來，彷彿整件事不曾發生、存在過。記憶力變差往往是失智症出現的第一個症狀，「因為近期記憶力受損，失智症患者會遺忘新近發生的事，但緬懷過去反而不成問題」。歸結其特徵為：

1. 記憶減退影響到日常生活和工作。
2. 無法勝任原本熟悉的事務。
3. 言語表達出現問題。
4. 喪失對時間、地點的概念。
5. 行為與情緒出現改變。
6. 判斷力變差、警覺性降低。
7. 抽象思考出現困難。
8. 東西擺放錯亂。
9. 個性改變。
10. 活動及開創力喪失。

　　失智症不僅是一個急速衍生的健康問題，同時也是社會問題。許許多多的失智患者與他們的家人，持續默默忍受著痛苦而得不到支持與照顧。國際失智症協會（Alzheimer's Disease International, ADI）於一九九四年發起國際失智症日，在每年九月二十一日連結全世界失智症協會及失智症患者、家屬共同響應為記憶而走等宣導活動，呼籲各國政府及社會大眾重視失智症之預防、治療及照護工作。

✚ 壹、香港失智照顧服務

　　隨著香港人口老化，老年失智症患者越來越多。照顧失智老人需要更多人力，也需要照護體系扶持，社會再不採取行動，家庭跟社會將面臨癱瘓危機；根據二〇〇一年的人口普查結果，65歲以上的長者約有75萬人，占總人口11%。預計至二〇三一年，將增加至總人口的24.8%。據研究顯示，平均每10位65歲以上人士，便有一位罹患老年失智症，即目前已約有7萬多位患者。此數目將隨著長者年齡增加而不斷上升。香港老年失智症協會即為提供適切服務予患者及其家屬而設立。協會成立於一九九五年，由一群患者家屬聯同醫護人員、社工及熱心的義工創立，為非營利的慈善團體。並分別在一九九六年和一九九九年加入國際老年失智症協會和香港社會服務聯會而成為正式會員。協會致力發展家屬支援網絡及訓練，發展新服務、包括日間中心服務、到戶訓練服務、照顧者熱線、資源中心、輔導服務及專業訓練等。

　　服務宗旨為：

1. 推廣早期檢測，使失智症患者得到適時診治。
2. 透過支援照顧服務，使患者能繼續在家中生活。
3. 使民眾更容易獲得多元化評估及照顧計畫。
4. 倡議及提供持續且適切的照顧。
5. 減低患者家屬及照顧者的壓力。
6. 向患者倡導相關知識及預設照顧計畫。

　　服務內容如**表11-1**所示。

表11-1　香港失智照顧服務

類　型	主要內容
日間照護中心	紓緩家屬在長期照顧老年失智症長者的壓力，爲患有老年失智症人士提供適當的活動，以保持其身心健康。服務對象屬於： 1. 患有初、中期老年失智症人士。 2. 由親屬在家中照顧。 3. 無任何傳染病。 以提供現實導向、懷緬活動、多感官治療、記憶訓練、運動、音樂、手工藝及遊戲活動等。
到府訓練活動	服務內容： 1. 爲患老年失智症之長者提供全面的個人照顧及訓練，以提高患者的能力。 2. 減低病症對長者的影響。 3. 爲患者家屬提供家居支援及專業指引服務。 4. 紓緩患者家屬長期照顧患者之壓力。 服務重點： 1. 爲患者提供一套完整的評估，項目包括個人心理、社交及自我照顧能力等。 2. 按評估結果釐定個人照顧計畫。 3. 利用不同之介入方法，例如家居導向、懷緬活動、記憶訓練等，幫助患者重新適應日常生活安排。 4. 協助家屬照顧患者，保持自我照顧之能力。 5. 家居環境的安全評估及改善建議。
照顧資源中心	資源中心提供各類有關老年失智症的資料，包括圖書、期刊、報告、資訊單張和影音資料等，接待各界人士到中心閱覽。
辦理教育訓練	辦理如「老年失智症家居照顧訓練課程」、「照顧者訓練課程」等。
照顧者熱線	以電話諮詢方式提供需求者的相關服務。
諮商輔導服務	透過提供專業個別輔導予患者或家屬照顧者，提供適切的情緒支援，協助他們確定及處理問題之能力，從而減輕因患病或在提供照顧時所產生之影響及壓力。

（續）表11-1　香港失智照顧服務

類　　型	主要內容
照顧者支援服務	1. 家屬月會：這是一個互助小組，在專業社工的引導及協助下，目前小組已走向獨立及自助模式。透過每月的聚會及不同主題的分享，讓家屬得到適切的資源上及情緒上的支援。社工也會介入有需要的個案，並且提供適切的協助或輔導。可致電協會查詢有關各月會之舉辦日期及時間。 2. 家屬關懷組：成員是一群經驗豐富的家屬，他們願意分享自己在照顧過程的經歷及經驗，去協助有同樣需要的家屬。他們的工作除分享自己的經驗、關心其他家屬外，在需要的時候，為家屬轉介給專業人士或與社工保持緊密聯繫，並探訪及關心有需要的協助個案。
早期篩測服務	目的是提高公眾對此病的警覺性，使早期患者及早得到適切的診治。其內容為： 1. 為懷疑患有輕度認知障礙或早期失智症人士做出全面的評估。 2. 轉介初步被評為有認知障礙者至醫院做詳細的醫療評估及診斷。 3. 為中年或以上人士開辦認知及訓練活動，以保持其大腦健康。

（資料來源：作者整理。）

✚ 貳、日本失智照顧服務

　　日本自一九七三年邁入高齡化社會以來，即開始發展老人福利政策與制度的建構及服務模式的開發，各種照顧服務措施推陳出新。日本長期照顧相關政策制訂與服務措施之發展也不斷革新，失智症照顧服務更是重點措施之一。隨著人口結構的高齡化，失智症老年人口也隨之增加。至二○二五年，日本的失智症老人人口將可能達到270萬人，成長率超過二倍（莊秀美，2004）。

根據日本政府在不同時期對老人介護之作法，可劃分成下列幾個施行階段：(1) 家庭介護；(2) 機構介護；(3) 回歸家族；(4) 民間介護；(5) 在宅介護。（如表11-2）

　　一九八九年開始實施「高齡者保健福利推動十年戰略」（亦稱黃金計畫），明示推動各項失智症老人整合因應對策，主要包括：

　　1. 失智症知識之推廣、啟發，設置提供失智症資訊及諮詢系統。

表11-2　日本老人介護施行階段表

階 段	時 間	內 容
家庭介護	一九四五年至一九六二年	除對生活困苦之老者施以經濟協助外，扶養、介護等事宜全由家庭自行負責與負擔。
機構介護	一九六三年至一九七三年	急速之經濟復甦，年輕人口群陸續大量湧入都會地區求職，獨居之高齡夫妻比例增加，子女扶養年老、孤立父母之意識低落，機構介護體制與設施便之興起。
回歸家族	一九七四年至一九八○年	「家族共同體」之意識再度被喚起，照顧家中老者之責任便再回轉到家庭中輩份較低之女性身上，如媳婦、女兒。
民間介護	一九八一年至一九八五年	「少子化」及「婦女入職場」之趨勢，使得核心家庭不易照顧自家老人，而公部門必須對此介入；相對之下，活用民間力量來「共興介護服務」遂成趨勢。
在宅介護	一九八六年至現在	為加強對社會資源之應用，以補充家族成員介護之不足與限制，「在宅介護服務」於是成為「地域福祉」之主要施行目標與項目；同時更以「輔導改善介護機構設施」為輔，強化機構設備與培訓照護人才，來策劃、推行「黃金計畫」系列服務措施。

（資料來源：作者整理。）

2. 失智症之預防為「早期發現、早期治療」。

3. 落實失智症老人之治療、照顧。

4. 發展失智症相關治療法研究。

5. 失智症老人之權利維護等。

　　隨後，「團體家屋」（group home）不但成為照顧失智症老人的主要照顧服務機構型態，也助長了針對一般失能老人長期照顧的新模式──「單位照顧」（unit care）之發展（莊秀美，2004），推動大型機構內設置「單位照顧」專區。日本老人福利品質及意識革新的「單位照顧」乃是受到日本國內的「宅老所」及北歐的團體家屋之影響所創造而來的。

　　為了提升介護服務品質，日本為在宅服務、介護工作人員統一訂定國家資格，即通稱為介護福祉士，將現行之家庭助手（home helper）也放入介護福祉士內，朝著「照顧高齡者」之社會目的（social goal）前進：

1. 整頓照顧服務基礎：以實際需要被照顧人口總數，施以「居家式、社區式、機構式」服務方式來奠定長期照顧服務基礎；對不同生活、知能障礙程度之老人，應依個別需求提供不同內容、方式之照顧服務；服務之選擇與提供應以尊重當事人「需求意願」為首要。

2. 加強醫療復健作為：長照服務涉及醫療、復健、護理、藥事、保健、福利（尤其是區域性福利）、教育等領域合作；推動「疾病綜合性管理」制度。

3. 推動「社區照顧教室」、鼓勵居民志願參與照護服務：建構完整之社區支持系統，形成「照顧社區」（care community），達到「自助、共助、公助、共生、導入民間資源」之服務目標。

4. 活化「應對型」日托服務：積極朝向小規模、社區式長照模式等較易被接受、較易管理之服務方式。

5. 鼓勵高齡者參與「社區性社會活動」：「預防性介護」係講求高齡者若能多參與社區性活動，生活自不封閉，並可減低年紀增長後須被照顧之依賴程度。

6. 設立「老人研究中心」：以專業機關或單位負責研發工作，才能確切掌握老人相關訊息。

　　介護保險中所謂的「法定特定疾病」，包括初期老年失智、腦血管疾病、筋萎縮性側索硬化症、帕金森氏症、脊椎小腦變性症、糖尿病性腎病變、閉塞性動脈硬化症、慢性閉塞性肺病、變形性關節炎、慢性關節炎、後縱韌帶骨化症、脊椎管狹窄症、骨折及骨質疏鬆症、早老症等。日本介護保險提供介護服務的流程如下：

1. 被保險人如有需要介護服務時，必須先到所屬市、村、町提出申請。

2. 市、村、町接受被保險人的申請後，由醫師審查並提出意見書，另由市、村、町的老人介護保險主辦人員進行「認定調查」。

3. 醫師的意見書和主辦人員的「認定調查」報告，彙整後由醫師、護理人員和社會福利人員確認被保險人介護照顧的需求，依老人需求分為下述三類照顧型式：

(1) 能自主生活的老人，由市、村、町依實際情形提供老人福利服務（非介護保險項目），如送餐服務、簡單的日常生活照顧（如：購物、曬棉被、除草等簡單的日常生活照顧）。

老人
長照政策

(2) 需照顧的老人，其照顧方式共分成六類：在日常生活有
必要支援的；需照顧的狀態依其所需的照顧程度分為照
顧1至5等五個等級。

(3) 介護照護的設施，包括養護中心、保健設施、介護醫
院、居家服務（含居家訪問、居家護理、日間托老、短
期寄宿服務及福利輔具租借等）。

「二十一世紀黃金計畫」實施目標內容如下：介護訪問
（home-help service）、短期入所服務（short stay）、生活支援
服務、失智共同生活介護、失智老人之家（care house）。日本
政府根據過去的經驗，發現針對不同失智、失能程度老人所實施
之介護工作，得要分工、分類、分級，才能提供所需之不同服務
類型、方式、性質及內容，方能使服務更符合專業標準與要求，
達到介護之實質意義與目的。而日本政府認為過去使用之「癡呆
症」一詞，有損失智老人之尊嚴、且欠缺人性考量；在徵求全國
國民命名後，自二〇〇四年起在名詞使用上，改用「認知症」，
以示尊重老人人權、尊嚴，與無任何歧視。並進行介護相關研
究，如高齡失智醫學研究、「零」身體拘束、介護保險制度評
鑑、介護保險修正研究、二〇一五年高齡者介護研究、高齡者復
健方向研究等。

對於失智症老人的對策，日本實施之普及國民有關失智症之
認知教育、設置老人失智中心、增加老人保健機構中失智症特別
病房、組織失智症老人團體之家（將失智老人集中在小機構中，
如經改建過的普通住家或既有之醫院，在專業人員特別照護下過
著團體生活）、充實失智者日間照護機構及短期照顧方案。

✚　參、美國失智照顧服務

依據醫學的推估，年齡越大，失智症盛行率也越高，以65歲到69歲為例，失智症盛行率為1.2%，70歲到74歲增加到2.2%，85歲到89歲高達16.3%，90歲以上，幾乎每3人就有1人有失智症。依據「身心障礙等級」對失智症的定義是指「心智正常發展之成人，在意識清醒狀態下，有明顯症候足以認定其記憶、思考、定向、理解、計算、學習、語言和判斷等多種之高級腦功能障礙，致日常生活能力減退或消失，工作能力遲鈍，社交技巧瓦解，言語溝通能力逐漸喪失。」其等級可分為極重度、重、中及輕度四級，判定標準如**表11-3**所示。

美國神經醫學會（American Academy of Neurology）期刊發表的研究發現，不動腦的人罹患失智症的比例比常動腦的人多三倍。臺灣失智症協會的網站亦指出，從事可刺激大腦功能的心智活動或創造性活動，可有效減少五成罹患失智症的風險。因此「學習」及「動腦」對於預防、減緩失智症有正向的幫助。為協助失智者，美國推動「支持性居處及支持性住宅」（Assisted Living & Supportive Housing）。支持性居處安排場所和其他形式的支持性住宅，是為那些在日常生活中需要額外幫助，但不需要傳統療養院24小時全天候專業護理的失智者所設計的。過去二十年來的發展趨勢是生活空間選擇的日趨多樣化，這些生活場所與過去的機構化設施相比更趨家庭化。將這些可供選擇的生活場所的資料做整理，並且在查詢資訊和諮詢方面提供指導。此舉目的是，為失智者尋求到一個舒適、安全、合適、負擔得起的生活場所。離開自己的家，搬進一個有護理服務的居住場所，其生活方

表11-3　美國失智者界定程度

類　型	主要內容
極重度	記憶力極度喪失，僅剩殘缺片段的記憶，語言能力瓦解，僅餘咕嚕聲，判斷力喪失，對人、時、地之定向力完全喪失，排便失禁，自我照顧能力完全喪失，須完全依賴他人照顧者。
重度	記憶力重度喪失，近事記憶能力全失，判斷力喪失，對時、地之定向力喪失，對親人之認知功能開始出現障礙，大、小便失禁，自我照顧能力喪失，開始出現簡單之日常生活功能障礙，須完全依賴他人照顧者。
中度	記憶中度喪失，近事記憶困難，判斷力障礙，對時、地之定向力喪失，自我照顧能力缺損，且有明顯複雜性日常生活功能障礙，須部分依賴他人照顧者。
輕度	記憶力輕度喪失，近事記憶局部障礙，判斷力障礙，對時間之定向力障礙，自我照顧能力部分缺損，且複雜的日常生活功能開始出現障礙，須在監督下生活者。

（資料來源：作者整理。）

式將發生巨大的變化，這可能會產生很大的壓力。此外，家庭成員、社工、個案管理員、出院後規劃員、財務計劃員和心理諮詢師也都會提供幫助，確保個人的需要得以滿足，服務的重點詳述如下。

一、服務

　　支持性居處安排場所（Assisted Living Facilities, ALFs）是專門為年老體弱者或殘障者設計的住宅，強調獨立和隱私，比較大，也比較昂貴。這類場所大部分提供私人房間或單元住宅，並有較大面積的公共活動和用餐區域。支持性居處安排場所至少要提供24小時護工，飯廳每天供應二至三頓飯菜。其他標準服務專案還包括：

1. 家務和洗衣服務。
2. 提醒服藥和協助服藥。
3. 幫助「日常生活起居」（ADL），包括洗澡、如廁、穿衣和進食。
4. 交通服務。
5. 安全服務。
6. 健康監護。
7. 護理管理。
8. 活動和娛樂。

二、場所

　　為失智者選擇一個安全、舒適和合適的支持性居處安排場所，宜包括：

1. 長遠考慮：居住者的未來需求是什麼？生活場所如何滿足這些需求？
2. 是否接納那些有嚴重的認知障礙或嚴重身體殘障的人？
3. 支援性居處安排場所是否提供關於護理方法的書面聲明？
4. 多次拜訪每一個生活場所，有時可不通知即前往拜訪。
5. 可在吃飯時間察看此生活場所、品嚐食品、觀察進餐時間和服務品質。

三、設備

　　是否有廚房或有限的烹飪設備？對那些喜歡烹飪的人來說，有個廚房是很重要的。而對那些患有失智症的人，有廚房反而增

加危險。操作檯、碗櫃和照明開關是否能方便地觸摸到？對那些神志恍惚的人，是否有安全的、封閉的、供其走動的空間？

四、社交活動和娛樂

是否為居住者安排他們感興趣的活動？當您訪問此場所時，人們是否很忙碌？是否積極參加活動？居民的精神或宗教需求能否得到滿足？對那些有認知障礙的人，是否安排了特別活動？

五、位置

此場所是否在居住者能夠承受的範圍內，以便於拜訪，提供更多相互交流的親密空間。

六、安全

居住者是否得到很好的照料。同時，支援性住宅的全部目的就是向居住者提供盡可能多的獨立性。這種獨立性應和相應的風險相平衡。例如喜歡烹飪的居住者可能忘記關爐子，需要小心照料，以確保此居住者和整個場所的安全。

肆、加拿大失智照顧服務

隨著高齡化的進展，失智症老人大幅增加，其照護模式亦備受關注。老人失智症學會（Alzheimer Society）推估：隨著嬰兒

潮一代進入老年期，未來三十年將有更多人失智，病例增加一倍多，相關醫療費用不斷增加，將對國家造成很大的經濟壓力。**表11-4**為加拿大老年失智症和相關老年失智的人口數。

老人失智症學會的報告〈潮漲──失智症對加拿大社會的影響〉（Rising Tide: The Impact of Dementia on Canadian Society）中提到，嬰兒潮一代老化，在三十年間，失智症患者倍增，人數多達25萬。失智症在三十年內帶來的直接和間接開支，估計增加十倍。「目前加拿大每5分鐘有1人發現罹患失智症。在三十年後，每2分鐘就有一宗失智症。如果情況不改變，失智症人口急增，到二〇三八年，失智症每年帶來的總成本將高達1.5億元加幣。」老人失智症學會建議當局採取下述措施，以因應日漸增加的失智症病例。

1. 推行失智症預防運動：提倡健康飲食和體力活動，推遲失智症發病期二年，在三十年間節省2.2億元。
2. 加強工作技能及支援計畫，以支持失智症病人之家庭護理人員，不少人為至親辭職，在家照顧親人，造成經濟困難。
3. 委派專案經理與所有新病例和病人家屬會面：旨在減輕長期護理系統的擔子，盡量在病人的寓所理療症狀。
4. 有必要增加失智症特訓醫生、護士、治療師和保健人員，以因應未來新病例的增加。

表11-4 加拿大失智人數概況簡表

年 度	人 數	占總人數比例
二〇〇八年	480,600	1.5%加拿大的人口
二〇三八年	1,125,200	2.8%加拿大的人口

（資料來源：作者整理。）

　　理想的老人照顧環境應該不是收容性場所，而是生活的場所。因此，近年來為失智症老人營造「家」的環境成為照顧服務的基本原則。在加拿大的魁北克失智老人照顧系統中，亦提供 "baluchonnage" 的服務，也就是由專業的照護人員到失智老人的家中，進行居家服務。這些照護人員先接受一連串訓練，以接手家屬的照護工作，讓失智症家屬得以獲得適當的喘息與放鬆。

　　推動失智老人支援政策、營造高齡者生活所需之服務系統：推動失智症研究、推動失智老人照護服務、提升照護失智老人品質、充實權益維護體制等。

1. 推動健康老人對策：推動綜合性疾病管理制度、充實社區復健體系、提升高齡者生活意識感、推動照護預防措施、支援高齡者社會參與及就業等。
2. 充實社區生活支援體制、營造互助溫馨社區：溫馨社區之社會營造支援、充實生活支援服務、改善居住環境、推動志工活動、推動居民參與等。
3. 建構保護使用者及使用者可信賴之照護服務：推動資訊化、建構使用者保護網絡、促進參與多元服務事業、開發及推廣生活福祉用具等。
4. 確立支援高齡者保健福祉之社會基礎：推動發展長壽科學──福利教育之國際交流、推動體貼身心障礙高齡者之社區營造等。

伍、先進社會失智照顧的借鑑

隨著人口結構的老化現象，老人福利已成為人口老化各國的重要社會議題，並且因應福利意識的高漲及福利需求的增加，老人長期照顧模式也有日新月異的發展，特別是針對失智症照顧環境的建構及其影響因素之探討已成為長期照顧政策與研究的重要議題。

阿茲海默症是最常見的一種失智症，約占其中60-70%。阿茲海默症及其他失智症是侵犯腦部且漸進退化之疾病。這些疾病影響一個人的能力、生活各層面並波及周遭的人，特別是每天照顧他的人。目前，全世界每7秒鐘就有一個人罹患失智症，全球每年就有460萬個新病例。依此類推，西元二○五○年全世界就有一億個失智症患者。可是，至今沒有一個國家對這個巨大的危機有充分的準備。由於缺乏警覺和認識，造成大家對這個急速成長的疾病，無法有效的因應。所以，失智患者和家屬在資源缺乏的狀況下，很難獲得他們所需要和應有的支持，以致仍相當無助與絕望。

國際失智症協會在二○○五年底調查指出，全世界每7秒就出現一位新的失智症患者，而臺灣目前已有超過16萬的失智症患者，未來平均每年增加一萬名失智患者，平均每天增加二十七位。失智症可能發生在任何人身上，要及早準備，正視失智症所造成之危機！失智並不是單一項的疾病，而是一群症狀組合。主要是以記憶力、定向力、判斷力、計算力、抽象思考力、注意力、語言等認知功能障礙為主，同時可能出現干擾行為、個性改變、妄想或幻覺等症狀，這些症狀的嚴重程度足以影響其人際關

係及工作能力。國際失智症協會（ADI）由全球七十七個會員國共同組成，呼籲世界各國政府立即行動，應採納以下六個原則以使失智症成為全球優先考量之議題：

1. 提升對疾病的認識與瞭解。
2. 尊重病友之人權。
3. 確認家庭及照顧者的重要地位。
4. 提供就近之健康及社區照顧。
5. 強調診斷後正確治療的重要性。
6. 透過促進民眾健康，以積極預防疾病。

　　國際失智症協會於二〇〇八年特別擬訂了一份全球失智症公約，藉此呼籲各國政府和相關機構，正視這個世紀流行病，同時對這個威脅全世界公民健康與長期照護的疾病，採取立即的行動與必要的措施。

　　失智症並非正常老化的現象，透過預防、改善患者和家屬的生活品質、醫學新研發之有效治療，加上正面和積極的態度，將有效防治失智症對人類社會的威脅。為此，國際上曾發表「京都宣言」及「巴黎宣言」，作為努力的方向：

1. 提供大眾失智症症狀、治療和病程的相關資訊。
2. 增進宣導和認識，以降低對失智症的誤解與歧見。
3. 提供醫護專業人員和家庭照顧者訓練和所需工具，倡導早期篩檢、診斷、適切的照護和充分的治療。
4. 建立完善之健康照顧服務，以因應失智者的需求。
5. 增進長期照護的彈性機制，以強化自主功能的維護、居家和社區照顧與對家庭照顧者的支持。

6. 建構一個失智照護的安全環境，包括醫院（急診）以及照顧機構。

7. 鼓勵失智者盡量參與社區生活和照護的抉擇。

8. 確保患者在健康和福祉均有基本的保障，涵蓋的內容包括衣、食、住、行和醫療照顧。

9. 強化立法架構，以保障這些失去日常行為能力的患者。

10. 贊助宣導計畫，以促進大眾對於降低失智症危險因子的廣泛認識。

11. 優先推動阿茲海默症及其他失智症的研究計畫。

　　美國《內科醫學雜誌》（*Ann Intern Med*）於二〇〇三年發表一篇由學者David Snowdo所進行的「修女研究」（**The Nun Study**），研究案例提及：一位名叫馬提亞（Sister Matthia）的修女，她在104歲去世前並未發生失智症狀。直到去世後解剖大腦才發現，其大腦已呈現中度阿茲海默症的病理變化。原因是馬提亞修女從年輕時即從事教育工作，長期參與許多修道院活動，平常又勤於手腦並用，儲存了許多知能存款，禁得起疾病的提領，所以即使腦中產生病變，卻沒有出現失智症狀，堪稱是健康老化的典範。

　　在此提供一個稱為「三動兩高」的順口溜，三動為：勤做腦力活動、休閒活動、有氧運動；兩高為：高度學習、高抗氧化食物。而且從動物實驗發現，即使是高齡動物，透過訓練或豐富的活動，可以使某些大腦部位的神經細胞新生（包括與記憶有關的海馬迴組織）。運動不但與降低失智症罹患率有關，更可改善腦部及心血管循環、刺激腦細胞成長及存活。此外，認知神經科學家洪蘭教授提到，義大利的研究發現：成人保持長期閱讀者（持續五年以上），得阿茲海默症的機會比文盲少十四倍，顯示閱讀

可以活化腦部。另有一項觀察研究也發現，教導社區長者學習數位相機攝影術，在活動結束後，參加者比未參加者的智能表現為佳，因此有終身學習習慣的長者，能有助於預防及延緩失智症的發生。

✚ 結語

我國目前面臨三大處境：(1) 我國人口未來老化速度遠高於歐美先進國家；(2) 家庭結構以小家庭為主，並多為雙薪家庭；(3) 家庭所能提供的照顧功能日趨式微。有關失能老人之照顧，目前正提供長期照顧服務協助家庭照顧，未來規劃辦理長期照護保險，減輕家庭照顧負擔，對於其他約九成非失能老人之需求，亦應加以重視，因此如何有效建構並周全整體老人照顧福祉益形重要。臺灣進入高齡化社會，老人照顧資源的需求大增，而其中更棘手的問題是：失智老人的照顧最為迫切。

失智老人不只是指年老失憶、罹患阿茲海默症者，也包括了因基因缺失，出生即為喜憨兒的患者老化，成為老憨兒等。根據國內失智症協會及智障者協助團體的統計，目前國內失智人口十年來的成長幅度，高達15%。失智老人與臥病老人的不同是，後者失去行動能力，前者主要是喪失記憶力，行動與語言能力仍正常，因此在照顧上更為困難。為了預防走失，幾乎需要以「人盯人」的方式隨時看護；失智老人也會發生幻覺、妄想症狀，對長期看護的家人造成沉重的精神壓力。失智症不只發生在傳統上認知的60或70歲老人身上而已，由於生活、飲食型態的影響，失智症也有年輕化的趨勢，例如40或50歲罹病者日益增加，使得更多家庭失去經濟支柱、增加照顧壓力。

老人是弱勢，失智老人更是弱勢中的弱勢。但目前連一般老人的長期照顧系統都不足，遑論對失智老人的照顧資源以及對其家庭的支援系統。

　　照護失智老人，是國內建立長期照顧系統的一環，需要龐大經費與充足的人力。依據長照系統較完備的德國、日本之經驗，至少要花二十年，才能建立一個完整的照顧系統。失智症雖然難以預防，但可以減緩惡化速度。因此國內需要發展更有效的鑑定與評估方式，以明確反映失智者的失能情況，讓照護機構與家庭可以採取適當的照護方式，不致讓失智者因延誤診斷、照顧不足而使病情加速惡化。除了督促政府投入資源，加速建立相關照護系統，個人也應該增加相關認知。畢竟，失智老人都是自己的家人，當父母、親友有經常性遺忘、語言表達不清、情緒失控等現象發生時，不要掉以輕心以為是老年人的正常情況，應及時請教醫生或專家。從飲食、運動、生活作息著手，也是減緩失智的良方。例如多閱讀、看展覽、散步、游泳、打太極拳、當義工、尋求宗教寄託等；飲食則要多攝取蔬果、豆類、雜糧、深海魚類，避免紅肉類食物。

　　「家有一老，如有一寶」，在農業社會中，社會分工簡單，若家有長者傳授人生經驗與工作人脈，的確有助後代成家立業；子女也因數代同堂的生活型態，有充足照顧老人的人力。但在高度分工、科技發展迅速的現代工商社會，加上小家庭化與高齡化潮流，子女不在身邊的孤老家庭越來越多，老人照顧不再只是個人與家庭的問題，而需要政府建立積極性的制度與投入更多的資源。

 問題與討論

1. 請說明香港失智照顧服務的主要內容。

2. 請說明日本失智照顧服務的主要內容。

3. 請說明美國失智照顧服務的主要內容。

4. 請說明加拿大失智照顧服務的主要內容。

5. 請說明先進社會失智照顧對我國建立該制度的借鑑。

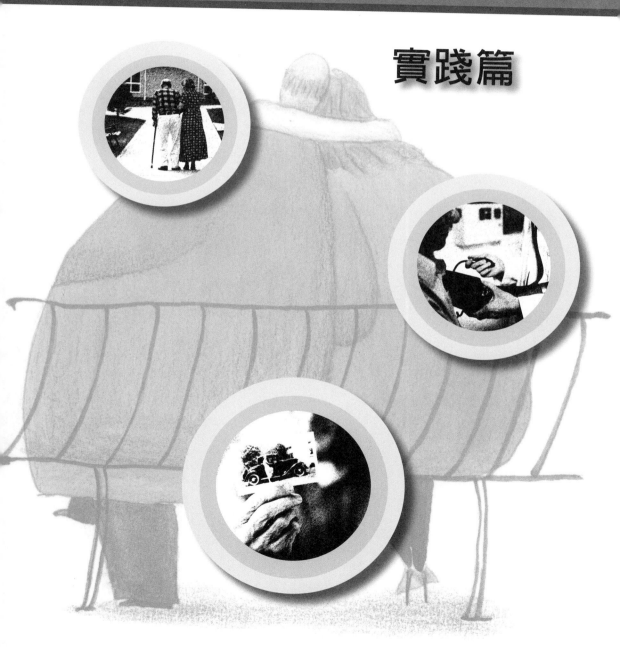

第四篇

實踐篇

第 *12* 章

老人居家服務

✚ 前言

　　家庭是民眾生活的主要領域，換言之，涉及生活有關的事物，包括福利、健康、文化、教育、治安、交通、民生等等都與民眾有關，因此以社區為主體的老人福利政策考量，是具有前瞻性的發展方向。

　　伴隨高齡化社會而來的議題之一，即是老人長期照顧問題。人口老化對國家最大的衝擊，在於福利資源將會大量地移向老年人，特別是高齡者的老人群體。同時，高齡化社會將改變其過去的健康照護型態，而必須更注重長期照護和非正式照顧機制。因為許多現代國家，婦女就業人口增加，家庭中子女減少，使得家人照顧意願和能力相對減低，因而勢必得增加正式照護機構，同時也需要非正式照護人力。為達到老人長期照顧，若干先進社會採取「福利社區化」的政策方向；福利社區化採取就近性，以生活圈的概念重組與整合社區人力、物力資源，其基礎在於以福利需求的共通性為核心，參考其區位特性、人口資源、社區文化、生活習慣，而規劃出福利區位的周延定位；以此為基礎而標示出區域的需求及發展特色，以便建立福利輸送的實踐作為，達到民眾生活品質的提升。

✚ 壹、老人居家式照顧的理念

　　老人長期照顧是指對身心功能有障礙的老人，提供一套包括

醫療、護理、生活照料與情緒支持的照顧服務。長期照顧若依照顧服務的場所來區分，包括三種：機構照顧（institutional care）、社區照顧（community care）、家庭照顧（in-home care）。在此三種照顧模式中，大部分老人受家庭照顧，少數住到療（安）養院接受機構照顧。但機構照顧有其侷限，乃發展出社區照顧的型態，其思維是考量到社區係社區居民基於共同需要，循自動與互助精神，配合政府行政支援、技術指導，有效運用各種資源，從事綜合建設，以改進社區居民生活品質。推動居家照顧時，有三個程序：(1) 評析家庭的需要；(2) 規劃照顧方案；(3) 執行服務方案。

　　建立在地老化的理念和作為，是從國際間的發展經驗及我國的民情需要，以「落實在地服務」，強調兒少、身障及老人均以在家庭中受到照顧與保護為優先原則，各項服務的提供應以在地化、社區化、人性化，以及切合被服務者的個別需求為原則。老人社區照顧是要發掘並聯結正式與非正式的照顧資源，讓這些資源單位輸送照顧服務給有需要長期照顧的老人，使他們能和平常人一樣居住在家裡、並生活在社區中，而又能得到適切的照顧。（表12-1）

　　至於老人居家服務是老人福利服務的重要內涵，老人居家服務是指對年滿65歲以上身心受損而導致日常生活需要他人協助之居家老人（含獨居老人），提供適當服務以維護其生活安全，積極照顧其居家生活品質。老人居家服務內容分為：(1) 家事服務；(2) 文書服務；(3) 醫療服務；(4) 休閒服務；(5) 精神支持。（表12-2）

　　高齡化社會中，家庭功能雖急遽轉變，然而依據內政部相關老人生活狀況調查發現，老人仍期望與子女同住或隔鄰而居或與配偶同住。換言之，老人認為居家是最理想的養老居住方式，因

表12-1　推展老人居家照顧之理念

原　因	主要內容
需要照顧的老人越來越多	隨著高齡化社會的來到，老年人口越來越多；隨著醫學的發達，老人長期慢性病患也日益增加。
機構照顧有其缺點	與社會隔離式的機構照顧，易使案主們在心理上受到損害，並妨礙他們獨立生活能力的需要。
家庭照顧有待強化	實際上長久以來，大部分有需要照顧的老人都是留在家裡由其家人照顧。但長期照顧下來往往會造成照顧者疲累與壓力。
財政因素	建造和經營照顧機構所費不貲，尤其是因應福利國家導致的財政危機而縮減福利預算，社會福利部門沒有能力再大量收容有需要照顧的老人。
社會融合	讓有需要照顧的老人留在家裡，生活在熟悉的社區環境中，並且又能就近得到適切的照顧，相對於遠離家園去到一個陌生的機構接受照顧，這種方式是更具人性化且較符合社會融合的原則。

（資料來源：作者整理。）

表12-2　老人居家服務內容

原　因	主要內容
家事服務	環境清潔、洗補衣物、個人清潔服務、陪同購物、協助領取物品或金錢、代繳各項費用、家事指導及臨時替代性服務。
文書服務	協助申請各項社會福利措施、健保卡換發、代寫書信及聯絡親友等。
醫療服務	簡易復健活動、陪同就醫、帶領藥品及保健服務（量血壓）、辦理入出院手續、提醒服藥、協助使用日常生活輔助器材等。
休閒服務	陪同案主散步、閱讀、聽音樂及參加團體戶外休閒活動等。
精神支持	關懷、情緒支持及電話問安等。

（資料來源：作者整理。）

而政府應針對如何增強家庭照顧能力，提供必要的措施，促使老人得以居家安養，也符合我國傳統孝道倫理，亦是推動社區照顧的重要考量。

✛ 貳、福利服務社區化的作為

　　政府於民國八十五年十二月頒布「推動社會福利社區化實施要點」，社會福利社區化可說是我國重要的社會福利政策之一。依該要點的內容來看，它的範圍包含社區內兒童、少年、婦女、老人、殘障及低收入者的福利，屬於福利服務及社會救助的範圍內，彰顯「推動社會福利社區化」的本質意涵。福利服務社區化是一九八〇年代以來針對以往集中化、機構化、大型化的服務機構形式，調整為分散化、小型化、社區化的形式。另外，由福利國家（welfare state）的福利作為朝向福利社會（welfare society）的方向。福利服務社區化的意涵其一是「在社區中服務」（service in the community），係指讓有需要服務的人士（含兒童、少年、婦女、身心障礙者、低收入者），可在自己居住的社區（鄰里社區、日常生活圈、鄉鎮市區）內即可獲得所需的福利服務；其二是「由社區來服務」（service by the community）指福利服務不只由政府來提供，也鼓勵社區內各種團體與個人，例如宗教團體、民間志願團體、企業團體及社區人士來提供福利服務。更具體言之，福利服務社區化的目的有三（陳武雄，1997）：

1. 福利服務取得的可近性、方便性：亦即讓有需要的民眾在自己的社區內就近取得、享有各種福利服務，方便案主。

2. 社會整合：因著正常化（normalization）、去機構化
（deinstitutionalization）的概念，讓有需要的人士不必到會
造成社會隔離的機構才能獲得服務，而是留在社區中即可得
到服務並過正常的社會生活。

3.「福利社會」的具體實現：為了減輕政府的福利支出，修正
福利國家所造成的政府龐大負擔，而改為福利社會，政府與
社會（社區）成為福利服務的夥伴關係。亦即福利服務的提
供不再單由政府承擔，也鼓勵、希望民間社會參與，包括運
用社區力量去提供福利服務。

　　「在地老化」為我國長期照顧政策發展之目標，以避免世界
主要工業化國家發展機構服務所導致過度機構化之缺點，降低照
護成本，讓有照護需求的民眾能延長留在家庭與社區中的時間，
保有尊嚴而獨立自主的生活。惟支持老人留在社區中生活的相關
資源仍有不足，未來的發展應以強化社區中的居家支持服務為
主，結合社區中長期照護服務與醫療服務資源，提供有需要的老
人及其家庭具整合且持續性的照顧服務，盡量做到在老人居住的
地區，就地提供其所需要的一切服務。因此，我國的老人長期照
護政策應全面朝「在地老化」目標發展，需要努力的方向包含：

1. 評估地區長期照護需求，設定發展目標。
2. 發展多元的「在地」服務，服務當地民眾。
3. 連結資源建構社區照顧網絡，提升服務成本效益。
4. 優先提供居家支持服務，降低對機構式服務的依賴。
5. 建構財務制度，支持社區式長期照顧體系的發展。

✚ 參、高齡者居家服務的作為

依據「推動社會福利社區化實施要點」及老人福利法規，落實「加強推展居家服務實施方案」，提出老人福利服務社區化的項目可以有：老人文康休閒活動、老人志願服務活動、長壽俱樂部、老人人力銀行、長青學苑、餐飲服務、友善訪視、電話問安、居家環境改善、老人日托、老人健檢、保健服務、短期家務服務、短期居家照顧、居家護理、小型老人安養機構、法律諮詢服務、退休準備諮詢服務等。政府與民間非營利社會服務機構合作設立小型化、社區化的福利服務單位，前者例如各地方政府成立的老人福利服務中心；後者例如老人福利聯盟。政府宜因應在地老化的發展，進行相關條文的新增或修正，增訂社區式服務措施，為增強家庭照顧老人之意願及能力，提升老人在社區生活之自主性。高齡化社會中，老人的長期照護需求是最需要面對的重要議題，如何使長期照顧服務需求者獲得有效的服務連結、確保服務的連續性，實與提供長期照顧的各類型服務同等重要。

隨著建立服務輸送體系的可近性，積極開發照顧資源，以發揮在地老化政策的主要精神，在於服務輸送的近便性。因此，以社區營造及社區參與為基本精神，鼓勵並輔導社區內立案之社會團體普及化設置社區照顧關懷據點，提供初級預防照顧服務。據點服務內涵包括關懷訪視、電話問安諮詢及轉介服務、餐飲服務、健康促進活動，對於偏遠地區或資源缺乏地區，可透過社區照顧服務人力培育過程而共同參與。透過在地化之社區照顧，將可使失能老人留在社區生活，延緩老化及進入機構的時間，同時減輕家庭照顧者負擔，預防長期照顧問題惡化，營造健康、福利、互助的溫暖社區。

政府為推動社會福利服務社區化，於民國八十五年十二月十六日核定實施「推動社會福利社區化實施要點」，主要的依據有：(1)「社會福利政策綱領暨實施方案」；(2)「社區發展工作綱要」；(3)「民國八十五年全國社區發展會議結論」，以及 (4)「敦風勵俗祥和社會行動綱領」。目的為：增進有組織、有計畫的福利輸送，迅速有效地照顧社區內之兒童、少年、婦女、老人、殘障及低收入者之福利。並強化家庭及社區功能，運用社會福利體系力量，改善受照顧者之生活品質。同時，結合社會福利體系與社區發展工作，整合社區內、外資源，建立社區福利服務網絡，以確保福利服務落實於基層。（如**表12-3**）

✚ 肆、老人居家照顧服務內涵

近年來，政府為安定老人生活，並使老人的安養及照護問題能獲得適當的滿足，對於大多數不願意或無法到機構就養的中低收入老人和獨居老人，規劃有居家服務、日間照顧、營養餐飲、住宅改善、醫療保健等服務措施，希望尊重老人依據自己的意願，選擇自己認為最理想的生活方式，頤養天年。

一、居家服務

所謂居家服務，即是將服務送到需要服務者自己熟悉的生活環境裡。服務項目包含：

1. 家務及日常生活照顧服務。
2. 身體照顧服務等。

表12-3　政府為推動社會福利服務社區化原則

項　目	主要內容
實施原則	1. 福利需求優先化：針對地方特性並按社區需求之迫切性，輕重緩急，促使福利服務之措施，逐項實施。 2. 福利規劃整體化：結合運用社區內、外資源，將福利措施規劃進行全盤整合。 3. 福利資源效率化：充分利用社會福利資源，避免重複浪費，力求提高資源使用效率。 4. 福利參與普及化：啟發社區內、外居民與組織，自動、自發的普遍參與社區福利工作。 5. 福利工作團隊化：結合相關行政單位、福利機構、團體、學校、寺廟、教堂等，共同推動社區福利工作。
實施要點	1. 選定福利社區：省（市）、縣（市）政府原則上是以社區（或聯合鄰近社區）為核心，以生活共同圈之服務輸送可近性、社區居民參與性、福利資源完整性作為規劃福利社區之範圍，經戡定後實施。 2. 確認福利需求：指定專人協助社區訂定計畫，蒐集資料，瞭解民眾之問題及需求，掌握福利服務之現況，協調福利資源之運用，據以實施。 3. 加強福利服務：以社區現有之福利工作，繼續加強辦理，進而擴大福利工作項目，充實服務內涵，並結合社區內、外福利服務體系，建立社區福利服務網絡，提升社區福利服務品質。 4. 落實社區照顧：推展社區福利機構小型化、社區化，並倡導福利機構開拓外展服務，促使資源有效利用。 5. 配合國宅整建：增設福利設施，便利各項福利設施之使用，達成福利可近性之功能。

（資料來源：作者整理。）

　　本項服務措施自民國九十七年度起，已納入我國長期照顧十年計畫中「照顧服務」範疇辦理，依服務對象之失能程度核給不同補助額度，輕度失能者每月最高補助25小時、中度失能者每月最高補助50小時、重度失能者每月最高補助90小時。另為增進照顧者專業知能及心理調適與情緒支持，俾能持續有恆地提供老人

適切的服務。

在居家服務員服務費方面，每小時補助180元，每一個案每月最高補助25小時；其中低收入戶老人服務費由政府全額補助，中低收入老人則補助70%，一般老人則可以自費的方式向縣、市政府申請提供居家服務；督導費則是每管理一個中低收入老人個案，每月最高補助500元；其餘教育訓練或綜合性活動，最高補助30萬元。

二、日間照顧

日間照顧服務主要提供輕、中度失能、失智老人，定期或不定期往返日間照顧中心，維持並促進其生活自立、消除社會孤立感、延緩功能退化、促進身心健康，目前由各縣（市）政府結合民間資源提供個案照顧管理、生活照顧服務、復健運動及健康促進活動、諮詢服務及家屬服務等。

三、營養餐飲

高齡化社會中，國民平均餘命不斷延長，生活自理能力隨年齡增長或健康影響而退損，故須提供營養餐食以減少老人炊食之危險及購物之不便。各縣市政府最高補助低收入戶及中低收入失能老人每人每餐50元，由服務提供單位送餐到家，一方面解決老人炊食問題，一方面讓老人與社會接觸，獲得情緒支持。

四、設置居家服務支援中心

為協助各縣、市政府積極推動老人居家服務，政府於民國八十七年三月十七日函頒「加強推展居家服務實施方案暨教育訓

練課程內容」外，並鼓勵各縣、市政府及鄉（鎮、市、區）公所普遍設置居家服務支援中心；作為社區推展居家服務，或提供家庭照顧者諮詢或轉介服務，並就近提供居家服務員相關支援服務的據點，以期更有效率提供老人周全的福利服務。

五、輔具購買租借與居家無障礙環境改善

為利失能者能享有尊嚴、安全、獨立自主的生活，各縣市政府補助失能老人購買、租借輔具，及改善居家無障礙環境等，十年內每人最高補助10萬元為原則，但經評估有特殊需要者，得專案酌增補助額度。

六、中低收入老人住宅設施設備補助改善

為鼓勵老人留養家中，補助中低收入老人改善、修繕其現住自有屋內衛浴、廚房、排水、臥室等硬體設備，俾維護其居家安全，每戶最高補助新臺幣10萬元，已核准補助者，三年內不再補助；租借住宅者須簽約三年以上。

七、創新服務項目

為提供有需求民眾多元且周延之照顧服務，內政部規劃推動「家庭托顧」及「交通接送」等服務項目：

1. 家庭托顧：家庭托顧係指照顧服務員於住所內，提供失能老人身體照顧、日常生活照顧與安全性照顧服務，及依失能老人之意願與能力協助參與社區活動。

2. 交通接送：補助重度失能者使用交通接送服務，每人每月四次（來回八趟），每次最高補助190元，以滿足失能老人就醫與使用長期照顧服務的交通需求，提高各項醫療與服務措施的可近性與運用。

八、居家服務督導員訓練課程內容實施

職前訓練課程：合計40小時（課程30小時、實習10小時）。訓練期滿後，經考評及格者，由地方政府發給結業證明書，即取得擔任居家服務督導員之資格。

✚ 結語

我國居家照顧服務方案，是自民國六十年起以教會醫院為基礎逐步推進，民國八十四年全民健康保險實施後，開始提供「居家照顧服務給付」；民國八十六年六月十八日老人福利法修法，其中明訂：「為協助因身心受損致日常生活功能需他人協助之居家老人得到所需之持續性照顧，地方政府應提供或結合民間資源提供下列居家服務：居家護理、居家照顧、家務服務、友善訪視、電話問安、餐飲服務、居家環境改善及其他相關之居家服務等」。民國九十年醫政、社政、經建部門推動「加強老人安養服務方案」、「建構長期照護體系先導計畫」、「照顧服務福利及產業發展計畫」、「新世紀健康照護計畫」等，皆逐漸擴大居家服務與家庭支持服務層面，並確立「居家及社區照顧為主、機構照顧為輔」的政策目標。

社區的公共事務有很多面向，有產業開發、空間改造、環境綠美化、藝文活動、教育學習、醫療保健、福利服務等。福利服務社區化要成功，則須建基在下列兩項基礎上：第一、社區內要有社區化、小型化的福利服務資源單位，方便社區民眾在自己的社區（生活圈）中獲得必要的服務；第二、社區內的各種團體及個人，願意參與社區中各種福利服務的行列，以使福利的提供者有多種來源，或所謂的多元化，分擔政府的福利負擔。社會福利社區化的最終目的是要讓社區內的民眾像上超商、郵局、派出所一樣方便地獲得福利服務。而在地的社區發展協會正可扮演各種福利服務的提供者，促使福利社會的建制與落實。

 問題與討論

1. 請說明老人居家式照顧的理念。

2. 請說明福利服務社區化作為的主要內容。

3. 請說明高齡者居家服務作為的主要內容。

4. 請說明老人居家照顧服務內涵的主要內容。

5. 請說明政府為推動社會福利服務社區化的原則。

第13章

老人社區照顧工作

✛ 前言

　　老人社區照顧工作主要以社區中的老人為工作對象，經過發動和組織區內居民參與集體行動，確定老人在社區中的問題和需求，動員社區資源來預防和解決老人問題，培養老人的自助、互助、自決精神，讓老人有愉快的晚年生活並維護社區的穩定。老人社區照顧工作與傳統的老人服務最大不同的地方是強調老人的潛能，鼓勵老人的社區參與，提高老人的社會意識，讓老人從一個被動的受助者轉為一個主動的、有自動能力的、能維護合理權益的受益者。

　　社區對老人而言是十分重要且關係密切，因為老人是留在社區中時間最長的群體。他們具有以下的特性：社區內空閒時間最多的群體、對社區歸屬感很強、多年的社區生活經驗使他們掌握了很多社區資源及建立不少社區聯絡網，同時可藉由豐富人生經驗來協助其他群體。運用社區工作方法，可以消除老人的社區疏離感。而強調以社區為介入點，老人與社區的關係會較受重視，而社區工作更著眼於發掘老人的潛能，鼓勵老人參與社區事務，改善社區生活。

✛ 壹、老人的社區福利需求

　　老人服務與社區照顧已是高齡化國家發展社會福利政策的主流，近年來我國社會工作的服務也朝此方向發展，且國家將老人

照顧產業的發展作為重大經濟建設的焦點。社區發展的理念是一種以社區為中心，促進居民自覺意識凝聚居民的需求，結合社區的人力、物力資源，透過民主合作的參與，發揮自覺、自助、自動、自發與自治的行動力量，改善居民生活品質，有效帶動社區發展，以促進社會變遷的社會發展模式。

先進福利國家的老年社會福利服務體系由多種性質、多種類型和多種層次的服務網絡所組成。在社區照顧服務過程當中，所謂「服務輸送」（service delivery）指的是一項服務提供，經由照顧管理者操作，運用並連結相關資源，俾將服務內容供給被照顧者使用的過程；另「服務網絡整合」（service networks integration）則是社會工作強調的基礎觀念。在工商社會裡，夫妻多為雙薪家庭，老人日間乏人照顧的問題日益凸顯，逐漸的使社區照護觀念受到重視，社區照護的落實必須和其他福利措施相結合，才能發揮福利的功能。依老人福利法規定，老人福利機構可分為長照機構、養護機構、安養機構、文康機構、服務機構等五類，各有不同服務對象。（如表13-1）

這些老人福利機構得單獨或綜合辦理，並得就其所提供之設施或服務收取費用，以協助其自給自足。地方政府更應視需要設立，並獎助私人設立上述之老人福利機構。

由於建造和經營照顧機構所費不貲，機構照顧是一種與社會隔離式的照顧，容易使老人們在心理上受到損害，妨礙獨立生活能力的需求。大部分老人留在家裡由不具有照護專業能力的家人照顧，長期下來往往會造成照顧者疲累與壓力。因此，社區照顧是人性化及社會融合，讓有需要照顧的老人留在家裡，生活在熟悉的社區環境中，又能就近得到熟識的社區志工適切的照顧，相對於遠離家園去到一個陌生的機構接受照顧，這種方式是更具人性化且較符合社會融合的原則。

表13-1　老人福利法規定老人福利機構

機　構	服務內容
長照機構	以照顧罹患長期慢性疾病且需要醫護服務之老人為目的。
養護機構	以照顧生活自理能力缺損且無技術性護理服務需求之老人為目的。
安養機構	以安養自費老人或留養無扶養義務之親屬或扶養義務之親屬無扶養能力之老人為目的。
文康機構	以舉辦老人休閒、康樂、文藝、技藝、進修及聯誼活動為目的。
服務機構	以提供老人日間照顧、臨時照顧、就業資訊、志願服務、在宅服務、餐飲服務、短期保護及安置、退休準備服務、法律諮詢服務等綜合性服務為目的。

（資料來源：作者整理。）

隨著高齡化社會的來到，老年人口越來越多；隨著醫學的發達，老人長期慢性病患日益增多。老人福利服務益顯其迫切性與重要性，政府機構、社會資源必須相互為用，以全方位、人性化的需求導向，在健康維護、經濟安全、教育與休閒、安定生活、心理及社會適應、其他福利措施等，提供適切的福利服務，給予長者完善、尊嚴的服務及全人、生活安全的服務與照顧。

✚ 貳、老人社區福利的推動

社區是居民生活共同圈，它對老人尤具有其意義與價值，為使老人能在熟悉的環境中得到安養照顧，也能延續老友的互相關懷慰訪，充實生活情趣。換言之，藉由社區資源協助提供社區需求的滿足，乃推展社會福利社區化的主要精神。「社會網絡」（social networks）是由一組具有關聯的人、場所、活動所構成，人與人之間產生有意義的連結或接觸。一般談及「社會網絡」，

總會擴及到包括「社會支持系統」和「網絡資源整合」。因此，有計畫、有組織的建構社區福利服務網絡體系，俾能有效落實社區式安養；尤其是對單身或扶養義務人無扶養能力者，更有其迫切性的需要（參見**表13-2**）。

在家庭規模越來越小的現實狀況考量下，不可能單由家庭來承擔這樣的照顧責任，更不可能要求家庭的子女或是親友完全獨攬老人的照護工作；機構照顧的存在對三項以上日常生活活動（ADL）或工具性日常生活活動（IADL）的失能老人，確有其必要性，但對於一些尚有自理能力的老人，社區照護結合在地老化、人性化照顧等理念，應予以落實。

參、老人社區式照顧服務

長期照顧若依照顧服務的場所來區分，包括有三種：機構照顧、社區照顧、家庭照顧。有研究指出，社區老人對於家事服務、餐飲準備、持續性照顧、個人照護及護理照護等各項服務，無論是實際使用及自覺需要的比例，皆呈現上升趨勢；就服務提供者而言，家人、朋友、鄰居仍是家事服務、餐飲準備、持續照顧、個人照護及護理照護等各項服務的主要提供者，但隨著年紀漸增，使用機構或受雇者所提供服務的老人比例顯著上升（謝穎慧，2002）。所謂「社區照顧」是指動員並整合社區內的人力、物力、財力等資源，針對社區中不同對象的不同需求提供各項福利服務，使其能在所熟悉的環境中就近取得資源而獲得協助，以滿足其需求。

為使老人能在熟悉的社區中得到安養照顧，也能補強居家安養提供的不足，政府正有計畫、有組織的結合民間單位，辦理相

表13-2　老人社區福利的推動

項　　目	服務內容
健康維護措施	1. 老人預防保健服務：依據「老人健康檢查及保健服務項目及方式」，規定老人健康檢查及保健服務項目及辦理方式，各直轄市、縣市政府即據以配合全民健康保險成人預防保健服務項目而辦理老人健康檢查。 2. 中低收入老人醫療費用補助：爲減輕低收入戶就醫時之經濟障礙，對於其應自行負擔之保險費、醫療費用，則由政府予以補助；中低收入年滿70歲以上老人之保險費亦由政府全額補助。 3. 中低收入老人重病住院看護費補助：爲使老人因重病住院無專人看護期間，能獲得妥善照顧並減輕其經濟負擔，辦理中低收入老人重病住院看護費補助。
經濟安全補助	1. 低收入戶老人生活補助：爲照顧未接受機構安置之低收入戶老人生活，每月平均補助每人生活費用，以維持日常生活所需。 2. 中低收入老人生活津貼：爲安定老人生活，凡65歲以上未經政府公費收容安置之中低收入老人，其家庭總收入平均每人每月未達最低生活費用標準1.5倍至2.5倍者，每人每月發給3,000元，而1.5倍以下者，則發給6,000元。 3. 中低收入老人特別照顧津貼：領有中低收入老人生活津貼，未接受收容安置或居家服務補助，經鑑定醫療機構診斷證明罹患長期慢性病，日常生活活動功能量表評估爲重度以上，可申請每月5,000補助。
提供居家、社區、機構照顧服務	1. 居家照顧服務：爲增強家庭照顧能力，以使高齡者晚年仍能生活在自己所熟悉的環境中並獲得妥善的照顧，積極推動老人居家服務。 2. 社區照顧服務：針對身心障礙中低收入之獨居老人，提供「緊急救援連線」服務。家庭照顧者因故而短期或臨時無法照顧居家老人時，可安排老人至安養護機構，由其提供短期或臨時性照顧。 3. 機構養護服務：補助民間單位積極興設老人養護、長期照護機構，同時輔導安養機構轉型擴大辦理老人養護服務，以增加國內老人養護及長期照顧的服務量。

（續）表13-2　老人社區福利的推動

項　目	服務內容
加強辦理老人安養服務方案	1. 落實「加強老人安養服務方案」：藉由建立老人保護網絡體系、居家服務與家庭支持、機構安養、醫護服務、社區照顧及社會參與、教育宣導及人才培訓等措施，以達保障老人經濟生活、維護老人身心健康、提升老人生活品質。 2. 提供獨居老人緊急救援連線服務：為加強對獨居老人的關懷照顧，保障其生命財產安全，適時提供緊急救援服務。
設置老人諮詢服務中心	為增進老人生活適應，設置老人諮詢服務中心，透過社會上對老人心理、醫療護理、衛生保健、環境適應、人際關係、福利與救助等方面具有豐富學識經驗或專長人士參與，對老人、老人家庭或老人團體提供諮詢服務，協助解決或指導處理老人各方面的問題。
教育及休閒育樂活動	為充實老人精神生活、提倡正當休閒聯誼、推動老人福利服務工作，輔導鄉、鎮、市、區公所興設老人文康活動中心，並逐年補助其充實內部設施設備，以作為辦理各項老人活動暨提供福利服務之場所。
老人教育及休閒活動	為充實老人精神生活、提倡正當休閒聯誼、推動老人福利服務工作，輔導鄉、鎮、市、區公所興設老人文康活動中心。
輔導未立案機構立案	協助未立案老人安養護機構，經政府透過「輔導」、「取締」雙管齊下之做法辦理下，以達到社會需求的標準。
規劃老人福利機構評鑑	為加強老人安養護機構之監督及輔導，保障老人權益，促進老人福利機構業務發展，提升服務品質，辦理老人福利機構評鑑。
擴（改、新）建老人養護機構	針對老人就養需求殷切及就養機構缺乏地區，優先獎助民間設置及增加公立老人養護床位，紓解老人安養、養護問題，改善及充實設施設備。

（資料來源：作者整理。）

關的社區照顧服務，尤其對獨居老人或因行動不便而其子女均在就業無法提供家庭照顧之老人，更有其需要及迫切性。現階段，社區照顧的主要措施包括老人保護、餐飲服務、日間照顧、短期照顧等，分述如下。

一、老人保護

老人遭受家人的疏忽或虐待較不易為人所察覺，而其居家安全甚為重要。是以老人福利法新增老人保護專章規定，加強推動建立各地方政府之老人保護網絡體系，提供法律諮詢服務、協助驗傷醫療、諮商輔導、委託安置等，以落實各項保護措施。為加強對獨居老人的關懷照顧，保障其生命財產安全，針對身心障礙中低收入之獨居老人，提供所謂的「緊急救援連線」服務，每人每月最高補助1,500元租金，目前各地方政府均已開始積極執行，深獲肯定。所謂生命連線緊急求援系統（LIFELINE），它包含了一組連在用戶電話上的主機及一個無線遙控防水防塵的隨身按鈕，可當項鍊配戴也可配掛在腰帶上，用戶隨時需要幫忙時，他們只要按下這隨身按鈕，訊號將可透過主機在幾秒內傳送到LIFELINE生命連線控制中心，專業的護理人員將立刻與用戶透過語音系統溝通，和用戶取得連繫，如需要幫忙時將立即連絡用戶所指定的緊急連絡人或救護車前往協助，以確保用戶的安全。

二、日間照顧

對於沒有接受居家服務或機構安養之獨居老人，或因子女均在就業無法提供家庭照顧之老人，政府鼓勵地方政府設置日間照顧中心，白天由家人將老人送到日間照顧中心，由中心提供生活

照顧及教育休閒服務，晚上將老人接回家中，可以享受家人的溫情關懷。藉由日間照顧不僅可增進老人社會活動參與，並可提供家庭照顧者休息的機會。

日間照顧之模式計有二大類：

1. 醫療模式：提供醫療及復健服務，即衛生單位主管之「日間照護中心」。
2. 社會模式：提供餐飲及活動安排，即社政單位主管之「日間照顧中心」，提供文康休閒活動設施如書報雜誌、卡拉OK、健身器材及各種棋藝設備，增進老人休閒生活情趣，促進老人身心健康，俾以聯絡彼此間之感情，進而提升社區老人生活品質。舉辦各項文康休閒活動，吸引社區老人使用據點的文康休閒服務設施，如棋藝比賽、運動競賽、閱讀比賽等。

三、餐飲服務

在高齡化社會中國民平均餘命不斷延長，生活自理能力隨年齡增長或健康影響而退損，故須提供營養餐食以減少高齡老人炊食之危險及購物之不便。對於低收入戶及中低收入老人，政府最高補助每人每餐50元，又為鼓勵志願服務人員參與送餐服務關懷照顧老人，並補助志工交通費最高每人每日100元。有關用餐方式，對於行動自如之老人，係選定適當地點提供餐飲集中用餐；至於行動困難者則以送餐到家的方式辦理，一方面解決老人炊食問題，一方面讓老人與社會接觸，獲得情緒的支持。針對社區中獨居之長輩、行動自如，且平日家中仍有家屬但參與社區活動意願低的老人或家中有特殊需求之長輩（如：子女缺乏照顧能力之

長輩）提供服務，另有健康問題須提醒追蹤之長輩為次要服務對象（如：老人保護個案的通報）。對於社區內行動不便、生活無法自理、獨居或乏人照料之長輩，應解決其中餐和晚餐的用餐問題。

四、短期照顧

當家庭照顧者因病或因故而短期或臨時無法照顧時提供短期或臨時性照顧，以紓緩家庭照顧者之壓力、情緒及增進專業知能。

面對我國遽增的人口老化問題和社會結構變遷，老人照顧的責任已非家庭子女所能夠完全承擔，需要多元供給部門的協助才能有更完善的服務照顧，它由國家來建立福利制度，由社區提供照顧服務，運用非營利組織的資源投入，協助現代家庭分攤照顧老人的負擔與壓力。為了達到老人社區照顧服務的目標，於建置並運用社會的網絡資源，其中包括空間及服務人力的考量如下：

1. 社政單位：地方政府社會局、老人日托中心、社會福利館文康中心等。
2. 衛政單位：地方政府衛生局、長期照護管理中心、公立老人慢性病及醫療院所、鄉鎮衛生所。
3. 一般醫療院所：民營醫院、診所。
4. 民間照護機構：老人公寓、安養機構、養護機構、長期照護機構（如：護理之家）。
5. 社會服務機構組織：老人福利服務及文康機構、基金會、宗教慈善服務團體、社會服務協會。
6. 其他相關團體：社區公民館、社區協會、守望相助隊、工會組織。

7. 相關政府單位：警察消防單位、各級學校、郵政單位、村里長辦公處。
8. 其他民間組織行號：便利商店超市、幼兒園、計程車行。
9. 非正式支持系統：親人、朋友、鄰居、社區志工、互助團體、鄰里照顧團體。

　　老人社區式照顧的福利服務體系的因應趨勢，宜朝向複合與多元的思考，輸送網絡資源的彈性，俾因地制宜找尋可行機制。

✚ 肆、社區照顧的相應作為

　　對於「在地老化」、「居家養老」的社區照顧服務的發展方向，妥善運用多元資源，結合在地社區力量，以「在地人服務在地人」進行服務規劃，都成了當前老人服務的重要發展方向。從社會運作的角度來看，社區居民參與活動可使社區居民或社會公民因彼此合作而互蒙其利。加強老年人的社區參與，從中得以肯定老年人的價值，而老年人更可在參與過程中發掘自己的潛能及能力，減低孤獨感，建立積極的人生觀，並且提升晚年的生活品質。

一、支持體系的建構

　　社區照顧的過程中，因應的是「在地化」的落實，然而如何建構完整且周詳的社區支持體系是應該被考量的。其體系的建構宜考量照護體系並非一項就能完成案主所有的需求，且每個個案也都有其獨特性的需求，因此如何建立連續性、不分段的服務體

系是相當重要的。連續性的概念內涵包含了以下幾項：強調服務內涵的周延性與完整性、服務場域與內涵的互通性與選擇性、服務輸送之協調與整合。同時，在提供服務的過程與維繫服務完整性的概念下，社區照護的提供並非機構或是家庭能夠完全負擔的責任，而是兩方皆得彼此合作的部分，且社區支持體系中，正式支持的部分居多，因此如何連接正式與非正式的體系，不將責任偏重一方，整合兩方的服務成為完整連續的服務體系；而且正式體系的建構也需要政府單位經濟與技術的投入，以協助整合的周延完整。

二、專業團隊的建立

根據聯合國頒布的老人宣言，老人應受到各種基本人權的保障。社區照護的過程中，不少的專業團隊及技術涉入其中，其涵蓋了醫療、社會、心理甚至是心靈的層面。因此照護工作宜充分結合衛生單位或社會服務單位的資源，並且讓兩種體系下所設的「居家服務支援中心」及「長期照護管理示範中心」，把握「專業」的原則，使老年族群在生理變化的影響下，讓健康與社會服務間的分工與合作協助案主獲得較好的照護。因此應建立專業的團隊，以共同分享並提供資源給照護的群體。

三、個案模式的應用

要維護老人權益，社區照顧工作會較其他工作方法更適合。社區工作除了強調權益及資源的爭取外，更強調在過程中讓服務對象能有尊嚴的參與。

四、專業能力的提升

　　社區照護是多面向的照護工作，須結合醫療、護理、心理、營養、社工甚至宗教團體等專業，成為一個跨領域的團隊，照護人力的培養與技術的提升即為相當重要的一部分。

五、財務制度的健全

　　社區工作者可根據社區老人的不同需求提供服務，而照護工作原本就是勞力密集的工作，相對地也是高成本的照護工作，這樣的社區照護工作不能由家庭獨力來負擔，也無法全然由政府來承擔這樣的支出，因此為使社區照護的財務制度能夠更為健全，以支應老人社區照護工作的進行是相當重要的。

　　社區照顧政策的主要精神，在於服務輸送的近便性。現行雖已有居家、社區及機構式等服務提供，並設置長期照顧管理中心、居家服務支援中心、老人福利服務中心等服務窗口，惟考量人口老化速度急遽，現行之服務窗口普及性仍有不足，民眾使用之可近性仍不高；再者，初級預防照顧服務仍較為缺乏。因此，政府於民國九十四年公布「建立社區照顧關懷據點實施計畫」，民國九十七年修正公布「建立社區照顧關懷據點輔導計畫」，以社區營造及社區參與為基本精神，鼓勵並輔導社區內立案之社會團體普及化設置社區照顧關懷據點，提供初級預防照顧服務。其中的要點如**表13-3**所示。

　　高齡化社會的來臨，最直接面臨的挑戰就是老人照顧問題。過去傳統社會多由家中的婦女擔負起所有的照顧責任，然而臺灣的婦女勞動參與率逐漸提升，從人口及家庭結構的改變，顯示老人的長期照顧問題實具有迫切性，急需政府結合社會整體力量，

表13-3　建立社區照顧關懷據點輔導計畫

項　目	服務內容
服務對象	在服務區域內設籍並年滿65歲以上之長輩及身心障礙者。
服務目的	1. 以長期照護社區營造的基本精神關懷社區老人，並運用社區互助支持系統、增進社區關懷意識、提供老人社區化之預防照護服務。 2. 結合社區現有資源，強化原有社會支持系統，並開發新的社會資源，發展契合社區需求之照顧模式，以建構完善之社區照顧支持網絡。 3. 結合各項資源，提供關懷訪視、電話問安諮詢及轉介服務、餐飲服務、健康促進等多元服務，提升社區老人的生活品質。
服務內容	1. 服務項目：辦理關懷訪視、電話問安、諮詢及轉介服務、餐飲服務、健康促進等多元服務。 2. 服務方式： (1) 關懷訪視：對於社區中獨居之長輩、家中有特殊需求之長輩、身心障礙、行動不便或長期臥床之老人，瞭解其健康狀況，給予情緒支持及紓解，並建立特殊問題之發現與通報機制，成立「居家問安關懷組」志工隊，於各社區中招募具愛心、耐心、願意服務老人的民眾共同參與。 (2) 電話問安：藉由電話關懷，予以情緒支持及紓解，並提供長輩簡單福利諮詢及介紹，對有特殊狀況者，通報相關單位處理。 (3) 健康促進：開辦各種課程講座如身體衛教保健講座、體能活動（如：氣功教學、元極舞教學等）及文藝活動課程（如：語文課程教學、文康活動教學等）。另外，推廣老人健檢活動，爲長輩提供健康管理、預防照護服務。

（資料來源：作者整理。）

推動妥善的政策與措施，提供資源以協助家庭，使老人照顧問題獲得適當的因應。

✚ 結語

　　在宅老化與在地老化是世界各國發展老人照護政策最主要的目標，也是最符合國內老人期望的政策取向。然而，由於現行國內相關長期照顧資源仍以機構式為主，且存在機構或病床數分配不均的現象，致使無法完全落實在地老化。據此，未來的老人醫療保健應配合長期照顧保險的規劃實施，適度減輕老人及其家屬的經濟負擔，使其可獲得適當的醫療保健照護。具體做法包括：

1. 結合社區志願服務團體，提供臨時性的喘息服務，給予家庭照顧者必要的支持。
2. 開辦「服務時間人力銀行」，鼓勵社區居民志願參與社區照顧工作。
3. 改革公立醫療體系並設法與社區生活結合，除了提供必要的醫療服務外，更應強調社區居民中老年病的預備與控制，共同建構一個健康的生活環境。
4. 整合各類長期照顧服務與醫療保健資源，落實在地老化政策，建構一個完整的社區照顧網絡。
5. 研擬老人長期照顧保險的規劃，提供老人及其家屬適當的長期照顧，並適度減輕其經濟負擔。

　　為促進社區老人身心健康，落實在地老化及社區營造精神，政府於民國九十四年核定「建立社區照顧關懷據點實施計畫」，結合有意願的社會團體參與設置社區照顧關懷據點，由當地民眾擔任志工，提供關懷訪視、電話問安諮詢及轉介服務、餐飲服

務、辦理健康促進活動等,以延緩長者老化速度,發揮社區自助互助之照顧功能,並建立連續性的照顧體系。這將是因應高齡者社會的重要作為。

問題與討論

1. 請說明老人的社區福利需求的內容。

2. 請說明老人社區福利推動的主要內容。

3. 請說明老人社區式照顧服務的主要內容。

4. 請說明社區照顧的相應作為的主要內容。

5. 請說明建立社區照顧關懷據點輔導計畫的主要內容。

第14章

老人長期照顧的實施

✚ 前言

　　過去我國社會福利制度對於提供長期照顧的看法，一向受到傳統家庭主義意識型態的影響，認為照顧老人理所當然是家庭的責任，因而政府在一九八〇年代初期介入長期照顧服務的提供也就十分有限，自一九八〇年代末期，家庭以外的老人長期照顧需求開始增加，政府才開始對此情況有所回應。政府在供給面以補助政策增加供給誘因，於社會福利體系中制定「內政部加強推展社會福利服務補助作業要點」，由中央給予包含建築、修繕、設施設備、人事與活動等方面的經費預算補助，減少供給成本，增加業者供給誘因，導引民間資源投入社會福利，以增加老人長期照護的供給，減少供需差距；在增加立案機構供給量的同時，亦明定考核獎懲標準，規範與保障立案機構的服務品質。而在衛生體系中，則以「醫療發展基金」先後針對民間醫院設立慢性病床與附設護理之家訂定獎勵措施，兩者之目的均在於刺激供給以活絡長期照顧的市場。

　　而進一步探究「加強推展社會福利服務補助作業要點」，自一九八八年制定後所歷經的變化情形，明顯可見政府補助政策因應長期照顧趨勢所做出的政策性回應。長期照顧的服務提供方式有機構照顧、居家照顧與社區照護三類，而落實於補助政策中共有五項，長期照護機構與養護機構、安養機構、日間照顧、老人營養餐食服務、居家服務，此五項服務名稱於各年度各有不同，但內涵大同小異。機構照護中的「老人養護」項目自從有補助政策以來，始終是政策發展的重點之一，可見政府對機構式照護的重視，但在民國八十八年之後，政策發展重點則轉向居家式與社

區式照顧，機構照護項目不再出現於政策性補助項目之列。而分屬於社區照護與居家照護的「日間托老」與「在宅服務」，於民國八十五年始列為補助項目之列，並分別於民國八十八年與民國八十七年更名為「日間照顧」與「居家服務」。由政策性補助項目的轉變來看，我國在老人福利服務供給面之補助，在早期是重機構而輕社區，但近年來則逐漸轉向較為重視居家式與社區式照護，顯示我國補助政策有因應長期照護的趨勢。「醫療發展基金申請作業要點」則是以擴展機構式照護服務為目的，鼓勵民間醫院設置慢性病床，後因慢性病床成本太高，且不能提供長期照護個案適切服務，於是在一九九五年在鼓勵長期照護機構的設置方面，將發展重點轉為護理機構而非慢性醫療機構，鼓勵民間醫院附設護理之家，促使護理之家普及設置（如**表14-1**）。

✚ 壹、老人生活的保障

隨著社會的變遷，使得高齡者生活的風險提高，這些風險包括：

1. 知識社會的風險：社會邁入高科技資訊化，產業結構的改變，已對中高齡乃至老年經濟人口之勞動參與和經濟生活保障，造成巨大的影響。
2. 家庭變遷的風險：核心家庭一旦開始分化，就會形成一個老人家庭和數個核心家庭。如此循環演變的結果，三代同堂的傳統家庭，將逐漸為老人家庭和核心家庭所取代。
3. 資源配置的風險：平均餘命的延長，將導致退休後時期的增長，以及相對風險的提高。人們勢必在勞動期間積蓄更多的

表14-1　老人福利的內涵及未來努力方向

項　　目	內　　涵
老人福利	1. 經濟保障。 2. 健康維護。 3. 照顧服務： 　(1) 居家式照顧。 　(2) 社區式照顧。 　(3) 機構式照顧。 4. 社會參與。
服務現況	1. 經濟安全： 　(1) 中低收入老人生活津貼。 　(2) 中低收入老人特別照顧津貼。 　(3) 敬老福利生活津貼。 2. 健康維護： 　(1) 老人預防保健服務。 　(2) 中低收入老人重病住院看護補助。 3. 生活照顧： 　(1) 居家照顧。 　(2) 社區照顧： 　　I.日間照顧。 　　II.營養餐飲。 　　III.社區照顧關懷據點。 　(3) 機構式照顧。 4. 教育與休閒： 　(1) 辦理長青學苑。 　(2) 設置老人文康活動中心。 　(3) 推動老人休閒育樂活動。
未來發展	1. 建構長期照顧體系。 2. 建立居家服務及家庭支持資源體系。 3. 提升養護機構品質、安全。

（資料來源：作者整理。）

資產，或者以年金的確定給付領取方式，以因應年老後生活
的費用。

4. 購買能力的風險：在一個通貨膨脹快速的社會裡，第一種受害者是沒有所得的人，第二種是只有少額所得的人，第三種是有固定所得的人。

5. 資本市場的風險：交易成本限制了個人的自我安排能力。同時，逆選擇問題產生的現象是，健康狀況較差的人，往往不會參加年金市場（private annuity market）的保險。此種缺乏風險分攤的機制，降低個人年金市場資源配置效率。

6. 保障體系的強化：國民年金的將來發展及有鑑於臺灣25歲至64歲之民眾仍然約有300萬人未有任何老年經濟安全的制度保障，勢必由國民年金的推動加以補強。讓老年人能獲得基本的、有尊嚴的經濟生活保障。

若將退休後的老人視為「撤退人口」（disengagement population），並認為他們的工作是多餘的，則與現代社會實況顯有落差。然而，當一個老人從「完全健康、獨立」到「完全依賴他人照顧」，必須有一個完整的、連續性照顧的概念，可分為四大類：(1) 居家服務；(2) 協助生活；(3) 社區服務；(4) 機構服務。

「老人福利法」係民國六十九年公布實施，最近於民國九十八年七月八日修正通過，共計七章五十五條，該法重點分述如下：

1. 主管機關應邀集老人代表、專家學者、民間相關機構團體代表及各目的事業主管機關代表參與老人福利業務。

2. 加強老人經濟安全保障措施。

3. 應依全人照顧、在地老化及多元連續服務原則規劃辦理老人照顧服務措施，並促進其社會參與。

4. 針對老人需求，提供居家式、社區式或機構式服務。

5. 鼓勵民間製播老人相關廣電節目,研發學習教材,提供社會
   教育學習活動及退休準備教育。推動老人休閒、體育活動,
   鼓勵老人參與志願服務,以充實老人生活,促進社會適應。

6. 訂定雇主對於老人員工不得有就業歧視規定,以維護在職場
   服務老人之權益。

7. 協助失能老人之家庭照顧者,提供其訓練研習、喘息服務、
   資訊、諮商、協助支援等服務。

8. 老人福利機構類型為長期照顧機構、安養機構及其他等三種
   類型,各類型機構可單獨或綜合辦理。

9. 結合警政、衛生、民政、社政及民間力量以建立老人保護體
   系,定期召開老人保護聯繫會報。訂定相關人員知悉老人受
   虐、遺棄、疏忽或生命、身體有危難時應通報主管機關之責
   任。

✚ 貳、老人長照的政策

　　「老人潮」是全球化議題,長期照顧是全球最重要的社會福
利政策。「在地老化」為我國長期照顧政策發展之目標,未來的
發展應以強化社區中的居家支持服務為主,結合社區中長期照護
服務與醫療服務資源,提供有需要的老人及其家庭具整合且持續
性的照顧服務,盡量做到在老人居住的地區,就地提供其所需要
的一切服務。長期照護的型態、服務方式與內容如**表14-2**所示。

　　為確保長期照護品質,促進老人生活品質與尊嚴及建立自助
人助觀念,兼顧個人與社會責任而規劃我國老人長期照顧政策,
其具體做法分述如下。

表14-2 長期照護的型態、服務方式與內容

長照型態	服務方式	服務內容	範　例
機構式照顧	對病情嚴重、依賴度高、無家庭照護資源的老年人，提供老年人全天候的住院服務。	醫療、護理、復健、個人日常生活照顧等。	護理之家安養中心
社區式照顧	將服務提供給老年人居住的社區。	技術性的醫療護理、一般性的個人照護、社會支持等。	日間照護：包括日間醫院、成人日托中心、老人臨托中心。
居家式照顧	到老年人家中提供服務。	居家醫療、居家護理、個人照顧、家事服務。	居家照顧在宅服務

（資料來源：作者整理。）

一、在地老化理念法制化

　　政府本著「在地老化」理念，以著重居家照顧，維護家庭功能；整合照護體系，強化專業協助；增設多元化機構，提供持續性照護。爰此，政府積極結合民間資源以提供下列社區式服務：保健服務、醫護服務、復健服務、輔具服務、心理諮商服務、日間照顧服務、餐飲服務、教育服務、法律服務、交通服務、退休準備服務、休閒服務、資訊提供及轉介服務、其他相關之社區式服務。以強調全人照顧、在地老化、多元連續服務為政策導向，讓民眾不同的需要可獲得滿足。

二、建立完整的照顧體系

隨即可就近處理或聯繫家屬,遇有較複雜之個案可轉介至長期照顧管理中心、社會局等相關單位,減少家屬選擇使用不同類別照顧資源上之障礙。參酌英國的長照業務,是由主管醫療照護中央層級的國家健康服務部門(NHS),與地方政府社會服務部門(SSD)兩大體系共同負責。國家健康服務體系提供醫療相關服務,如初級醫療、老年醫院、居家護理、社區心理衛生服務等;地方政府社會服務部門則負責管理與提供部分各類社會福利服務,如日間照護、送餐服務、家務協助、老人之家等。爰此,英國其行政組織因應長期照顧業務發展的過程可作為我國重要參考。

三、推動社區的照顧據點

社區照顧關懷據點係以社區營造及社區參與為基本精神,提供初級預防照顧服務。據點服務內涵包括關懷訪視、電話問安諮詢及轉介服務、餐飲服務、健康促進活動。「在地老化」理念的落實不僅需仰賴社區照顧服務網絡的建構,更需要為失能者提供一獨立自主且能維持尊嚴的生活環境。因不同的身心狀況各有不同的生活能力,也就需要不同的居住型態,建立符合失能老人居住的住宅以及附加支援生活功能的住宅形式,即多元化的居住服務,譬如推動照顧住宅建設、住宅與日間服務中心合而為一等等。

四、建置地方長照管理中心

地方政府在長期照顧體系中必須承擔跨面向責任，其構成項目共有四項，包括評估、照顧管理、委託及品質保證。提供轄區資源開發與掌握。提供失能長者長期照護相關資源連結與轉介服務，包含喘息服務、居家服務、居家護理、送餐服務、電話問安、關懷訪視及相關社會福利措施。並推估長期照護服務的需求與供給資料，辦理相關訓練與教育活動。

五、開發長期照顧資訊網

長期照顧的相關資料量龐大，成長快速，需要建立長期照顧資訊系統，以滿足行政、管理、與決策的需求。結合醫院出院準備服務，建構持續性之長期照護服務網、照顧服務資源通報系統、照顧服務人力資料庫系統、居家服務培訓管理系統、居家服務單位管理系統、輔具管理系統、老人福利機構管理系統、老人福利機構個案管理系統、身心障礙機構管理系統與便民入口網站。

六、長期照顧人力培訓與認證

長期照護既為一綜合性的服務，其所需的照護人力就必須包括社會服務專業人力、醫事專業人力與生活照護人力，甚至必須包括社區內之義工團體與人力資源。必須有賴盡速推廣合乎品質之長期照顧相關服務，同時配合適當的人力培育與訓練，針對專業服務人員提供標準訓練課程，並鼓勵相關機構辦理訓練課程，以提高醫療專業人員及照護人員的照護品質。

七、加強失智症患者之照護

有鑑於罹患失智症人數的比例會隨老人人口增加而急遽攀升，一些已開發國家已體認到，罹患失智症老人的長期照顧，將是家屬及社會大眾最束手無策的一項議題。以日本為例，二〇〇六年介護保險的改革重點之一就是失智症老人照顧之相關研究及服務資源開發。據此，促進國民對失智症的理解，普及居民對失智症的正確知識。而在服務體系方面，充實失智症老人照顧設施、開創失智症照顧模式、培訓失智症老人照顧所需之人力、提升失智症患者之照顧品質。換言之，建立對失智症之預防、早期發現及因應體系，促使失智症老人依其不同情況能獲得適當的照顧。

八、推展長照暫托（喘息）服務

失能者由於日常生活功能不足，有賴他人長期協助，故其家庭照顧者除需照顧技能訓練外，更因終年無休等因素而衍生慢性疲憊，亟需外界之支持與援助，為緩解家庭照顧者的身心壓力與負擔，並使失能民眾能在家獲得家屬更好的照顧，推動暫托（喘息）服務，讓家庭照顧者每年有一定時間，能將失能個案暫時送機構照護，家屬因而能獲得短期之休息；此外並成立照顧者支持團體，如聯誼會或分享團體等，使提供者能有經驗分享及認識新朋友的機會，以提升照護者之照護能力。

任何法律之制定，皆有其意欲實現之規範目的，而解釋法律即以貫徹法律目的為主要任務。檢視我國現行法規，並未訂定長期照顧之專法，現行長期照顧的相關法規散見於老人福利法、行政院衛生署及內政部訂頒的各式行政命令（如**表14-3**）。

表14-3　長期照顧政策與立法

時　間	長期照顧政策與立法
一九九七年	老人福利法修法。
一九九八年	加強老人安養服務方案。
一九九八年	老人長期照護三年計畫。
二〇〇〇年至二〇〇三年	建構長期照護先導計畫。
二〇〇一年至二〇〇四年	醫療網第四期──新世紀健康照護計畫。
二〇〇二年	照顧服務福利及產業發展方案。
二〇〇二年	非中低收入失能老人及身心障礙者補助使用居家服務試辦計畫。
二〇〇二年	推動老人住宅政策（二〇〇八年一月四日停止試辦）。
二〇〇五年	「臺灣健康社區六星計畫」中「社福醫療」的三項工作： 1. 發展社區照護服務。 2. 強化社區兒童照顧。 3. 落實社區健康營造。
二〇〇五年	全人健康照護計畫。
二〇〇六年	大溫暖社會福利套案。
二〇〇七年	老人福利法修法。
二〇〇七年	建構完整長期照顧體系十年計畫。

（資料來源：作者整理。）

✚ 參、我國的長照計畫

　　機構照護提供24小時全天候的住院服務，服務內容包含醫療、護理、復健、個人與生活照護等。凡病情嚴重危急、依賴度高或無家庭照護資源，並且不能以社區或居家方式照護的老人，

均為機構照護的主要服務對象。目前國內的機構式照護包含養護機構與護理之家等兩類。社區式照護不像機構式照護將老人集中照護，而是在老人居住的社區中提供服務。因此，接受社區服務的老人，不必完全離開熟悉的居住環境，仍可享有慣常的生活方式。社區照顧的服務內容包含技術性醫療護理與一般性之個人照護和社會服務等，其目的除提供居家失能老人本身照顧外，也可輔佐家庭照顧者來照顧老人，增加老人留住社區的可能性。目前，臺灣辦理中的老人日間照顧與喘息（暫托）服務，均為社區照顧服務。顧名思義，居家照護乃將服務送到老人家中，或在老人家中提供長期照顧服務。服務內容包含護理照護、個人照護、家事生活照顧等，係由家庭成員擔任主要照顧工作，同時搭配護理人員、社工人員或其他專業人員。國內所推行居家照顧服務有居家照護、居家服務，包含家務及日常生活照顧服務（換洗衣物之洗滌與修補、文書服務、餐飲服務等）與身體照顧服務（協助沐浴、協助服藥、協助翻身、拍背等）項目。

在這些服務設施中，一般認為機構式的照顧服務對個案會產生最大的約束，但其可以滿足重度依賴個案的密集照顧需求；居家式照顧模式是最能支持個案原有生活型態，最自然的照顧方式，但是不易滿足重度依賴個案的大量照顧需求，又因其服務地點分散，造成服務提供者的不便，並增加服務提供的時間與交通成本；而照顧住宅是集「照顧」與「住宅」服務於一身的服務模式，是新進歐美國家為擴大社區式服務的功能，節約居家式服務地點分散的成本支出，並改善機構約束與不具隱私的負面形象，而發展出的新型服務模式（吳淑瓊，2005）。

為建構完整長期照顧體系，保障身心功能障礙者能獲得適切的服務，增進獨立生活能力，提升生活品質，以維持尊嚴與自主；民國九十六年行政院院會通過「長期照顧十年計畫」。

1. 規劃目標：
   (1) 以全人照顧、在地老化、多元連續服務為長期照顧服務原則，加強照顧服務的發展與普及。
   (2) 保障民眾獲得符合個人需求的長期照顧服務，並增進民眾選擇服務的權利。
   (3) 支持家庭照顧能力，分擔家庭照顧責任。
   (4) 建立照顧管理機制，整合各類服務與資源，確保服務提供的效率與效益。
   (5) 透過政府的經費補助，以提升民眾使用長期照顧服務的可負擔性。
   (6) 確保長期照顧財源的永續維持，政府與民眾共同分擔財務責任。

2. 服務對象：服務對象以日常生活需他人協助者為主（經 ADL、IADL 評估），包含以下四類失能者：
   (1) 65歲以上老人。
   (2) 55歲以上山地原住民。
   (3) 50歲以上之身心障礙者。
   (4) 僅 IADL 失能且獨居之老人。
   二○一五年服務對象推估人數：327,185人，二○二○年服務對象推估人數：398,130人。

3. 實施策略：
   (1) 培育質優量足之人力投入服務。
   (2) 擴展長期照顧服務設施。
   (3) 鼓勵民間參與長期照顧服務提供。
   (4) 政府投入適足的專門財源，以推動長期照顧制度。
   (5) 政府和民間共同承擔參與長期照顧財務責任。
   (6) 以「需求評估」結果作為服務提供之依據。
   (7) 強化照顧管理機制。

4. 服務項目：長期照顧的服務項目與措施如**表14-4**所示。將服務項目落實在長照服務輸送系統中實則牽涉基礎工程的縝密考量，也突顯出長期照護建制之周密性與工程之浩大程度（如**表14-5**）。

表14-4　長期照顧的服務項目與措施

類　型	項　目／措　施
居家式	1. 居家服務： 　(1) 提高補助時數。 　(2) 調整部分負擔比例機制。 2. 居家護理：爲提升照顧品質，除現行全民健保居家護理給付2次以外，服務對象經評定有需求者，每月最高再增加2次，並提供衛教。 3. 居家復健：服務對象經評定有復健需求時，首要原則以協助個案取得健保特約醫療院所使用復健服務；對於無法透過交通接送使用健保資源者，則透過社區式及居家式復健，以滿足其需求。 4. 輔具及居家無障礙環境：擴大補助對象至一般戶，補助金額爲每10年內以10萬元爲上限，但經專業評估有特殊需要者，得酌予增加補助額度。 5. 老人營養餐飲服務：補助仍限中低收入戶。
社區式	1. 喘息服務：提高補助天數。 2. 日間照顧：提高補助額度並擴大補助對象至一般戶。 3. 家庭托顧：創新服務措施。 4. 交通接送服務：爲協助重度失能者滿足其「就醫」及使用長期照顧服務爲主要目的之交通服務需求，補助重度失能者使用類似復康巴士之特殊車輛交通接送服務。
機構式	長期照顧機構服務：補助重度失能者，將家庭總收入未達最低生活費1.5倍之家庭經濟弱勢者納入補助。

（資料來源：作者整理。）

表14-5 建制長期照顧的考量因素

層　面	特　性	內　涵
巨視面	連續性	統合預防保健、醫療處遇到長期照護。
	整體性	統整機構照護、日間照顧、安全看視。
	適當性	長照的措施能夠達成問題的解決程度。
	回應性	長期照護措施的提供符合老人的需求。
微視面	可及性	長照服務可以滿足高齡者的照護需求。
	可近性	長照需求者接近使用服務措施的能力。
	權責性	協調長照措施所涉及的相關權責單位。
	整合性	與長照權責單位業務協調和服務整合。
	方便性	老人接受長照福利服務的便利性考量。
	可接受性	消除老人接受長照可能遭遇到的阻礙。

（資料來源：作者整理。）

✚ 肆、長期照顧的策勵

　　長期照顧服務的供給，包括長期照護持續時間長、牽涉複雜且需擔負重任的服務技術，長期照護需要者本身特質的個別差異（如：失能成因、性別等），以致其需要的長期照護服務也不相同；同時，長期照護在「持續的時間」、「需要的頻率」、「需要的內容」等面向上充滿變動性。

一、長照工作的挑戰

(一) 法規闕如

　　長期照顧服務的對象是失能老人及身心障礙者，其需求的

樣貌十分複雜、多樣，均須以人性化照顧為基礎。檢視我國長期照顧相關法規之規範對象，包括「老人福利法」、「身心障礙者權益保障法」、「精神衛生法」、「全民健康保險法」及「醫療法」，其中「老人福利法」係以年齡為限制、「精神衛生法」限於精神疾病之範圍、「身心障礙者權益保障法」則以生理或心理之障礙狀態為限，而「醫療法」雖未明定病人為其規範主體，但仍闡明保障病人權益之立意。由上觀之，各法之保障對象雖涵蓋有長期照顧需求者，且互有重疊之處，但卻未能全面將所有需要長期照顧者納入法規保護之。

(二) 人力缺乏

　　長期照護服務是勞力密集工作，所需投入之人力包括醫師、護理師、職能治療師、物理治療師、營養師及社工師等專業人力及屬半專業人力之照顧服務員。照顧服務人員勞動條件差，不易留住服務人才於社區或居家服務。長期照顧管理中心的照顧管理專員薪資待遇過低，且為臨時人員編制，不易留住人才。民國八十七年外籍看護工人數為42,000人，至民國九十八年，已高達166,000人，十年間外籍看護工在台人數成長近4倍。外籍看護的大量引進，社區中已有16萬多名外籍看護工在照顧失能者，也導致我國長期照顧體系建立不易。家庭選擇用外籍看護工來解決家庭照顧失能者的問題，但忽略失能者需要同語言、親情的照顧，失能者的生活品質與尊嚴受到忽略。

(三) 財務不足

　　目前我國長期照護的主要財源，仍以家庭為主，全民健康保險僅針對部分慢性病人及須居家照護之病人提供部分給付。社會福利對長期照護之病人，則多以低收入戶為主要的服務及補助對

象。綜觀我國長期照護的財務制度，有待社政與衛生單位共同研擬，並做整體性之規劃。固然全民健康保險已經給付部分慢性醫療與長期照護的費用，但藉由健康保險給付，全面給付長期照護服務，並非良策；且解決長期照護財務問題並非唯有保險給付一途。參考國外發展長期照護之實例，仍以朝向結合年金與健康保險制度，或透過私人保險或附加保險，為主要發展趨勢。如何整合社會與醫療福利，對長期照護病人及家屬提供完善及制度化之長期照護財源，實為目前我國長期照護財源籌措之思考方向。

(四) 體系衝突

　　我國老人照顧與健康業務分屬不同行政體系，相關行政部門包含內政部、教育部、行政院衛生署及行政院勞工委員會；由於各部門行政法規殊異，目標人口群不同，執行理念與重點亦不一致，事權無法統一，導致人力資源無法統籌發展與管理，阻礙完整連續性照護的提供。同時，縣市政府推動長期照顧服務的經驗不足，且社政及衛政兩個行政體系未整合，意見分歧，造成政策推動速度緩慢。

(五) 認識不清

　　長期照護服務係針對須長期照護的病人，提供綜合性與連續性之服務，服務內容包含預防、診斷、治療、復健、支持及維持等服務；常用指標以日常生活活動能力為主要評估標準，其項目包括進食、沐浴、穿衣、排泄、移動體位及活動等。目前接受長期照護之病人，其主要之疾病診斷以腦部疾病、心臟血管疾病及骨骼系統疾病等慢性疾病為主，亦有收治生理及心理失能者。此類病人之照護，依相關研究顯示，因主要為慢性疾病病人，病情皆處於穩定狀態，其醫療費用僅占總照顧費用的10%-15%左右，

其餘皆以生活照顧為主。因而形成長期照護服務「以生活照顧為主，醫療照護為輔」之特質。然而現今民眾偏好使用低價位、且可協助做其他家事的外籍看護工，影響了國內照顧服務體系的建立。

(六) 參與不易

各項創新服務（如：交通接送、家庭托顧、居家復健、日間照顧）因地方政府及民間單位缺乏辦理經驗，導致推展不易。日間照顧服務提供，因為民間資源投入的障礙高。大型醫療服務機構，透過醫療服務的延伸，提供長期照顧服務，進而壟斷市場，醫療化、大型化的結果，失能者需要的多樣化、人性化照顧被醫療化，臺灣失能者的未來，只有基本生存的照顧，沒有尊嚴及人性化的照顧品質。建議能加強檢討各鄉、鎮、市內閒置空間的釋出，中央則提高設施設備費及相關人事費用補助，並加強相關的人才培訓工作，回應目前高失業率，將在地的失業者訓練成為照顧人力，提供社區老人服務，真正落實社區照顧的理想。

(七) 城鄉差距

各縣市的服務資源差異大，特別是農業縣市、東部縣市、離島縣市民間服務提供單位不足，影響服務的推展。民眾付費的能力不足，特別是鄉村、山地、離島的民眾，對40%的部分負擔無能力支付，導致不敢使用相關長期照顧服務。

二、長照工作的策勵

有鑑於各目的事業主管機關已針對業務中涉及長期照顧部分訂頒人員及服務設施相關規範，為促使長期照顧制度盡速運

作，建議近程目標針對法令未規範之處，包括針對需求評估及照顧管理機制、長期照顧財源及費用分擔規定，以及跨部會組織之運作，建議援引或參考現有法規，或採取訂頒行政命令方式，促使長期照顧制度盡速建立之。中長程仍建議應朝研擬「長期照顧法」方向思考，統一整併長期照顧相關之法規；而考量財源乃是建立長期照顧制度不可或缺的一環，建議研擬長期照顧法時，亦應一併評估以保險費作為財源之可行性。

1. 健全長期照護體系，加強各層級衛生與社會主管機關之協調、聯繫，使醫療、衛生及社會資源得以有效結合，充分運用。鼓勵民間參與長期照顧服務之提供並未有法律依據，而是依照社政或衛政主管機關每年訂頒之行政方案計畫推動之，例如內政部主要依據每年訂頒之「內政部推展社會福利補助作業要點」辦理，行政院衛生署亦採取類似做法，例如訂頒「獎勵設置社區型日間照護及護理之家功能改造計畫設施經費作業規定」，以鼓勵民間參與長期照顧服務之推展。

2. 建立整合性服務網絡，成立「長期照護管理示範中心」，以單一窗口制度，使長期照護病患經專業評估及個案管理方式，就近得到妥善之照護安排。長期照顧體系以病人為中心，提供不同體系間的服務與聯繫，同時結合社會工作人員、醫事人員與社區義工之人力與資源，提供老人與家屬之社會性、支持性、護理性、復健性之整合性服務，是減輕家屬負擔，使老年病患能在自己熟悉環境中取得專業性照顧之可行措施。

3. 推動多層級照護服務模式，獎勵增設護理之家床位，輔導現有部分公、私立醫院病床設置護理之家，以提供病患連續性服務，提升經營效率。

4. 形塑友善失能者的居住與生活環境，建立互助關懷的社區。增加社區照護資源，發展「居家護理」及「居家服務」整合模式，並提供家屬喘息服務機會，以鼓勵居家照護。除多元化的居住服務外，應考量失能者的社區生活環境，建議推動各年齡層通用的環境規劃，以促進失能者社會參與。此外，日本於「新黃金計畫」時期即積極建立社區生活支援體系，以營造互助關懷的社區，未來應更積極發展各項生活支援服務及居家環境改善方案，並推動志工方案及鼓勵居民多參與社區方案。

5. 培訓各類長期照護人力，長照工作應以長期照顧需求者為保障主體，即以日常生活需要協助的人為對象；另考量高齡者處於長期慢性疾病的風險，造成身體障礙或失智狀態，致使長期照顧需求比例偏高；據此，訂定訓練教材及建立管理制度，結合民間力量推展志工服務及籌組長期照護人力銀行，以紓解長期照護的人力需求。

6. 統一制訂長期照護需求評估標準，訂定各類長期照護服務指引，辦理長期照護相關機構督導考核及分級認定，提升長期照護服務品質。

7. 研擬修訂相關法規，釐清各類機構功能，建構完整之長期照顧體系之實施策略，包括人力培訓與資格認定、服務設施之推展老人福利法（老人福利專業人員資格要點、照顧服務員訓練實施計畫、老人福利機構設立標準、老人福利機構設立標準及許可辦法）、身心障礙者權益保障法（身心障礙福利服務機構設施及人員配置標準、身心障礙福利服務機構設立獎助及查核辦法、身心障礙福利服務專業人員遴用訓練及培訓辦法）、護理人員法、護理機構設置標準及醫療法等。合理訂定各類長期照護相關機構設置標準，並加強民眾長期照

護教育與宣導，增進病患家屬及照護者長期照護知能及社會
支持，以維護家庭功能。

8. 規劃長期照顧保險，檢討全民健康保險對長期照顧給付的範
圍，並結合老人福利各項社會救助措施及國民年金制度，以
個人能力及社會力量共同解決長期照護的財務負擔問題。

✚ 結語

　　對於傳統社會福利的功能而言，顯然目前的各種老年經濟安
全保障政策與老人安、療養政策等，不僅已面臨了新的挑戰，同
時也必須進行改革的新契機。政府不僅應保障老人經濟安全、醫
療保健、住所、就業、社會參與、持續性照顧等權益，更重要的
是所有的服務要能維持個人的自立、增進社會參與、促進自我實
現、獲得公平對待和維護尊嚴，以達社會福利的目標。

　　有鑑於長照的基本目標為「建構我國完整之長期照顧體系，
保障身心功能障礙者能獲得適切的服務，增進獨立生活能力，提
升生活品質，以維持尊嚴與自主」。實施策略則包括：培育質優
量足之人力投入服務、擴展長期照顧服務設施、鼓勵民間參與長
期照顧服務之提供、政府投入適足之專門財源以推動長期照顧制
度、政府和民間共同承擔參與長期照顧財務責任、以「需求評
估」結果作為服務提供之依據、強化照顧管理機制。

　　長期照顧制度之推行，實施的成功與否，一方面取決於妥善
的規劃，另一方面則有賴國民對長期照顧正確的認知與態度，基
於此一理念，長期照顧制度規劃之初，將教育與宣導列為配合措
施之一，未來長期照顧制度宣導與教育工作將藉由整體性、長期

性及計畫性的推動,促使國人瞭解長期照顧政策的目標及推動原則,樂於接受服務、購買服務,進而增進民間機構團體提供服務之意願。

問題與討論

1. 請說明我國老人生活保障的內容。

2. 請說明我國老人長照政策的主要內容。

3. 請說明我國長期照顧十年計畫的內容。

4. 請說明我國長照工作所面臨的挑戰。

5. 請說明我國長期照顧策勵的內容。

第15章

失智老人照顧

✚ 前言

　　因應失智人口增加，為提升照顧品質，並開發更多元與切合需求之服務模式，政府於民國九十六年分別函頒「老人福利機構失智症老人照顧專區試辦計畫」，及「失智症老人團體家屋試辦計畫」，自民國九十六年至民國九十八年試辦三年，結合民間單位或老人福利機構規劃辦理，並結合民間單位辦理相關專業訓練課程、實務觀摩、座談及研討會等，提升工作人員專業知能。目前，已有財團法人中華文化社會福利基金會臺北縣私立翠柏新村老人安養中心參與失智症老人照顧專區試辦；另外，財團法人臺北市中國基督教靈糧堂世界佈道會士林靈糧堂，以及財團法人私立天主教中華聖母社會福利慈善事業基金會參與失智症老人團體家屋試辦，以因應社會需求。

✚ 壹、高齡者社會保障需求

　　政府於民國九十五年七月所舉行的「臺灣經濟永續發展會議」，在人口高齡化的衝擊與因應方面，所提具的共同意見如下：

1. 應盡速建立穩健可負擔的長期照顧財務制度，並建構一個符合多元化、社區化（普及化）、優質化及兼顧性別、城鄉、族群、文化、職業、經濟、健康條件差異之老人長期照顧政策：政府應投入適足的專門財源；以全人照顧、在地老化、

多元連續服務作為老人照顧服務提供的原則，整合各類照顧服務政策及資源、迅速建立專業評估與轉銜機制、提供合理的照顧服務補助、研擬實施整合性失智老人照顧策略計畫、有效活用社區空間資源、長期照顧應朝可負擔的方向規劃。

2. 建立完善老人健康照顧體系：將老人學及老人醫學列入必修課程、普設老人專科、均衡城鄉醫療資源、強化老人心理健康教育與宣導、加強老人健康與預防保健、建立醫院全責照顧。

3. 建立支持家庭照顧者體系：提供普及化、強性化的居家式、機構式的喘息服務；提供家庭照顧者教育訓練及支持團體；政府應發放家庭照顧者津貼，維護其尊嚴；政府應積極推動家庭托顧服務，建立支持及督導系統。

4. 制定有效政策結合民間資源以提供長期照顧服務：應以非營利化為原則，並制定有效政策結合民間資源而提供長期照顧服務，營造有利第三部門參與長期照顧的環境，並補助經費、檢討法令及制度等策略以提供相關協助，減少參與障礙；並確保服務品質。

5. 積極維護老人尊嚴與自主，形塑友善老人的居住與生活環境，豐富老年生命：推動各年齡層通用的環境規劃；加強兒、青少年及一般社會大眾對老人的認識，並納入國民教育教材；整合住宅與福利措施，提供多元居住型態；政府應支持或協助老人社團組織辦理活動。

6. 訂定政策保障老人經濟安全：政府應訂定可長可久的年金制度；建立老人財產保護機制，加強辦理防騙措施。

7. 研擬促進高齡就業、延後退休年齡策略：推動彈性退休制度、創造友善高齡者的就業環境、結合第三部門資源，加強高齡人力再運用。

8. 規劃長期照顧服務人力的培育與運用策略：地方政府應設置照顧管理單位、專職人力、調整人數；加強老人服務養成教育、在職培訓、留任措施；提升照顧服務員的勞動條件；檢討外籍看護工政策，逐步縮減人數。

9. 為因應高齡社會所帶來的健康照顧、社會照顧、經濟安全、就業、住宅、交通、休閒產業等服務需求，國家應進行各項研究，並將之轉化為政策制訂與服務提供之規劃：成立國家級「老人綜合研究中心」，因應人口高齡化所需之經費而預作財源規劃。

✚ 貳、失智症老人照顧計畫

根據民國九十三年度接受衛生署辦理臺灣地區社區及長期照護機構失智症盛行率調查資料顯示，臺灣地區65歲以上人口失智症之盛行率在社區方面平均約為4.48%，在機構方面，安養機構為24.54%、養護機構為61.17%、護理之家為65.7%，調查資料亦顯示過去十三年來，每年增加3,700人，未來二十年，每年將增加5,800人，亦即二十年後失智老人人數將增加一倍，由於失智人口的急速增加，因應失智症的照顧模式也已經成為許多先進國家老人福利政策的重要課題之一。依據「身心障礙等級」對失智症的定義是指「心智正常發展之成人，在意識清醒狀態下，有明顯症候足以認定其記憶、思考、定向、理解、計算、學習、語言和判斷等多種之高級腦功能障礙，致日常生活能力減退或消失，工作能力遲鈍，社交技巧瓦解，言語溝通能力逐漸喪失。」其等級可分為極重度、重、中及輕度四級。

因此，目前政府為全面性的推動失智老人之照顧工作，已

由衛生署、內政部及教育部，分就醫療照顧、生活照顧及教育面向，以政府一體、職能分工之概念，提供相關服務。現階段對於失智症老人的照顧服務及教育宣導執行現況主要有：居家式、社區式、機構式照顧、設立失蹤老人協尋中心及各種教育宣導方案。但由於失智症老人的心智衰退是漸進式的，當失智症者在輕度病程之際，尚擁有自我照顧能力，可能鼓勵病患留在社區及家庭中接受照顧，一旦進入中、重度之後，因智能退化及行為能力的下降，身體功能及認知功能退化而無法獨立生活時，機構式照顧將可以提供一個適合的長期照顧方式。

為此，行政院於民國九十四年核定「照顧服務福利及產業發展方案第二期計畫」中列有「充實多元化照顧服務支持體系，全面提升照顧服務品質」，強調「研議開發新型服務模式，評估民眾對其需求程度，輔導民間逐步發展」。同時，於民國九十五年通過「大溫暖社會福利套案」，其中列有「建構長期照顧體系十年計畫」強調利用現有福利機構空間增設失智症老人照護專區（如表15-1）。鑑於輔導機構轉型成為具有多層級照顧功能一直是政府的工作重點，為因應失智症人口逐年增加、照顧之迫切需求，參考日本「團體家屋」（group home）及「生活單位型機構照顧」（unit care）模式之理念及做法，協助老人福利機構利用現有空間增設失智症老人照顧專區，減輕家屬照顧負擔，提升失智症照顧品質。

✚ 參、失智症老人照顧作為

理想的老人照顧環境應該不是收容性場所，而是生活的場所。因此，近年來為失智症老人營造「家」的環境成為照顧服務

表15-1 建構長期照顧體系十年計畫

項 目	內 涵
計畫目標	1. 協助老人福利機構利用現有空間轉型設置失智症老人照顧專區，以落實失智照顧政策。 2. 以小規模、多機能的服務模式，滿足失智症老人的多元服務需求。 3. 建立失智專區照顧可行性模式，提供失智症老人優質的照顧服務，減輕家庭照顧負擔。
服務對象	經CDR評估中度以上（CDR二分以上）、具行動能力、須被照顧且能與少數人共同生活之失智老人為原則。
服務規模	1. 服務人數：每一單元服務人數以6至12人為原則。 2. 設置數量：每一機構最多設三個單元。
實施方法	1. 輔導現行已營運之老人福利機構，利用現有閒置床位進行空間規劃，以設置失智症照顧專區，並得申請內政部補助修繕、設施設備及服務費等費用。 2. 委託民間團體辦理失智症照顧相關專業訓練課程，增加行政管理人員及照顧人員對失智症之認知及失智症照顧原則、方法與技巧，提升照護品質。
設施設備	1. 基本設施：每一單元日常生活基本設施應設寢室、客廳、餐廳、簡易廚房、衛浴設備（盥洗間、浴室及廁所等）及其他必要的設施。每間以服務1人為原則，每間寢室之樓地板面積，不包括衛生設備空間，每人應有7平方公尺以上，應設簡易衛生設備。 2. 公共空間：每一專區必須設置客廳、餐廳等公共設施，提供失智症老人活動治療及相互交流之場所，且必須確保衛生及安全。 3. 建築物之設計、構造與設備應符合建築法及其有關法令規定、消防安全設備、防火管理與防焰物品應符合消防法及其他相關法令規定。

（續）表15-1　建構長期照顧體系十年計畫

項　目	內　涵
人員配置	1. 照顧管理員：每一專區應置1人，並得由社工人員、護理人員或其他相關醫護人員專任。 2. 護理人員：每一專區日間至少應置1人，夜間及深夜時段得由機構其他護理人員支援之。 3. 照顧服務員：照顧服務員人數與老人人數之比例以1：3為基準，並得以僱用兼職人員，惟兼職人員不得超過三分之一；專任或兼任人員須固定且不得進用外籍監護工。
服務內容	1. 提供失智症老人居住及餐飲服務。 2. 適當引導、輔助失智症老人生活參與及管理，並能因應緊急狀況。 3. 提供失智症老人進食、淋浴及如廁等日常生活援助。 4. 制定個別照顧計畫，幫助失智症老人安心地過正常的生活。 5. 機構應有特約醫療機構或緊急外送單位，且以鄰近機構為佳。
補助對象	1. 財團法人老人福利機構。 2. 附設老人福利機構之財團法人。
補助原則	1. 每一單元最高補助12人，每機構最高補助三個單元。 2. 服務費補助、修繕費、充實設施設備費。

（資料來源：作者整理。）

的基本原則。參考日本所發展失智症老人的照顧服務模式，經摸索試行的結果，發現小規模的「團體家屋」之實施確實可改善輕、中度失智症者的症狀，較能穩定老人情緒，降低或延緩老人住進護理機構的需求，是相當適合失智症老人的照顧機構型態。具體而言，日本的團體家屋是針對能夠參與共同生活的失智症高齡者的照顧服務機構。設立宗旨乃是提供罹患失智症之需照顧者（因失智症呈現嚴重的精神失常者及行為異常者除外）沐浴、如廁、飲食等照顧，以及其他日常生活所需的照顧及身體功能訓練，通常是讓5至10位失智症老人住在一個一般的家庭或公寓內，

由多位照護人員提供其日常生活照顧，必要性照顧及訓練等，藉由小規模的共同居住空間，營造一種「非機構」式的意象，讓老人就如生活在家裡一樣，配合失智症家屬成員的參與，以有效控制失智症老人的症狀。

由於「團體家屋」的效果反應良好，二○○○年起，日本的中大型養護機構將此模式導入，將多人床共居的房間改成單獨房間，並將機構環境劃分成若干「10人左右的生活單位」，各單位營造像家庭一樣的格局及氣氛，以作為失智症老人的照顧區域，此稱為「生活單位型機構照顧」，簡稱小單位照顧模式。

在日本，所謂小單位照顧模式，是指將機構劃分為數個小團體（group），使失智症老人「在接近住家一樣的居住環境中，接受和居家生活一樣的日常生活照顧服務」，但是單純地將機構區隔為小團體的方法並不是「小單位照顧」的目的，實質的理念更著重在照顧的方法與過程，從過去基於工作人員立場考量的流程作業式照顧轉換為與利用者共同生活的照顧。也就是老人的生活單位與照顧單位結合成一體的照顧模式。其實施意義如下：

1. 老人擁有確保其個人隱私的空間，改善生活環境。
2. 個人房與個人房間設立共同交流空間，便於和其他入居者建立良好人際關係。
3. 入居者與其他入居者間、照護職員間互動增加，精神壓力可獲紓解，甚至減少失智症者的徘徊行為。
4. 家屬探視方便，加深親情關係，不再擔憂打擾鄰床室友等。

日本大型養護機構導入小單位照顧模式的執行步驟如**表15-2**所示。

表15-2　日本大型養護機構服務內容

原　因	主要內容
環境改裝	首先必須將房間設計成個人單獨房或夫妻房，其餘空間規劃成多樣化生活空間，包括： 1. 準個人空間：客廳、休閒娛樂廳。 2. 準公共空間：餐廳、大廳。 3. 公共空間：咖啡廳、展示館。
人員配置	入居者人數與照顧職員基準配置為3：1，為了能根據入居者個人身心需要而提供個別服務，工作執行範圍於是細分為單位小組（unit），並且讓各小組配置的照顧職員固定。
提升素質	為免小單位照顧模式的小組分配流於形式，照顧職員必須建立由集體照顧改為個別管理、共同生活的新觀念，並具備失智症處理的專業知識。
休閒娛樂	目的在於促進入居者間及入居者與照顧職員間的溝通及交流之用，重點在工作人員一同參與。
共同活動	目的為建立熟識的人際關係，增加被照顧者與照顧者間的信任感，減少入居者的不安。
擴大志工	多與社區內志工團體保持連繫，由志工帶領入居者參與社區活動，避免入居者封閉於狹小環境而退化。

（資料來源：作者整理。）

肆、對應失智者照顧作為

　　老年失智最常見的類型是阿茲海默症，這是一種因腦神經病變造成嚴重神經壞死、持續變化與生理功能惡化的疾病。由於它會影響罹病者的智能與行為表現，因此家人在認知與照護上有很大的挑戰，也需要配合病程的變化而調整照顧模式。對於早期的病患，照顧之首要工作是評估病人的獨立程度——包括自我照顧（ADL）與生活機能（IADL）兩部分。在不影響病患與他人的安

全前提下，盡可能讓病患自己執行原先的活動，再依據病程的變化，逐步協助病患放棄獨立的生活。在自己的限度內建立生活常規是很重要的事，可以減少病患的混淆。

照顧者要做好照顧的工作，有以下幾點關鍵要素必須注意：

1. 以成人方式對待他。
2. 認真看待他的感受與興趣。
3. 認真看待他的過去與特性。
4. 當他最好的朋友，展現對人的尊重。
5. 要有彈性。
6. 不要批評他與自己。

同時，預防問題行為的發生，給予一個支持、肯定的環境，並提供其愉快滿足的經驗，可分散病人對問題行為的注意力，減少問題行為的產生。

1. 針對病人本身的處理：瞭解病人的感受，照顧者應瞭解自己本身對問題行為的情緒反應。
   (1) 藥物使用。
   (2) 約束（最後使用的方法，對病人的自尊有損）。
   (3) 行為矯正（常使照顧者及病人遭受挫折。獎勵應是立即的、直接的、適當的、適合成人的）。
   (4) 提供現實感。
2. 針對病人外在環境的處理：
   (1) 硬體環境（物理環境的設計）。
   (2) 軟體環境（照顧者的態度與方式）。
3. 針對照顧者及家人壓力的處理：
   (1) 保障病人、家人、照顧者及其他人的安全。

(2) 減輕照顧者及家人的困擾與負擔。

(3) 增加病人的功能性、獨立性，減輕照顧者及家人的身心壓力。

(4) 提供照顧者及家人紓解壓力的管道及方法。

　　瞭解任何與病患行為問題可能相關聯的原因是很重要的一個步驟；其次，要注意的是，不良的溝通模式也是引發病患行為問題的原因，譬如快速談話、非面對面接觸、複雜的內容、指責的語氣等，對於上述情事妥善處理的方式有許多，方式之一則是先加入病人的世界，認同感受，再用其他活動轉移注意力。此外，照顧者也可配合運用「限制、重新評估、重新考慮、改道、安慰與回顧」等原則及方式來處理（如表15-3）。

✚ 結語

　　由於失智症老人的心智衰退是漸進式的，因此失智症的照顧計畫必須依據病人的疾病狀態、身體功能及認知功能等加以分級分類，但是目前機構式照顧服務因下列缺點而予人負面印象：

1. 不是以個人而是以團體為對象。
2. 個人空間狹小，像醫院而不像生活場所。
3. 一房多床，沒有個人隱私及個人生活行動表。
4. 照護方式及服務內容大都配合工作人員的勤務作息時間，或因夜間人手不足及追求高效率的管理，經常訂定統一的作息時間，造成老人的個人需求經常受到壓抑。

日本長期照顧服務模式發展趨勢是「團體家屋」與「單位照顧」，受到實務界的高度關注，部分實務工作者更是化為實際行動，運用單位照顧的概念在所屬機構的照顧服務中，進行所謂的「家庭式照顧」，這對國內照顧機構追求照顧品質的提升具有借鑑的效果。

表15-3　對應失智老人的作為

項　目	內　涵
定向感訓練	1. 環境介紹。 2. 提供一個安靜舒適的環境，如安全的設備、明亮的房間、溫和的口語、溫度的適中。 3. 安排病人每天規律的生活作息，明確寫出什麼時候吃飯、吃藥、洗澡、活動等。 4. 盡量提供固定的照顧人員。 5. 在病人房間應有大而明顯的標記，亦可擺置病人的熟悉物，如家人相片、物品等。 6. 提供大的指針時鐘、日曆或報紙（可刺激病人對時事的興趣）。 7. 在病人出現走錯房間時，主動地關心並帶領病人回房。 8. 提供人、事、時的訊息：卡片的製作、日曆、時鐘的提供。 9. 每一項活動時，以邀請的口吻鼓勵參加，並明確地告知病人現在是什麼時間，在做什麼。 10. 於病人定向感、認知功能合乎現實之時，讓病人瞭解住院的必要性等，告知病情的進展。 11. 適時提供個人衛生的協助。 12. 誘導產生正向行為的改變，在病人出現認知之時，適時地提供現實感。
提供回憶	1. 環境布置方面可提供家人照片、音樂、病人喜愛的物品（如日記）等，卡片上提供家人、朋友的相片。 2. 鼓勵病人寫備忘錄、日記。 3. 鼓勵家屬朋友會客，並提供電話。

334

（續）表15-3　對應失智老人的作為

項　目	內　涵
社交問題處理	1. 建立信任性的人際關係。 2. 主動表達正向的關心。 3. 瞭解個案退縮的原因。 4. 藉著與個案簡短而頻繁的接觸，表現出接納性的態度。 5. 誠實並遵守所有的諾言。 6. 協助個案做時間、人物、地點的定向感練習。 7. 鼓勵參與病房活動，在活動期間，可陪伴個案而給予支持。 8. 評估個案是否可有適當的接觸，如拍肩、拉手。 9. 如果個案主動與他人互動，則給予讚賞及正向增強。 10. 介紹病友，增進人際互動、鼓勵參加病房活動。 11. 對病人的主動照顧病友給予正向的肯定。
維持日常功能	1. 建立規律的飲食習慣。 2. 提供明顯的時鐘、白（黑）板或清楚的記事板，讓病人記錄進食時間。 3. 讓病人參與食物的準備。 4. 若可能的話，提供病人喜歡的食物。 5. 提供安靜、不受影響的環境進食，以減少病人分心。 6. 簡單的飲食、餐具、安全的硬體設施（防滑桌面）等。 7. 不批評病人進食情形或催促他。 8. 必要時給予簡單的指示，或引導進食。 9. 病人躁動時，暫停進食，以免嗆到，待病人情緒穩定。 10. 當病人拒絕進食時，可轉移注意力，進行其它活動。 11. 兩餐之間若病人不斷要求進食，可給予少量餅乾，以不影響正餐為原則。 12. 維持口腔衛生。 13. 均衡飲食，並注意水分的攝取。
睡眠的處理	1. 評估個案睡眠紊亂的原因。 2. 確實記錄個案睡眠型態及時數。 3. 白天鼓勵個案參與病房活動，維持正常的作息。 4. 運用協助入睡的方法，如溫和、非刺激性的飲料、清淡的點心、溫水沐浴及背部按摩。 5. 睡前做鬆弛運動將於有助於入睡。 6. 限制攝取含咖啡因的飲料，如茶、可樂及咖啡。 7. 保持適當的環境協助入睡，如安靜、保暖。 8. 依醫囑給予藥物使用，並監測效果。

（續）表15-3　對應失智老人的作為

項　目	內　涵
情緒、行為的處理	1. 與醫師討論，是否為藥物副作用所引起。 2. 音樂的使用。 3. 提供一些簡單而有結構及組織性的工作給病人做，如鉤地毯、園藝等。 4. 減少環境的刺激、控制聲音及減少其他變動。 5. 將日常生活簡化，簡化環境，並將日常活動分段成簡單的步驟，明確指示，例如「穿衣」改為「右手伸進來」、「左手伸進來」、「扣子扣起來」。 6. 照顧者鎮定、溫柔、一致性的態度，可使病人鎮定下來。
溝通	1. 工作人員態度： 　(1) 真誠。 　(2) 「人」性的態度。 　(3) 肯定的話語及親切地微笑、溫和的語氣。 　(4) 接納。 　(5) 同理心。 　(6) 主動的傾聽。 　(7) 感受病人的情緒，非只是字句上的應對。 　(8) 若有失信於病人時，應向病人道歉。 　(9) 不強迫病人。 2. 言語溝通： 　(1) 態度沈穩，保持視線接觸，表示出對病人的興趣及關心。 　(2) 注意病人音調、姿勢，藉以推測病人的感覺（有時情緒遠比言語重要）。 　(3) 聽不懂病人意思時要讓病人知道，並鼓勵肢體手勢表達。 　(4) 應以明確的溝通方式，譬如你的意思是「難過」、你要吃「蘋果」還是「橘子」。 　(5) 當病人說不出要說的字詞時，應予以協助，可減輕挫折感。 　(6) 當病人用錯字詞時，可試著糾正，若病人因此難過，便不予指正。 　(7) 如果病人無法說出想表示的情緒時，告訴他「沒關係」。 　(8) 當病人堅信錯的或不存在的事情時，不與之爭論，可針對病人情緒給予安慰。

（續）表15-3　對應失智老人的作為

項　目	內　　涵
溝通	(9) 盡量在病人面前說話並控制環境的干擾到最小。 (10) 每次說話時叫病人的名字並說出自己是誰，引起病人的注意力，指引他認人。 (11) 說話速度慢且直接，並留心語氣。 (12) 使用簡短、熟悉的句子，說明舉動與指示，且一次只說一件事。 (13) 一次只問一個問題，使用簡單、同樣的句子或字眼，並給病人足夠的時間。 (14) 提及其他人時，應使用名字而非「他」、「她」。 (15) 重複問話時，要使用原先的字句。 (16) 記住病人是個成人，避免態度像對待小孩子。 (17) 忌諱的話語：「怎麼還說那件事？」、「為什麼這麼做？」、「怎麼老是這樣？」等。 3. 非言語溝通： (1) 推測病人的情緒，並注意自己的情緒。 (2) 眼神的接觸。 (3) 溝通時注意臉部表情適切，微笑是常使用的表情。 (4) 適時使用肢體接觸，如握手、拍肩等。 (5) 配合病人的動作，如病人起身走路，應陪著病人行走。 (6) 應配合言語意思，如「我們去散散步吧」應牽著病人的手或扶持之。 (7) 配合病人的問題而調整，如音量加大、表情誇大、動作變大等等。

（資料來源：作者整理。）

長照政策

 問題與討論

1. 請說明我國高齡者社會保障需求的內容。
2. 請說明我國失智症老人照顧計畫的內容。
3. 請說明我國失智症老人照顧作為的內容。
4. 請說明我國對應失智者照顧作為的內容。
5. 請說明日本大型養護機構服務內容。

參考文獻

內政部（2009）。「98年老人狀況調查報告」。臺北：行政院內政部。

主計處（2011）。「99年人口與住宅普查」。臺北：行政院主計處。

衛生署（2009）。「中華民國衛生統計」。臺北：行政院衛生署。

王麗容（1995）。〈臺北市家庭結構變遷與福利需求之研究〉。臺北市政府研考會。

江亮演（2005）。〈美國福利政策的新趨勢〉。《社區發展季刊》，第110期，頁369-379。

李宗派（1998）。〈討論老人問題與對策〉。《社區發展季刊》，第84期，頁119-133。

林文明（2005）。〈宜蘭縣實施老人社區照顧老人現況與分析之研究〉。慈濟大學社會工作研究所碩士論文。

呂寶靜（2001）。《老人照顧：老人、家庭、正式服務》。臺北：五南。

呂寶靜（2005）。〈支持家庭照顧者的長期照護政策之構思〉。《國家政策季刊》，第4卷第4期，頁25-40。

林萬億（1999）。〈建構臺灣長期照護體系十年計畫〉。行政院社會福利推動小組委員會。

洪淑媚（1997）。〈大學生對老人態度的研究〉。國立臺灣師範大學家政教育研究所碩士論文。

吳淑瓊（2000）。〈長期照護資源的過去、現在與未來〉。《社區發展季刊》，第92期，頁19-31。

吳淑瓊（2004）。〈從「建構長期照護體系先導計畫」之執行看我國社區式長期照顧體系之建構〉。《社區發展季刊》，第106，頁88-98。

吳淑瓊（2005）。〈人口老化與長期照護政策〉。《國家政策季刊》，第4卷第4期，頁5-24。

吳英明（1999）。〈公共管理三P原則——以BOT為例〉，收錄於黃榮護主編《公共管理》。臺北：商鼎。

阮玉梅（1999）。《長期照護》。臺北：國立空中大學。

莊秀美（2004）。〈長期照護的新趨勢──日本的「小團體單位照護」〉。《社區發展季刊》，第106期，頁345-357。

邱汝娜（2004）。〈照顧服務社區化──當前老人及身心障礙者照顧服務之推動與整合規劃〉。《社區發展季刊》，第106期，頁5-18。

孫健忠（1991）。〈私有化與社會服務：執行面的理念探討〉。《人文及社會科學季刊》，第4卷第1期，頁208。

陳武雄（1997）。〈我國志願服務工作推展之回顧與前瞻──從祥和計畫之推廣談起〉。《社區發展季刊》，第78期，頁5-13。

黃源協（2000）。〈社區照顧服務輸送模式之探討〉。《社會政策與社會工作學刊》(TSSCI)，第4卷第2期，頁179-220。

葉金鳳（1997）。〈臺灣地區老人安養政策之現況與發展」。《迎接高齡社會的挑戰：1997亞太國際老人照護研討會論文集》，頁3-14。財團法人厚生基金會。

葉至誠（2010）。《老人福利服務》。臺北：揚智。

萬育維（1997）。〈老人照護的現況與發展〉。《迎接高齡社會的挑戰：1997亞太國際老人照護研討會論文集》，頁185-204。財團法人厚生基金會。

劉愛嘉（2000）。〈年老的社會建構與老人照護困境之探討〉。國立中正大學心理學研究所論文。

謝穎慧（2002）。〈服務使用對老人健康之影響──追蹤1994-2000年高雄市三民區社區老人〉。中正大學社會福利研究所博士論文。

Bowling, A. (1997). *Measuring Health: A Review of Quality of Life Measurement Scales* (2nd ed.). U.K.: Open University Press.

Daft, R. (2001). *Organization Theory and Design* (7th eds.). U.S.: South-Western Publishing.

Easterbrook, L. (2002). *Move On From Community Care*. London: Age Concern England.

Meredith, B. (1995). *The Community Care Handbook: the Reformed System Explained* (2nd ed.). London: Age Concern England.

OECD (2005). OECD Health Data 2003. Paris: Organization for Economic Cooperation and Development Press.

賓踐大學

高齡者健康促進叢書

老人長照政策

總 指 導／謝孟雄

總 審 訂／陳振貴

總 策 劃／許義雄

總 校 閱／林國棟

總 主 編／詹益長

著 者／葉至誠

出 版 者／揚智文化事業股份有限公司

發 行 人／葉忠賢

總 編 輯／閻富萍

地 址／新北市深坑區北深路三段 260 號 8 樓

電 話／(02)8662-6826　　8662-6810

傳 真／(02)2664-7633

網 址／http://www.ycrc.com.tw

E-mail ／service@ycrc.com.tw

印 刷／鼎易印刷事業股份有限公司

I S B N ／978-986-298-035-4

初版一刷／2012 年 03 月

定 價／新臺幣 420 元

國家圖書館出版品預行編目資料

老人長照政策 / 葉至誠著. -- 初版. -- 新
北市：揚智文化, 2012. 03
面 ； 公分. -- （社工叢書）
ISBN 978-986-298-035-4（平裝）

1.老人福利 2.老人養護 3.長期照護

544.85 101004308